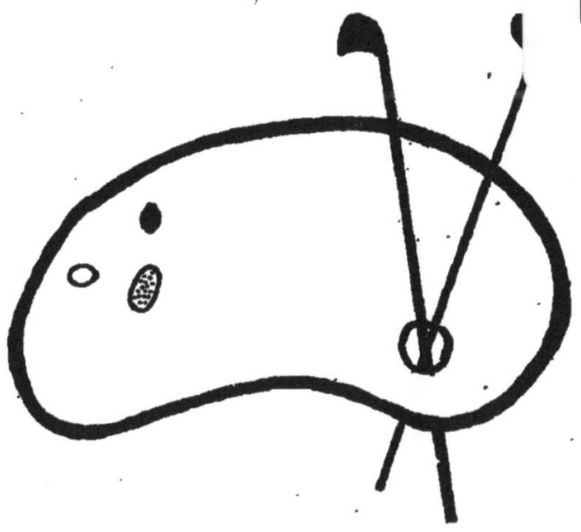

RECHERCHES

SUR LE

DROIT PUBLIC

DES CAMBODGIENS

PAR

ADHÉMARD LECLÈRE

Résident de France au Cambodge

PARIS
AUGUSTIN CHALLAMEL, ÉDITEUR
LIBRAIRIE COLONIALE
5, rue Jacob et rue Furstenberg, 2

1894

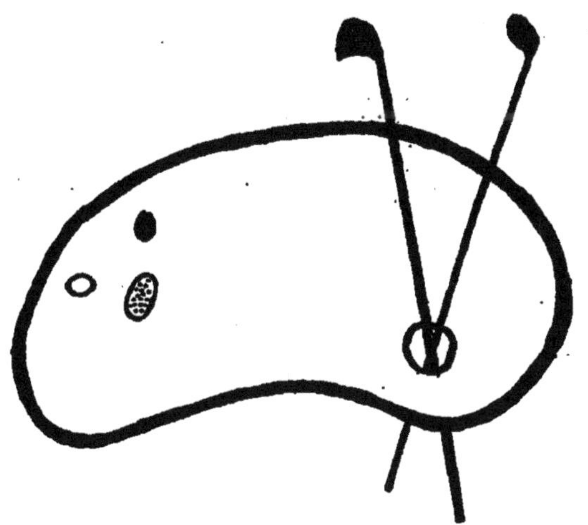

FIN D'UNE SERIE DE DOCUMENTS
EN COULEUR

RECHERCHES

SUR LE

DROIT PUBLIC

DES CAMBODGIENS

DU MÊME AUTEUR

A la même Librairie

RECHERCHES SUR LA LÉGISLATION CAMBODGIENNE (Droit privé). — 1890, in-8°.

RECHERCHES SUR LA LÉGISLATION CRIMINELLE DES CAMBODGIENS. — 1894, in-8°.

A la même Librairie et Librairie L. Laroze,
22, rue Soufflot

DROIT CAMBODGIEN (Le Régime de la Communauté dans le Mariage, les Successions, les Donations). — Brochure in-8°, extraite de la *Nouvelle Revue historique de Droit français et étranger*, 1894.

RECHERCHES

SUR LE

DROIT PUBLIC

DES CAMBODGIENS

PAR

ADHÉMARD LECLÈRE

RÉSIDENT DE FRANCE AU CAMBODGE

PARIS

AUGUSTIN CHALLAMEL, ÉDITEUR

LIBRAIRIE COLONIALE

5, RUE JACOB ET RUE FURSTENBERG, 2

—

1894

JE DÉDIE CE LIVRE

A LA MÉMOIRE DES FRANÇAIS

QUI

SONT TOMBÉS VICTIMES DU DEVOIR

ET

QUI ONT SERVI LES INTÉRÊTS FRANÇAIS EN INDO-CHINE

SOIT EN ÉTUDIANT, SOIT EN EXPLORANT LE PAYS

MOUHOT, mort à Luang-Prabang (Haut-Laos), en 1862.

Evêque PALLEGOIX, mort à Bangkok (Siam), en 1862.

DOUDART DE LAGRÉE, mort à Toung-Tchouen (Chine), en 1868.

JANNEAU, mort à Phnom-Penh, en 1872.

FRANCIS GARNIER, mort à Hanoï (Tonkin), en 1873.

MOURA, mort à Toulouse, en 1885.

Evêque BIGANDET, mort à Rangoon (Barmanie), en 1894.

Et à tous les inconnus décédés dont les travaux sont épars et qui ont bien mérité

DE LA

FRANCE ET DE LA SCIENCE

PRÉFACE

J'ai publié, en 1890, un volume sur le Droit privé des Cambodgiens (1). Ce travail a été bien reçu du public spécial pour lequel il était écrit et, bien qu'il fût plus élémentaire qu'il n'aurait fallu, il m'a valu quelques félicitations dont je suis fier. Celui que je donne aujourd'hui a pour but de le continuer. Le *Droit privé* demandait une suite : le *Droit public*; j'ai tenté de la lui donner malgré la pauvreté des documents que j'avais à ma disposition, malgré l'ignorance même des lettrés du peuple cambodgien que j'avais à consulter. J'ai dû, pour écrire ce volume, analyser tout à la fois les annales royales khmères, — les fameuses *Pongsa-Voda*, — consulter les textes des lois qui sont encore observées par les juges, les ordonnances royales qui sont

(1) Voyez aussi dans *Nouvelle Revue historique de Droit français et étranger*, nº de janvier-février 1894, mon travail sur le *Droit cambodgien* : Les successions. — Le régime de la communauté dans le mariage. — Les donations.

journellement rendues, les légendes qui sont nombreuses mais inédites, les quelques travaux de mes devanciers ; j'ai dû surtout beaucoup interroger les mandarins, les lettrés et les religieux qui, seuls, sont en possession des satras anciens. Les traditions populaires aussi m'ont été d'un grand secours ; elles m'ont guidé dans mes recherches et m'ont tracé la « voie droite » que j'avais à suivre. Plus d'une fois, elles sont venues justifier une opinion *a priori* née d'un ensemble de faits observés et de déductions tirées ; le plus souvent elles m'ont amené à modifier ma première impression et même à l'abandonner tout à fait. Elles m'ont rarement égaré, rarement trompé que je sache, et je pense que c'est encore aujourd'hui la plus grande source à laquelle il soit donné de puiser. Mais cette source est déjà bien faible ; dans quelques années, quand aura disparu ce qui reste encore des générations antérieures au règne de Norodom, antérieures à la proclamation de notre Protectorat sur le Cambodge, elle ne pourra plus rien donner. Le travail que je viens de faire aurait dû être entrepris, il y a trente ans, quand nous sommes venus dans ce pays pour la première fois ; on eût alors pu le faire beaucoup plus complet, et y condenser un plus grand nombre de faits. Il n'a pas été entrepris à cette époque, les matériaux pour l'exécuter n'ont pas été amassés et je me suis trouvé en présence d'une société khmère qui abandonne ses vieux errements, qui se transforme tout à la fois au point de vue politique, économique et moral, et j'ai rencontré les plus grandes difficultés, une ignorance incroyable des choses du passé le moins éloigné de nous. J'ai dû interroger vingt personnes sur les mêmes faits et revoir dix fois les choses écrites pour vérifier les assertions recueillies, ajouter un fait nouveau à l'appui d'une opinion enregistrée, rayer bien des choses communément admises ou les expliquer mieux. Malgré la peine que j'ai prise d'être toujours exact, de n'avancer rien qui ne soit appuyé sur des faits, j'ai conscience d'avoir erré, d'avoir négligé peut-être des détails importants, mais j'ai écrit ce volume avec tant de bonne foi, tant de fatigue et avec un si grand désir d'être utile, que j'ai bien le droit de demander un peu d'indulgence à ceux qui le liront. Je l'ai d'ailleurs écrit sans aucune prétention, sans aucune ambition, afin d'être utile un peu, non seulement à la France dont le Cambodge est presqu'une colonie, mais au Cambodge lui-même. J'aime le peuple khmer au sein duquel je vis depuis huit années, ce peuple dont j'ai suivi toutes les cérémonies religieuses, dont j'ai avec persévérance étudié les mœurs (1) et le passé, recueilli les superstitions et les bribes d'une science quasiment oubliée (2); je l'aime non seulement parce qu'il a été un grand

(1) Voy. dans *Revue scientifique : Les mœurs et coutumes des Cambodgiens*, 1893, 1er semestre, n° 3.

(2) Voy. dans même revue, 1894 : *L'Anatomie chez les Cambodgiens. La Médecine chez les Cambodgiens. La Sorcellerie chez les Cambodgiens.*

peuple et un élément civilisateur en Indo-Chine, mais parce qu'il est pauvre et sans force aujourd'hui, parce qu'il a beaucoup souffert par ses rois, par ses voisins, — les Annamites et les Siamois, — et surtout parce que j'espère en lui, parce que sa fierté native m'a paru le signe de sa rédemption future, de son relèvement prochain. Je l'aime encore parce que dans ses veines coule un peu du sang des Aryens, nos ancêtres, et parce qu'il pense comme pensent les Occidentaux, avec la même logique, avec la même méthode, parce que les Cambodgiens sont *humains* à notre manière et que, dans leur cerveau, les idées s'engendrent, naissent, se développent comme en nos crânes, par le même procédé, contrairement à ce qui a lieu chez les Chinois et chez les Annamites, chez les Siamois très mélangés de Chinois et chez les Indous très cristallisés dans leurs mœurs antiques. Je l'aime encore parce qu'il m'a paru être arrivé au tournant de son histoire, à un grand coude, et non, comme on l'a dit avec ironie, à la fin de son dernier satra. Si nous savons faire pour lui ce qu'il attend de nous, j'ai la conviction intime qu'il saura, — alors que nous le dégagerons du despotisme séculaire qui l'écrase, alors que nous lui rendrons ses anciennes frontières, son territoire, — qu'il saura, dis-je, retrouver sa force perdue et la « voie droite, la voie directe » que ses gouvernants lui ont fait perdre. Donc à l'œuvre. C'est pour aider à cette besogne, pour « ouvrir la route », comme disent nos protégés, que je me suis mis à la besogne et que, — dans ce volume qui m'a demandé quatre années de recherches et d'études, passées à interroger, à noter, à interroger encore pour contrôler, rectifier et mettre au net, — j'ai tenté de donner une idée du *Droit public des Cambodgiens*.

J'ai suivi la route que d'autres avant moi, — les Doudart de Lagrée, les Francis Garnier, les Harmant, les Janneau, les Moura, les Aymonnier, — ont ouverte, et j'ai détaillé, analysé, défini bien des choses qu'ils avaient vues d'ensemble et pressenties, à peine indiquées, mais il y a bien des parties absolument neuves sur lesquelles il faudra revenir encore. Que d'autres se mettent donc à l'œuvre ; la route à suivre est large et nous n'y sommes pas nombreux ; ils pousseront plus loin que moi, verront mieux peut-être et pourront encore trouver les éléments d'importants travaux, faire de véritables découvertes en histoire, en épigraphie, en législation, en morale, en linguistique, en ethnographie, etc., et servir notre France en même temps que cette noble nation des Khmers, qui a volontairement mis toutes ses destinées entre nos mains et qui attend de nous la renaissance que nous lui avons promise. Elle est certainement l'élément le plus sûr de notre domination en Indo-Chine, la nation sur laquelle nous pourrons toujours compter pour nous défendre, aux heures tragiques, contre les Chinois, contre les Annamites qui ne nous aiment pas et contre les Siamois qui nous haïssent et que nous n'avons pas su dompter et réduire à l'impuissance en 1893. Sachons donc faire de l'élément de force qui s'est donné à nous, du peuple cambodgien, l'allié fidèle qu'il veut être et le grand peuple qu'il peut devenir. Mais, pour ne pas quitter la voie droite, pour ne pas battre les routes inconnues qu'il ne saurait parcourir, même remorqué par nous, ne prétendons pas le diriger avec nos seules notions de politique et de justice, que l'Occident a enfantées pour des complexités que l'Extrême-Orient n'a point, tenons compte de son passé, de son génie particulier, des aptitudes que ses aïeux lui ont léguées, sachons non le mener mais le soutenir, non le diriger mais le conduire au but qu'il a entrevu, que sa nature de peuple d'Extrême-Orient lui permettra d'atteindre. Gardons-nous bien d'étouffer en lui ce qui est sa force, « de souffler, d'éteindre », pour parler comme les bouddhistes, ce qui est son âme de peuple, ce qui le caractérise entre toutes les races de l'Indo-Chine, le génie séculaire de sa race. Nous ne parviendrions jamais à faire de ces Cambodgiens des Français, des Occidentaux, et ils cesseraient d'être des Cambodgiens pour demeurer des Orientaux éperdus, avilis, et sans consistance morale. Et pour parvenir à faire d'eux ce que leur nature veut qu'ils soient, pour savoir découvrir les routes où nous voulons soutenir leur marche, étudions-les dans leur histoire, dans leurs satras religieux et moraux, dans leurs mœurs, dans leur science d'autrefois et surtout dans leur législation. J'ai tênté de le faire en 1890 dans mon *Droit privé cambodgien*, aujourd'hui dans ce *Droit public*, dans un troisième volume qui paraîtra en même temps, la *Législation criminelle des Cambodgiens*, et dans dix revues et journaux qui ont bien voulu accepter mes études, mais je n'ai pas tout vu, tout appris, tout dit, loin de là. Que d'autres se mettent à l'étude et bientôt nous saurons tout ce que la France peut espérer du Cambodge, tout ce que les Khmers d'aujourd'hui peuvent espérer de leurs descendants de demain. Nos administrateurs mieux préparés sauront mieux quelle impulsion il faut donner au Cambodge et comment il convient de la donner. Alors nous économiserons du temps et de l'argent et, ce qui vaut mieux, nous aurons conquis des droits à la reconnaissance d'un peuple qui nous a déjà donné toutes ses sympathies, mais qui ne nous doit encore que de l'avoir arraché aux Siamois et aux Annamites qui espéraient se partager son territoire, pour le soumettre à notre domination.

ADHÉMARD LECLÈRE.

1er juin 1894.

INTRODUCTION

I. — LE TERRITOIRE DE L'INDO-CHINE

IL Y A 2.000 ANS

Il y a deux mille ans, la vaste péninsule indo-chinoise était loin d'avoir la physionomie géographique que nous lui connaissons aujourd'hui.

Le delta du fleuve Rouge n'existait pas encore et le golfe du Tonkin était plus considérable ; il s'étendait au nord-ouest et pénétrait dans les terres au moins jusqu'à Hanoï ; la côte décrivait un angle aigu et, sous l'eau, des alluvions s'amassaient lentement entre le territoire de Chanh-Hoa déjà formé et l'île de Caé-Ba.

La Cochinchine française était encore presqu'entièrement sous la mer. Un vaste estuaire s'étendait jusqu'en plein Cambodge, peut-être jusqu'à Phnom-Penh, peut-être jusqu'au Grand-Lac plus profond alors et qui devait recevoir les eaux salées de l'Océan (1). Le Mékong, après avoir traversé toute la péninsule indo-chinoise, venait jeter ses eaux dans cet estuaire, tout probablement jusqu'aux environs du territoire aujourd'hui occupé par

(1) M. Sylvestre pense que le Grand-Lac s'allongeait vers le nord-ouest et communiquait avec le golfe de Siam par l'estuaire du Ménam de Bangkok. C'est possible, je dirai même c'est probable, mais cette communication ne devait déjà plus exister il y a deux mille ans.

Phnom-Penh. La péninsule de Camaau n'existait pas encore, mais une autre presqu'île, — échancrée par la rivière de Gien-Thanh et soutenue par le phnom Véal (1), le phnom Kam-Chay (montagnes de l'Éléphant), les montagnes de Véal-Rine et tous les éperons montagneux qui en dépendent, — était formée entre l'estuaire du Mékong, le Mé-Sap (bras du Grand-Lac), le Grand-Lac et le golfe de Siam. Le territoire, — sur lequel se trouve le village d'Hatien, l'inspection et le fort, — était celui d'une île séparée de la terre par un petit bras de mer. La baie envasée qui s'étend aujourd'hui devant Hatien était beaucoup plus profonde et s'étendait jusque bien au-delà de Gien-Thanh ; elle communiquait avec la mer par deux bras et, si le massif d'Hong-Chong n'était pas encore soudé à la terre ferme, par trois bras de mer. C'est dire que la baie d'Hatien était fermée par deux îlots, celui d'Hatien et celui d'Hong-Chong.

La baie de Péam, — aujourd'hui limitée par les îles des Pirates à l'ouest, la colline qui en se prolongeant dans la mer forme la pointe Nay (Mouille-Nay) au Sud, le phnom Angkol, à l'Est, et les collines qui forment au nord-ouest la pointe Kep, — s'étendait au moins jusqu'à poum Kompong-Trac, peut-être jusqu'au phnom Bac qui domine ce village; elle contenait plusieurs petits îlots qui maintenant sont devenus le phnom Angkol, le phnom Pol, etc. On pouvait, sans sortir de la baie de Péam, en passant derrière l'ilôt d'Hatien, pénétrer dans la baie d'Hatien. Ces deux baies se confondaient encore peut-être derrière le Bonnet-à-Poil et le massif dont il fait partie.

La baie de Kompot, qui s'étend entre la pointe Kep au sud-est et la pointe Tahane au nord-ouest, s'étendait alors jusqu'au phnom Slap-Taon, et au phnom Sa (pic

(1) *Phnom*, montagne, colline.

Bomby); de l'île Trey-Ca émergeait seul le massif de grès brun qui, en retenant les sables que roulaient le prec thom Kompot et le prec Kabal-Roumir, a fini par la faire ce qu'elle est aujourd'hui (1).

La pointe Tahane, formée par un puissant éperon sous-marin du phnom Kam-Chay, s'avançait plus aigüe dans la mer vers la pointe nord-est de l'île de Phu-Quoc, et le courant formé par les marées était plus puissant.

Au-delà, la baie de Véal-Rine qui s'étend entre la pointe Prec-Thnot à l'est et la côte de la presqu'île de Véal-Rine à l'ouest, était beaucoup plus vaste. L'estuaire du prec thom Véal-Rine s'étendait, au nord, jusqu'au-delà de poum (2) Kompong-Smach, un village qui est à cinq kilomètres au moins de l'embouchure. Il comprenait à l'est et à l'ouest tous les terrains d'alluvions formés par les prec Teuk-Loak et Bounteay-Prey et par le prec thom Véal-Rine, c'est-à-dire tous les territoires occupés par les rizières de poum Véal-Méas, de poum Véal-Rine, de poum Samrong, de poum Bounteay-Prey, de poum Trapeang-Soai, par le Prey-Thmey (forêt nouvelle), par les rizières de Prey-Nop et de poum Phnom-Toch, par les rizières de poum Kompong-Smach, de poum Phaoo, de poum Véal-Ta-Gnhet, de poum Chhvéa et de poum Teuk-Loak jusqu'au prec Sang-Kaé. Cette vaste baie s'étendait alors de la pointe Prec-Thnot qui la limite à l'est à la pointe poum Sré-Cham qui la ferme au sud-ouest.

La baie du Teuk-Sap, qui se trouve au nord de ca Crebey, notre ile du Milieu, resserrée entre un éperon du massif montagneux de Véal-Rine et une colline puissante, était plus vaste aussi et plus profonde.

(1) On a trouvé à sept kilomètres de la mer, il y a quelques années, dans l'enceinte du gouverneur, à Kompong-Bay, à quatre mètres de profondeur, une corde en rotin qui s'est effritée. — *Prec*, en langue cambodgienne, veut dire *rivière; thom*, grand, grande.

(2) *Poum*, village, hameau.

Un estuaire aussi large que l'ouverture de la baie actuelle s'enfonçait jusqu'au-delà de poum Lam-Pou-Thé, c'est-à-dire jusqu'à dix kilomètres de l'embouchure actuelle du prec Teuk-Sap.

La baie de Réam, que défendent ca Sam-Sê, ca Ta-Kéo, ca Hong-Gioï, ca Chang-Thma-Chon-Thom, ca Chang-Thma-Chon-Toch et ca Très (1), et qui est limitée au sud par la pointe Teuk-Angdong et au nord-ouest par la pointe Ca-Très, la baie de Réam était plus profonde et plus vaste ; elle s'étendait certainement jusqu'au poum Réam, très creusée au sud ; peut-être se confondait-elle avec la baie très allongée du Teuck-Sap. Dans ce cas, le territoire compris entre la baie du Teuk-Sap et la baie de Réam, soutenu par des collines situées à l'est et à l'ouest, formait au nord un grand ilot vaseux limité par la baie de Véal-Rine, et au sud par le golfe de Siam.

La vaste baie de Kompong-Som que défendent ca Rong et ca Rong-Sam-Lem était également plus large et plus profonde. La courbe qu'elle dessine au nord, de l'ouest à l'est, était d'un rayon plus grand et se dirigeait du sud-ouest au nord-ouest, elle s'enfonçait davantage dans les terres et se terminait par un vaste estuaire formé par le prec Kompong-Som ou prec Sré-Umbel et s'étendait au nord-est au moins jusqu'à poum Sré-Umbel et probablement beaucoup plus loin.

L'estuaire de klong (2) Kopo, — cette grande rivière située dans la province de Ca-Kong (3), au nord de l'ile qui lui donne son nom, qu'on peut, si mes renseignements sont exacts, remonter près de 40 milles, — était plus large et plus profondément échancré dans les terres.

La baie du klong Tung-Iai, dans la même province était plus étendue vers le nord et la petite presqu'ile de

(1) *Ca*, île.

(2) *Klong*, mot siamois signifiant *rivière*.

(3) Les Siamois la nomment Phia-Phisay.

Kratt, au nord de laquelle se trouve ce chef-lieu, n'était peut-être point encore formée.

L'estuaire du klong Santong, celui du klong Chantaboun, du klong Pasé et du klong Royong étaient plus larges aussi ; le premier formait une petite baie très ouverte, le second une baie intérieure à demi fermée par deux petites collines, le troisième une baie plus vaste, et le quatrième une véritable baie plus large que profonde.

L'extrémité nord du golfe de Siam était loin de ressembler au golfe du Ménam, que nous connaissons. Le delta du Ménam de Bangkok n'était pas encore formé et l'estuaire du Ménam de Pétriou, plus vaste, n'avait point encore canalisé ses eaux jusqu'au point où nous voyons s'étendre aujourd'hui la côte. La province siamoise de Paknam et une partie de la province de Bangkok, y compris le territoire même de cette capitale, étaient sous l'eau. La baie du Mékloung, qui est à l'ouest du golfe supérieur, était aussi plus accentuée.

La presqu'île de Malacca, soutenue par une longue chaîne de montagnes qui la traverse dans toute sa largeur, était à peu de chose près ce qu'elle est aujourd'hui. Quelques personnes ont pensé que l'isthme de Kra, si étroit, que M. Joseph Deloncle a songé à y creuser un canal, était autrefois traversé par un détroit, dont la baie de Sa-Oui qui est sur la côte orientale, et celle de Saint-Mathieu qui est sur la côte occidentale, seraient les restes. Mais cette opinion n'a pas été soutenue par une étude sérieuse sur les lieux et paraît avoir été abandonnée par ceux-là même qui l'ont émise.

Le delta de l'Irraouaddi n'était pas encore formé ; le territoire aujourd'hui occupé par Rangoun, les nombreux villages et les belles et fécondes rizières qui font la fortune de ce pays étaient encore sous l'eau. Le golfe de Martaban était beaucoup plus vaste et divisé par une pointe qui s'avançait assez profondément dans la mer; la partie de ce golfe, qui a complètement disparu sous les apports incessants de l'Irraouaddi, atteignait certainement les rizières déjà moins fécondes de Henzada.

Le littoral de la Barmanie anglaise ne paraît pas s'être beaucoup modifié ; bien soutenu par un puissant massif montagneux et défendu par de nombreuses îles de très petite altitude, les siècles sont passés sans le vieillir. Seule la baie vaseuse de Cumbermère paraît s'être colmatée de terres alluvionnaires et peuplée d'îles faites de sables et d'argiles bruns.

Le Grand-Lac ou Tonlé-Sap était beaucoup plus vaste qu'aujourd'hui et beaucoup plus profond. Angkor était à peu de distance de sa côte orientale ; Poursat et Battambang devaient être à quelques mille mètres environ de la côte occidentale. Cette Méditerranée d'eau douce était moitié plus vaste qu'aujourd'hui et les inondations qu'elle produisait devaient s'étendre beaucoup plus loin, mais déjà elle ne communiquait plus avec le golfe de Siam par la vallée du Ménam; le Tonlé-Sap était déjà une mer intérieure.

La vaste plaine, qui s'étend depuis Kompong-Soai jusqu'au Grand-Lac et jusqu'à Kompong-Leng, encore aujourd'hui inondée à la saison des pluies et au travers de laquelle les pirogues passent nombreuses, était beaucoup plus basse et presque toujours couverte par les eaux.

C'est ainsi que de vastes territoires aujourd'hui peuplés étaient encore inhabités, inhabitables peut-être et marécageux, sous l'eau toute l'année.

Telle était, à mon avis, il y a deux mille ans, cette vaste péninsule indo-chinoise où tant de races diverses sont venues combattre et s'entre-détruire, et qui semble ouverte à nos ambitions, à notre action civilisatrice et féconde.

II. — LES POPULATIONS

Je veux maintenant rechercher quels peuples habitaient, il y a deux mille ans, le vaste territoire que je viens de montrer se répandant sous les eaux, s'accroissant sans cesse et se transformant lentement, et dire quel territoire chacun de ces peuples occupait.

Je distingue d'abord, au nord-est de la péninsule indochinoise, les Annamites, peuple de race mongole qui a traversé la Chine et qui s'est massé sur les côtes du golfe du Tonkin et sur les rives du fleuve Rouge, depuis de longs siècles déjà. Son empire, toujours menacé par la Chine et gouverné par elle, est fondé ; la civilisation annamite, greffe de la civilisation chinoise, se défend contre les Célestes avec une grande énergie. Vaincue, la nation annamite n'est jamais soumise, mais lentement, malgré tous ses efforts, les mœurs chinoises la pénètrent.

Au-dessous des Annamites, sur le territoire aujourd'hui occupé par l'Annam, se trouvaient les Chams, peuple puissant, de race semi-malaise, à demi barbare et très guerrier, né probablement de Malais venus sur cette terre il y a plus de trois mille ans et qui se sont fondus dans une nation aborigène déjà civilisée, déjà puissante. Leur empire s'étendait alors, autant qu'il est possible d'en juger aujourd'hui, du cap Saint-Jacques au cap Vung-Chua, dans la province de Hatinh. Ils avaient successivement conquis tout le littoral du Grand-Lac ; le territoire de Bassac (Laos) leur appartenait peut-être, ainsi que celui d'Oubône. Leur capitale Chiem-Thanh était à peu près où se trouve Hué aujourd'hui. Ils paraissaient avoir reçu leur religion de l'Inde et étaient brahmaniques.

Dans la province du Binh-Thuan existait un petit peuple, les Hoï, de race mongole, plus blancs que les Annamites, vaincus probablement par les Chams, à demi détruits, auquel on a cru devoir attribuer la construction des monuments soi-disant khmers qu'on a trouvés dans l'Annam (1).

Le littoral cambodgien du sud, depuis le cap Saint-Jacques jusqu'au cap de la Table, que j'ai désignés plus haut comme limitant l'immense golfe du Mékong, était probablement occupé par les Malais ou tout au moins fréquenté par leurs jonques de commerce.

Le littoral cambodgien du golfe de Siam, comme le littoral devenu siamois et probablement les côtes orientales et occidentales de la presqu'île de Malacca, étaient occupés par ces mêmes Malais, gens d'audace et d'aventure, à demi civilisés, aguerris et redoutables dans les combats. Habiles commerçants, ils avaient étendu leur empire à toutes les côtes du golfe de Siam et devaient déjà y exercer le commerce et la piraterie, leur principale industrie. On a tout lieu de croire que les Malais étaient alors, comme les Chams, des brahmaniques.

Il est probable que les côtes de la Barmanie leur appartenaient aussi et on a cru y reconnaître des traces de leur domination.

Au centre de l'Indo-Chine, les Chams, ainsi que je l'ai déjà dit, avaient étendu leur domination; le Grand-Lac leur appartenait, mais cette domination s'exerçait non seulement sur le territoire, mais sur les peuplades qui l'habitaient et qu'ils avaient dû soumettre les armes à la main.

Au sud du Grand-Lac, il semble que des peuples à demi sauvages, qui s'habillaient de fibres de bambous

(1) M. Moura les considère comme étant de la même race que les peuplades à demi sauvages qui vivent sur les plateaux montagneux de l'île chinoise d'Haïnan. Cette opinion me paraît très aventurée.

tressées, de feuilles et d'écorces d'arbres (1), peuplaient les terres de formation nouvelle que traversaient le Mékong et le bras du Grand-Lac, alors un estuaire large et salé. C'étaient les autochthones.

Au nord du Grand-Lac était le Pho-nan des Chinois (2) (le Laos) qui s'étendait jusqu'aux frontières méridionales de la Chine et des frontières du Tonkin aux Arrakan-Yoma (3) et Pégou-Yoma de la Barmanie. C'était une vaste région peuplée de cent peuplades presque toujours en guerre et qui avaient à défendre leurs territoires contre les Chinois, les Annamites et les Chams. Venues de l'Inde probablement en Indo-Chine, il y avait plusieurs siècles déjà, plus de mille ans peut-être, elles l'avaient conquise et envahie, poussant devant elles les peuples autochthones dont j'ai parlé tout à l'heure. Les annalistes chinois de cette époque avaient donné à ce territoire le nom de Pho-nan, mais précédemment, dans l'antiquité, on l'avait connu en Chine sous celui de Lan-hoang-loa. Viên-Chan, village situé sur la rive gauche du Mékong, par 100° 20' de longitude est et 18° de latitude nord, paraît en avoir été la capitale. Le roi du Laos était tributaire de la Chine depuis l'an 125 avant Jésus-Christ.

Au nord-ouest du Grand-Lac et par conséquent au sud-ouest du Laos se trouvait un peuple soumis aux Chon-lap, alors sous la domination des Chams. Il paraissait être issu d'un mélange de Mongols et d'Indous très bruns. C'étaient les *Sayam* (couleur brune) (4), peuple de race *Thaï* (libres) et que nous désignons sous leur surnom, celui de Siamois, qu'ils ont d'ailleurs repris depuis peu. C'était alors un peuple esclave, une simple

(1) Moura, *Le Royaume du Cambodge*, t. II, p. 24.

(2) *Ibid.*, t. II, p. 24.

(3) *Yoma*, mot birman qui veut dire « montagne ».

(4) Du sanscrit *Cyâma* (brun, sombre), selon M. de Rosny.

tribu de la grande race *thaï* (1), peut-être métis des Thaï, d'origine indoue, et des Mongols. Le territoire que ce peuple occupait ne s'étendait pas jusqu'au golfe de Siam et il ne semble pas qu'il fut établi sur les bords du Grand-Lac.

A cette époque reculée, les Chinois distinguaient mal toutes les races, toutes les nations en voie de formation, qui se disputaient le territoire de la grande péninsule indo-chinoise et l'avaient, en grande partie, déjà conquise sur les autochthones. Tout ce qui n'était pas occupé par les Annamites, leurs voisins ennemis, et par les Chams, dont ils connaissaient le puissant empire, était désigné par leurs historiens et leurs géographes sous le nom de Pho-nan (Laos). Le Laos, à leurs yeux, était limité, au Nord par le Cuu-Chon, la grande province méridionale de leur empire, au sud par la mer de Chine, à l'ouest par le golfe de Siam et le Chau-ba (l'Inde) et à l'est par le Tonkin et le Xa-au (le Ciampa). Ils savaient bien que le Pho-nan comprenait un grand nombre de nations gouvernées par des rois, le Chon-lap entre autres, mais ils ne se donnaient guère la peine de définir exactement les territoires qu'elles occupaient et de connaître même leurs capitales. Quand ils firent, en l'an 125 avant notre ère, leur expédition du Laos et se furent probablement emparés de Viên-Chan, la capitale, ils mirent tout le Pho-nan au nombre des pays qui étaient alors tributaires du Céleste empire, bien qu'ils n'eussent parcouru et conquis qu'une partie de ce vaste territoire.

Telle était, il me semble, la situation respective des races en Indo-Chine, il y a deux mille ans, au moment de l'arrivée des Khmers. Je résume ici, en commençant

(1) *Thaï* est le nom générique de leur race et non le leur en particulier; ils l'ont pris, non parce qu'ils avaient recouvré l'indépendance, mais parce que c'était le nom de la race à laquelle ils appartenaient.

par le nord-est : Les Annamites et les Chams sont établis sur la côte orientale ; les autochthones, peut-être mélangés de Malais, sur la côte méridionale ; les Malais sur la côte sud-ouest (littoral du golfe de Siam) et sur les côtes de la presqu'île malaise ; probablement les Indiens mêlés aux Malais sur la côte de Barmanie.

Au sud de l'Indo-Chine, jusqu'au Grand-Lac peut-être, sont les autochthones refoulés par les Laotiens venus de l'Inde par la Barmanie ; au-dessus d'eux est le Chon-lap, probablement peuplé de leurs tribus, mais gouverné par les Chams ; au nord du Chon-lap sont les Laotiens ; sur leur flanc ouest se trouvent les Siamois, les Pégouans et les Barmans, que les Chinois ne distinguaient pas encore ou qu'ils distinguaient mal des Laotiens.

Tous ces peuples, sauf, bien entendu, les semi-sauvages que j'appelle les autochthones, me paraissent étrangers à la péninsule indo-chinoise ; ils l'ont conquise sur les premiers habitants et s'y sont définitivement établis.

En somme, quatre races principales : 1° les Annamites qui sont des issus des Mongols ; 2° les Chams et les Malais qui paraissent de même race ; 3° les Laotiens, les Siamois, les Pégouans et les Barmans, qui sont venus de l'Inde ; et 4° les autochthones qui paraissent être les premiers habitants de la péninsule.

Toutes ces races, bien que subsistant encore, se sont plus ou moins mélangées entre elles et paraissent avoir conclu de nombreuses unions avec la race chinoise. Ainsi, les Annamites semblent avoir beaucoup de sang chinois, malais ou cham ; les Siamois ont certainement absorbé un élément chinois considérable ; les Barmans et les Pégouans sont nés d'alliances conclues entre Indiens et Malais, et les Khmers sont le produit de nombreux croisements entre Indiens, Laotiens, Malais, Chams, Chinois et autochthones.

Mais, comme je n'ai à me préoccuper que du peuple

cambodgien, on comprendra que je néglige les races qui n'ont pas concouru à sa formation. Je ne vais donc étudier dans les chapitres suivants que les éléments qui me paraissent s'être fusionnés dans ce que nous appelons si improprement, à mon avis, la race cambodgienne.

III. — LES AUTOCHTHONES

Les annalistes chinois sont les premiers écrivains qui, à notre connaissance, ont recueilli quelques faits historiques concernant le pays que nous appelons aujourd'hui le Cambodge.

L'un d'eux (1) qui écrivait certainement plus d'un siècle avant notre ère, donne au Cambodge le nom de Chon-lap (2); il le considère comme faisant partie du Pho-nan, pays qui, dans l'antiquité, dit-il, se nommait Lan-hoang-loa (3). Le Chon-lap était alors situé au sud-ouest de Chien-Thanh (4), la capitale du royaume de Ciampa, et sa frontière la plus proche se trouvait à 3.000 lis (environ 1.200 kilomètres) de cette ville. Il y avait des relations par eau et par terre entre les deux royaumes.

(1) Cité par M. Moura, que je suis de très près, *Le Royaume du Cambodge*, t. II, p. 24.

(2) Les Annales donnent aussi au Chon-lap le nom de *Tchin-la* et disent qu'il a aussi porté *dans le passé* ceux de Kiêt-Mich et de *Cambot-tri*.

(3) Les Cambodgiens le nomment *Lan-Chhang* ou *sroc Léo* et les Européens l'ont successivement appelé *Lanwas*, *Lavas* et *Laos*.

(4) Cette ville importante assurément devait se trouver à peu de chose près où se trouve aujourd'hui Hué, la capitale de l'Annam.

Les vêtements du peuple du Chon-lap, ajoute l'annaliste chinois, se composaient de fibres de bambous tressées ou grossièrement tissées, d'écorces et de feuilles d'arbres. Le marché se tenait la nuit et les habitants se servaient de l'odorat pour reconnaître la qualité de l'or.

La reine de ce pays se nommait Diep-lieu; elle était originaire de Diép-dieu.

Un prince du sud, nommé Hon-hoi, *tributaire* du Chon-lap, se révolta contre la reine et lui déclara la guerre. Vaincue, elle fut forcée de demander la paix et d'épouser le vainqueur, son ancien vassal. Hon-hoi, ajoute le chroniqueur chinois, voyant que sa femme était presque nue, lui imposa un costume; c'était une longue tunique ouverte par le haut pour laisser passer la tête. Les femmes du peuples adoptèrent aussi ce genre de vêtement.

Tels seraient les autochthones du Cambodge et leur reine à une époque indéterminée, très certainement antérieure à l'expédition chinoise qui eut lieu dans le Laos cent vingt-cinq ans avant notre ère. L'annaliste que je viens de citer, parait, en effet, donner ces renseignements à l'occasion de l'expédition chinoise de l'an 125 et comme des faits du passé connus de ses contemporains.

Mais qu'est-ce que ce prince du sud et quel est le peuple qu'il conduit au Chon-lap? La réforme dans le costume qu'il imposa à la reine vaincue, devenue sa femme, et que les femmes du peuple adoptent, prouve sinon une civilisation plus avancée, du moins son voisinage de la mer ou ses relations avec un peuple plus industrieux.

M. Moura insinue que le peuple conquérant pouvait bien provenir « de la Malaisie, ou plus vraisemblablement du Ciampa », et il observe que les annales khmères rapportent cette invasion des Chams, mais dans des circonstances différentes (1). Je ne partage pas cette opinion; je ne m'explique pas en effet comment des Malais, dont la domination s'étendait déjà à toute la presqu'île de Malacca et à tout le littoral occidental de l'Indo-Chine, comment des Chams, qui régnaient sur le littoral oriental depuis mille ans peut-être et dont l'empire s'étendait très loin dans le Laos, auraient pu être amenés tout d'abord à accepter la suzeraineté d'un peuple à demi nu et à lui payer tribut.

Je crois, au contraire, que l'incident curieux rapporté par l'annaliste chinois est un des épisodes des guerres que devaient se faire entre eux les aborigènes. Nous avons affaire ici à deux peuples, peut-être à deux tribus d'origine indo-chinoise, qui ont été absorbés par le peuple cambodgien ou qui subsistent encore, c'est possible, soit au Laos, soit au Cambodge, soit en Annam, parmi les populations sauvages qui habitent les montagnes et les forêts.

IV. — LES CHAMS

Les auteurs chinois, au moins ceux que nous connaissons, ne parlent pas de la conquête du Chon-lâp par les Chams et les annales annamites qui nous sont parvenues n'en disent pas un mot. C'est assez extraordinaire. Les annales légendaires des Khmers sont, en effet, les seuls documents écrits qui en fassent mention.

On y lit que, l'an Ier de Préa-Put-Sacrach (543 av. J.-C.),

(1) *Ibid.*, t. II, note, p. 24.

le roi des Chams, Préa-Bat-as-Chey-réach (1) voyageant avec sa famille, ses mandarins et ses serviteurs, au nombre d'environ cinq cents, fit naufrage au pied de la chaîne du phnom Dangrec, au sud de Korat, s'installa au bord de la mer, et s'imposa comme souverain aux habitants de cette contrée (2). Son fils Préa-Cravalla-réach (3) lui aurait succédé en 523 avant Jésus-Christ, puis la couronne aurait successivement passé au fils et aux petits-fils de celui-ci. Sous l'administration de ces rois, dit la chronique, le royaume augmenta rapidement en étendue et en puissance.

Les annales cambodgiennes des premiers âges, rédigées peut-être il y a quelques siècles seulement, toutes pleines de légendes et de récits merveilleux, n'ont aucune valeur historique, mais je suppose qu'on y a tenu compte des documents plus anciens aujourd'hui perdus, des traditions populaires alors acceptées, et qu'à ce titre au moins elles méritent une certaine créance. La tradition, d'ailleurs, si fautive qu'elle soit, semble leur donner raison. Les Khmers, les Siamois, les Laotiens et les descendants des Chams sont d'accord pour considérer les Chams comme ayant occupé avant les Cambodgiens le territoire du Cambodge et comme ayant été vaincus et chassés par eux.

Cette défaite des Chams par les Cambodgiens, si on s'en rapporte à la chronique royale du Cambodge, ou *Pongsa-Voda* (succession de rois), aurait eu lieu un certain nombre d'années après leur arrivée au Couchthloc (4), c'est-à-dire postérieurement à l'an 443 avant

(1) Observez que ce titre de roi cham est composé des mots pâli, qui concourent encore aujourd'hui à former les titres des rois khmers, siamois et laotiens.

(2) Moura, *ibid.*, t. II, p. 6.

(3) Même observation qu'à l'avant-dernière note.

(4) Probablement Phnom-Penh. M. Sylvestre opine pour une île alors formée à la base du massif montagneux de Poursat et qui aurait

notre ère. Dans ce cas, les Chams auraient dominé sur le pays un peu plus de cent ans. Vaincus, ils se seraient retirés au Champa-sac (1), dont la capitale était alors Lan-Chhang (2). C'est du Champa-sac que, plus tard, en 43 avant Jésus-Christ, quatre siècles après l'arrivée des Cambodgiens au Cambodge, serait venu le roi des Chams à la tête d'une puissante armée attaquer le roi du Cambodge. Celui-ci fut d'abord vaincu et obligé de quitter sa capitale, Angkor-Thom, pour se réfugier à Nocor-réach-Séma (actuellement Korat). Il resta là une année, y organisa une armée, reprit l'offensive et obligea les Chams à se retirer dans les provinces du sud-ouest, sur le phnom Bayong (province de Trang), sur le phnom Chiso (province de Bati) (3) et, si on ajoute foi à la tradition, dans la province de Mong-Kol-Borey, au nord-ouest du Grand-Lac (4).

Malheureusement, les annales chinoises et les annales annamites sont muettes sur tous ces faits.

été séparée du continent par un bras de mer qui, partant du fond de l'estuaire du Mékong, aurait abouti vers celui du Ménam, et dont le Grand-Lac serait resté comme un témoin. Par conséquent, à cette époque géologique éloignée, les eaux du bassin du Tonlé-Sap avaient une double et large issue pour s'écouler à la mer. *(Etude sur l'Indo-Chine, bulletins nos 1 et 2 de la Soc. de géogr. de Rochefort).*

(1) Cham-Bassac, dans le Laos.

(2) *Lan-Chhang* prit plus tard le nom de *Viên-Chan*. Cette ville, qui fut longtemps la capitale du Laos, est située sur la rive gauche du Mékong, par 100° 20' de longitude est et 18° de latitude nord. Remarquez la similitude du nom de *Lan-Chhang*, nom que les annales khmères donnent à la ville de Viên-Chan et le nóm de *Lan-hoang-loa* que les annalistes chinois prétendaient en 125 de notre ère avoir été porté dans l'antiquité par le Laos qu'ils appelaient alors Pho-nan. Les royaumes, à cette époque, portaient souvent le nom de leur capitale.

(3) Le phnom Chiso est dominé par les ruines imposantes de Ta-Prom (l'ancêtre, le vieux Brahma).

(4) Au nord de la grande province de Battambang, accidentellement siamoise, que traverse la ligne télégraphique de Phnom-Penh à Bangkok par Battambang.

Les premières font bien mention d'une guerre déclarée au Chon-lap (Cambodge) par le roi du Lam-ap (Ciampa), qui put s'avancer jusqu'à la capitale; mais cet événement aurait eu lieu en 454 de notre ère, c'est-à-dire quatre cent quatre-vingt-dix-sept ans après l'expédition des Champa-sac.

De leur côté, les annales annamites ne parlent des Chams qu'à partir de 399 de Jésus-Christ elle les représentent comme étant les habitants d'un arrondissement de la province annamite de Nhut-Nam, qui se seraient rendus indépendants à la faveur des révolutions de la Chine et auraient mis à mort le chef de l'arrondissement qui était un Chinois (1).

Cependant, il est à peu près démontré que les Chams ont gouverné le Cambodge avant les Cambodgiens ; les traces de leur passage et les traditions qui l'affirment sont nombreuses en Indo-Chine (2).

Les Chams seraient donc les premiers conquérants venus au Cambodge ; ils s'y seraient établis, et, sous

(1) Truong-Vinh-Ki, *Cours d'hist. ann.*, I, p. 28. L'Annam était alors pour la troisième fois retombé sous la domination chinoise.

(2) Sur cent vingt-quatre mots chams des plus usuels rassemblés par M. Moura, j'en ai trouvé dix-huit qui sont passés dans la langue des Khmers ; mais je dois avouer que tous se retrouvent dans les langues parlées soit par les Siamois ou les Annamites, soit par les peuplades sauvages, et surtout dans les langues malaise, cancho, rodé et chérai qui ont beaucoup de mots communs avec la langue chame. Ils ont encore laissé une autre trace de leur passage au Cambodge, dans le nom de *Sambau*, un village situé sur la rive gauche du grand fleuve, et qui portait autrefois le nom de *Çambhapoura*, c'est-à-dire « ville des *Champa* » ou « *Ciamba* », ou Chams du Champa-sac. Le hollandais Wustorff, remontant le Mékong au XVIIe siècle, visita la ville de Sambau et, saisissant mal la prononciation peut-être déjà altérée, la désigna sous le nom de Sambabœr. J'ai mis au jour, en 1891, des inscriptions que M. Aymonnier a traduites et qui ont fait l'objet d'une communication à l'Académie des inscriptions et belles-lettres (oct. 1891) ; ces inscriptions ont révélé le nom ancien dans toute sa pureté, et ce nom *Çambhapoura* me paraît désigner une ville champa ou chame.

leur domination, le royaume se serait agrandi et aurait acquis une grande puissance.

Qu'étaient donc les Chams, ces conquérants heureux d'abord, que les Cambodgiens, les Chinois et les Annamites ont vaincus, et dont il ne reste plus aujourd'hui que quelques tribus dégénérées, à demi sauvages, et quelques familles qui, de plus en plus, tendent à se confondre avec les Malais? On les a quelquefois considérés comme des métis de Laotiens et d'Annamites; le Dr Harmant les range avec les Siamois ou Thaïs, les Barmans, les Laotiens et les Annamites, parmi les races semi-mongoles; M. Aymonnier les appelle une race semi-malaise (1), et M. Doudart de Lagrée paraît avoir eu cette dernière opinion.

Les Chams et les Malais paraissent appartenir à la même race et n'être que les deux branches d'un même peuple, séparées depuis de longs siècles, ayant suivi des destinées différentes et conclu des alliances diverses, ayant absorbé peut-être ou subi le mélange de nations aujourd'hui disparues (2).

J'ajouterai que je crois les Chams et les Malais originaires du même pays, de Sumatra, et je dirai tout à l'heure pourquoi. Les premiers auraient émigré en Indo-Chine à une époque très éloignée de laquelle les annales n'ont point gardé le souvenir, et les seconds y seraient venus il y a environ deux mille ans. Les Chams auraient fondé leurs premiers établissements, soit sur la côte d'Annam, où les chroniques annamites nous les montrent au IVe siècle, soit sur les rives du Mékong supérieur où les annales khmères nous disent qu'ils occupaient au premier siècle avant Jésus-Christ la ville de Lan-Chhang (Viên-Chan).

(1) *Excursions et reconnaissances*, n° 4, p. 156.

(2) Sur cent vingt-quatre mots usuels, je trouve cinquante-un mots chams qui sont aussi des mots malais.

Probablement supérieurs aux races qu'ils rencontrèrent en Indo-Chine, il leur fut facile d'y jeter les bases d'un empire puissant, et c'est ainsi qu'ils purent s'emparer de tout le territoire du Cambodge et d'une grande partie du Laos. Peu nombreux probablement au moment de leur débarquement, ils ont dû contracter de fréquentes unions avec les femmes des peuples qu'ils avaient soumis, avec les femmes des peuples voisins, principalement les Cancho, les Rodé et les Chréais, auxquels ils ont donné leur numération (1). C'est sous l'influence de ces unions, que leur race a dû considérablement se modifier.

Des mots nouveaux appartenant aux langues des aborigènes ont pénétré dans leur langage et remplacé des mots malais ; je ne trouve plus que cinquante et un mots malais sur cent vingt-quatre mots de la langue chame, mais je rencontre vingt-sept mots cancho, rodè et chréai, dix-neuf mots rodè et chréai, cinq mots cancho et chréai, un mot cancho et rodè, un mot rodè et onze mots chréai, soit cinquante-cinq mots des langues cancho, rodè et chréai, qui sont venus en remplacer cinquante-cinq sur soixante-treize; sur les dix-huit autres, j'en trouve trois qui appartiennent à la langue cambodgienne et aux langues samré, por et couïlle qui forment un groupe de langues parentes à un degré rapproché (2); trois qui appartiennent à la langue annamite; les dix autres proviennent d'idiomes sur lesquels je n'ai aucun renseignement.

C'est probablement à ce mélange des races chame,

(1) Sur cent vingt-quatre mots chams, soixante-neuf sont aussi cancho, soixante-huit sont également rodè, et quatre-vingt-six sont en même temps chréai.

(2) Sur ces trois mots, un est aussi reconnaissable dans la langue stieng, un autre dans les langues stieng, prou et siamoise; le troisième dans les langues prou et siamoise.

***

chréai, cancho et rodè qu'il faut attribuer l'altération de la langue malaise parlée par les Chams à l'origine et la formation de ce que nous appelons la langue chame.

Dans ce cas, ils auraient conservé l'écriture qu'ils avaient apportée de Sumatra et que les Malais de la Malaisie d'aujourd'hui ont si bien oubliée, — depuis que les Arabes leur ont appris la leur, — qu'il n'ont jamais pu en fournir d'alphabets complets aux Européens; qui sait si ces caractères chams que nous connaissons ne sont pas ceux que les Annamites ont abandonnés au XIe siècle de notre ère sur l'ordre de leur roi Sï-Vuong (1) et ceux qu'on a retrouvés chez les Thaïs de l'ouest du Tonkin et chez les Muongs de la province de Thanh-Hoa (2). Cette écriture annamite, comme celle des Malais et comme celle des Chams, était phonétique et s'écrivait de gauche à droite, comme les caractères déwanagaris, comme les caractères pâli, siamois, khmers et thaï.

Je ne suis pas éloigné de croire que le peuple auquel les Chams se sont tout d'abord alliés, avec lequel ils ont conquis leur indépendance, fût un peuple de race thaï et que le nom de *Cham* leur vient non de leur race, mais de la capitale de leur empire, *Chiem-Thanh* (3). C'est alors qu'ils auraient attaqué, vaincu, puis chassé du Ciampa oriental jusqu'au fond de la province du Binh-Thuan, les Hoï que les Annamites regardent

(1) Truong-Vinh-Ki, *Cours d'histoire annamite*, I, page 27. La langue et l'écriture annamites étaient si différentes de celles employées en Chine, que les annales de l'Annam rapportent qu'en 1109 avant notre ère, on eut besoin à la cour de Chine de traducteurs et d'interprètes pour lire les lettres de créance que les ambassadeurs annamites apportaient à l'empereur Thanh-Vuong. (*Ibid.* I, p. 11).

(2) Garcin. *Un an chez les Muong*.

(3) Cette ville était située à peu près où se trouve aujourd'hui Hué, la capitale de l'Annam. *Chiem* est la représentation exacte en caractères latins du caractère chinois correspondant. Mais les indigènes eux-mêmes prononcent toujours *Cham*.

comme les premiers habitants de l'Annam et les constructeurs des monuments soi-disant khmers qu'on a trouvés dans le royaume (1).

Les Chams étaient assurément brahmaniques et c'est probablement la religion brahmanique ou un secte de cette religion que les Annamites appelaient ***Mé-can.*** « Ils adoraient d'énormes idoles d'or ou d'argent, disent les annales annamites, et, certaines de ces idoles avaient plus de dix mètres de tour (2) » ; les temples étaient desservis par des prêtres indiens et des troupes de danseuses étaient organisées (3) ; ils brûlaient leurs morts et les femmes, comme au Malabar, se brûlaient toutes vives sur le bûcher de leurs maris (4); c'étaient des pirates redoutables (5).

J'ai dit plus haut que je croyais les Malais du Cambodge et les Chams originaires de Sumatra et que je croyais les seconds de même race que les premiers. Voici les raisons qui me portent à publier cette opinion.

Tout d'abord les sympathies nombreuses qui poussent ces deux peuples à se rapprocher, leur ressemblance assez remarquable, le secret instinct qui les a portés à embrasser l'un et l'autre la religion mahométane; ce fait que les Chams ont un système d'écriture qui, bien qu'on connaisse mal l'écriture malaise, rappelle autant qu'on peut l'entrevoir celle que les caractères arabes ont remplacée; enfin, le fait qu'on trouve dans la langue chame cinquante et un mots d'origine malaise sur cent vingt-quatre.

(1) Dans les provinces de Quang-Ngaï, Quang-Nam, Binh-Dinh, Phu-Yen et Khanh-Hoa, toutes les cinq situées entre la province de Hué et celle de Binh-Thuan.

(2) Truong-vinh-ki, *ibid.*, I, p. 29.

(3) *Ibid.*, I, p. 51.

(4) *Ibid.*, I, p. 29.

(5) *Ibid.*, I, p. 56-79, etc.

Et ceci :

L'île de Sumatra a adopté la religion des Brahmanes à une époque très ancienne, certainement près de mille ans avant Jésus-Christ et les Malais de Sumatra étaient autrefois appelés *Malayous* par les Malais de Java. Un conte malais que j'ai recueilli à Kompot leur donne ce nom. Or, Malayous est le nom des habitants du Malabar (*Malayala* en langue indoue, terre de montagnes). Et j'observe que les Chams, dont parlent les annales annamites, ont les énormes statues en métal précieux que contiennent, que contenaient surtout autrefois les temples brahmaniques, que ces temples étaient desservis par des prêtres indiens, qu'ils avaient des troupes de danseuses sacrées, qu'ils brûlaient les corps de leurs morts comme les Brahmanes et les femmes toutes vives sur le bûcher de leurs maris comme les Indiens du Malabar.

Ne sont-ce pas là des raisons sinon concluantes, du moins capables de remettre la question sur le tapis.

V. — LES CHHVÉA-PRÉAM

J'ai dit plus haut que les Malais occupaient, il y a deux mille ans, le littoral méridional et occidental de la péninsule indo-chinoise, tout le littoral de la presqu'île malaise et la Barmanie maritime. J'aurais dû immédiatement ajouter que les côtes des iles de la Malaisie entière leur appartenaient, avec Sumatra, Java et Bornéo, les principales. Leur empire s'étendait sur les côtes, probablement fractionné en petits états gouvernés par des rois; mais les Malais ne semblent pas avoir beaucoup pénétré à l'intérieur, sauf peut-être au nord du golfe du Bengale, où ils ont certainement été très nombreux à une époque antérieure à l'ère chrétienne. C'est là, à mon avis, au foyer même du brahmanisme, qu'ils auraient, déjà très modifiés comme race, déjà absorbés peut-être, abandonné leur culte primitif, leur langue, et adopté la religion des peuples au sein desquels ils vivaient et c'est de là qu'ils seraient partis, je ne sais à quelle époque et à la suite de quels événements, pour conquérir l'Indo-Chine et s'y établir, précédant de quelques années les Laotiens et les Siamois, également partis de l'Inde septentrionale. Alors, ces Malais brahmaniques auraient franchi le Gange, traversé la Barmanie, gagné la longue vallée du Mékong et, voyant la direction que suivait le fleuve, l'auraient descendu jusqu'à la mer, jusqu'au Grand-Lac, dont les rives étaient déjà occupées par les Chams. D'abord bien accueillis par eux, ils s'établirent un peu partout dans le sud de la péninsule indochinoise, puis, des difficultés ayant surgi entre les deux peuples, les nouveaux venus prirent les armes et s'emparèrent du gouvernement du royaume (1). Les Chams se trouvant incapables de leur résister, quittèrent le pays qu'ils avaient conquis sur les autochthones et s'enfuirent au Laos, déjà occupé par un peuple d'origine indoue; ils s'établirent sur la rive gauche du Mékong, soit dans un territoire leur appartenant déjà, soit dans un pays dont ils durent faire la conquête. Les nouveaux venus firent alliance avec les peuples vaincus que les Chams avaient dépouillés et prirent la place des conquérants, en abusant probablement de la confiance et de la crédulité de leurs nouveaux alliés (2). Telle serait, à mon

(1) Voyez le *Pongsa-Voda*, dans Moura, *Le Royaume du Cambodge*, II, pages 8 et 9.

(2) N'est-ce pas à un pacte de ce genre, passé avec les autochthones, qu'il faut faire remonter l'antique usage où étaient les rois du Cambodge jusqu'à Norodom, d'envoyer tous les ans des cadeaux aux chefs des sauvages Chréai, le *roi du feu* et le *roi de l'eau*. Ces cadeaux, — qui se composaient ordinairement d'un jeune éléphant mâle richement harnaché,

avis, la troisième (1) émigration malaise en Indo-Chine, celle qui fait l'objet d'une légende que M. Doudart de Lagrée a connue et dont il parle en ces termes : « Toujours est-il que les émigrants fondateurs du royaume passent pour être venus de l'Inde se fixer au pays de *Kuk-thloc* (2), qui prit plus tard le nom d'Angkor ou Nokor (3). On prétend aussi que le nom de Kuk-thloc s'appliquait plus particulièrement au lieu où fut depuis Phnom-Penh et que la mer venait alors jusque-là. Les émigrants s'appelaient *Chhvéa-Préam*. Ils portaient les cheveux longs, avaient le teint noir et se disaient originaires de *Préréan-Nosey* (4) que l'on suppose être voisin de *Kobel-Lephus* (5) où Bouddha serait né à l'une de ses incarnations » (6).

de fils de laiton, de verroterie, de fer, d'étoffes de coton et de magnifiques pièces de soie destinées à envelopper l'arme sacrée que conservent ces deux rois, — étaient pompeusement portés à Kratié, et le gouverneur de cette province, limitrophe du Laos, prenait ses dispositions pour les faire parvenir de tribu en tribu à destination. Si on ajoute à cet usage ancien la tradition qui enseigne que les *Chréai* ont autrefois joué un rôle important en Indo-Chine, ne sera-t-on pas tenté de trouver en eux les descendants de ces Nagas, de ces autochthones, qui ont traité avec les Cambodgiens à leur arrivée en Indo-Chine, et, chez ces rois du feu et de l'eau qui recevaient hier encore hommage et tribut du roi du Cambodge, les héritiers de ce roi qui, ayant donné sa fille à Préa-Thong, le couronna de ses propres mains (Voy. Moura, *Le Royaume du Cambodge*, I, pages 433-436). Je sais bien que ce couronnement à la suite d'un mariage est légendaire, mais qui sait si la légende n'a pas recueilli un fait historique connu de tout le monde à l'époque de sa rédaction.

(1) L'arrivée des Malais, connus sous le nom de Chams, serait la première, l'arrivée des Malais qui s'établirent peu à peu sur les côtes serait la seconde et celle-ci, dite des *Chhvéa-Préam*, serait la troisième.

(2) Pays du *thloc* (thloc, une sorte de lézard).

(3) Royaume, dans la langue des Khmers.

(4) Banarasi ou Bénarès.

(5) Kapilavastu, ou ville de Kapila, située au pied des montagnes du Népaul et au nord de l'Oude actuel; elle était autrefois la capitale d'un royaume auquel elle donnait son nom. Bouddha y naquit au VIe siècle avant Jésus-Christ.

(6) *Explorations et missions* de Doudart de Lagrée, 1883, p. 10.

Les annales légendaires des Khmers, le ***Pongsa-Voda***, parlent bien d'une migration d'Indous, qui seraient venus de la même contrée de l'Inde au même Couch-thloc, mais, si elles rapportent la cause de leur départ, l'épithète (1) dont ils furent flétris par le roi du pays qu'ils quittaient, elles ne disent pas quel était le nom que portaient les immigrants et quelle religion ils avaient. La légende nous dit qu'ils s'appelaient *Chhvéa-Préam.*

Or le mot *chhvéa* est le nom sous lequel se désignent les Malais du Cambodge qui sont originaires de Java et de Sumatra (2), et le mot *préam* celui que portent les bakous du Cambodge, qui sont les descendants des anciens brahmes, se disant de race royale et qui peuvent, en certaines circonstances, placer l'un des leurs sur le trône (3).

Les immigrants Indiens venus d'un pays voisin de la

(1) *Cat-sas*, couper-religion.

(2) « Le mot *chhvéa*, me disait un jour un vieux Malais de Trey-ca-de-Kompot, est un mot générique qui s'applique à tous les Malais ». Il entre dans la composition des noms suivants : 1° *Chhvéa-Crebey* (malais-buffles) qui désigne au Cambodge les Malais originaires de Sumatra, ile que les Malais nomment *Manang-Cabao* (buffle victorieux) en leur langue ; 2° *Chhvéa-Iavâ* (Malais-Java) qui désignent les Malais originaires de Java. Les *Malayous* ne sont pas des Malais et ne portent pas le nom de *chhvéa-malayous*, ce sont des Malabars ; ils sont originaires de la côte de ce nom, nommée *Malayala* par les Indous, c'est-à-dire *terre de montagne.*

Voici quels seraient les noms que Sumatra a successivement portés : *Tacon-Bapis*, *Manang-Cabao*, *Poulo-Pacheu* (île des rognures d'étoffes), *Pago-Oyon* (*paga*, pieux ; *oyon*, museau du buffle), et *Andelis*. Les Arabes la nomment *Saborna*. Un conte malais que j'ai recueilli à Kompot explique ces dénominations curieuses de *Chhvéa-Crebey*, de *Manang-Cabao* et de *Paga-Oyon.*

Le mot *Java* (*Iava* comme disent les Malais), qui est le nom de l'île que les Hollandais ont conquise sur eux, me paraît, comme le nom des *Hovas* de Madagascar, être la transformation linguale et moderne du mot *chhvéa* qui me semble plus ancien.

(3) Voyez mes *Recherches sur la Législations cambodgienne*, droit privé, p. 9 et suivantes, et plus loin, dans le présent volume, p. 12 et suivantes..

patrie du Bouddha, les *chhvéa-préam*, seraient donc des Malais convertis au brahmanisme, mais des Malais puissamment mêlés d'Indiens, ayant perdu leur langue et leur religion, ou plus exactement peut-être des Indiens ayant absorbé un élément malais conquérant dont ils avaient conservé le nom (1).

Est-ce à eux qu'il faut attribuer les monuments merveilleux dont les ruines gigantesques attestent une civilisation déjà très avancée? leurs rois étaient-ils ces Varmans dont les noms nous ont été livrés par l'épigraphie ?

Le savant Dr Kern, qui, le premier, a déchiffré les inscriptions trouvées au Cambodge par M. le Dr Harmant, n'a-t-il pas observé que la dynastie des Varmans, qui a gouverné du IIe au XIIIe et peut-être au XIVe siècle, a aussi régné à Java ? N'a-t-il pas déclaré avoir trouvé des inscriptions javanaises contenant le nom des Varmans? (2)

M. Doudart de Lagrée parle, dans les notes qu'il a laissées sur Angkor-Thom, d'une « tradition qui veut que les ouvriers d'Angkor soient venus de Java, dont le principal monument, le temple de *Boroh-bodar* passe pour être du VIe siècle (3) »; et M. l'abbé Bouillevaux reproduit, dans son livre sur l'*Annam et le Cambodge*, la note suivante qu'il a découverte dans un vieux manuscrit : « ... L'histoire chinoise raconte que les tours de Banon et de Battambang, et la forteresse de pierres à Angkor, si renommées dans ce pays-ci, ont été faites par les *Malabars* environ vingt siècles avant

(1) N'avons-nous pas absorbé les Francs et conservé leur nom.

(2) Le mot *Varman* était assez fréquent dans les noms propres de l'Inde ancienne; je le trouve par exemple dans le *Saoptikaparva* du *Mahabharata*, Paris, 1844, IV, pages 297 et 298. Il fait partie du nom d'un guerrier réputé dans les batailles, Kritavarman. Je ne crois pas l'avoir rencontré joint au nom d'un non guerrier.

(3) *Explorations et missions de Doudart de Lagrée*, p. 232 ; c'est-à-dire contemporain de l'édification des grands monuments khmers.

Jésus-Christ, quand la mer était à côté, dont le Grand-Lac est encore le reste. »

Or, le conte malais dont je parlais tout à l'heure désigne sous le nom de ***Malayous*** (Malabars), les habitants de ***Manang-Cabao***, actuellement Sumatra (1).

La légende, la note et la tradition sont d'accord pour faire travailler des Malais aux monuments khmers. Quoi de plus naturel que les ***chhvéa-préam***, venus de l'Inde et fixés au Cambodge, aient fait venir de Java, déjà brahmanique, des ouvriers de race malaise, des ***chhvéa-iava***. M. Delaporte s'élève vivement contre cette opinion : « Bien que l'architecture du Cambodge, écrit-il, de même que celle de Java, procède de l'art ancien des Indous, ces deux architectures sont essentiellement différentes l'une de l'autre. Angkor-Vouat et Boroh-bodar, en particulier, se ressemblent si peu qu'il est impossible d'admettre cette tradition (2). »

Sur ce point particulier, l'arrivée au Cambodge d'ouvriers venant de Java pour travailler aux monuments d'Angkor, nous avons cependant un document précieux, c'est le ***Satra de Préa-Ket-Méaléa***, consacré à l'édification d'Angkor-Vouat, satra recueilli par M. Aymonnier et dont il nous a donné la traduction. On y lit en effet : « Alors (pour construire le temple d'Angkor) sont levés les hommes de sept grands royaumes, sont convoqués les hommes de toutes races : Khmers, Siamois, Birmans, Pégouans, Laotiens, ***Javanais***, Singhalais, Annamites, Chinois, Européens, Japonais, etc. (3). »

(1) Le brahmanisme a peut-être été apporté à Sumatra par les Malabars, à la suite d'une émigration de natifs du Malayala ; de là viendrait, dans ce cas, le nom sous lequel les désigne le conte malais recueilli à Kompot.

(2) *Explorations et missions*, etc., p. 232, note 3.

(3) *Textes khmers*, traduction, p. 72.

VI. — LES KHMERS

M. de Lagrée écrivait en 1863 ou 1864 cette phrase : « A quelle époque les Cambodgiens ont-ils pris le nom de Khmers ? Ce nom n'aurait-il pas son étymologie dans le mot *ker*, célèbres, questions difficiles à résoudre, autant que sont douteuses les dates auxquelles on rapporte les personnages dont le souvenir s'est conservé » (1).

Depuis cette époque, les deux questions qu'il avait posées n'ont pas reçu de réponse ; l'hypothèse avancée par M. Aymonnier qu'une tribu khmère existait peut-être au Laos et que cette tribu a donné son nom au peuple cambodgien, n'est pas une réponse, ce n'est qu'une hypothèse. C'est pourtant cette hypothèse qui me parait la meilleure (2). Peut-être les Khmers venus du Pégou, à une époque très reculée, ont-ils fondé un royaume à Kémarat (3), sur les deux rives du Mékong, au-dessus de Bassac ; alors c'est de là qu'ils seraient partis pour

(1) *Explorations et missions*, pages 10-11.

(2) M. Aymonnier a aussi émis cette autre opinion très différente de la première : « L'autre nom de la race actuelle « khmèr » me parait être de date postérieure (à celui de *Kamboudja*, né de Kambou), moins noble, moins élevé, signifiant à l'origine quelque chose comme le Tiers-Etat, pour désigner « les exempts, les privilégiés » entre les fils de Kambou au-dessus et la tourbe des esclaves au-dessous. On dut rechercher ce titre « d'affranchi, d'exempt », et on s'en parait aussi. A la longue, il devint le nom du corps de cette nation de races très mêlées. » (*L'Epigraghie cambodgienne. Excurs. et reconn.*, VIII, n° 20, nov.-déc. 1884, p. 274). — Nous sommes loin de l'étymologie à laquelle M. de Lagrée a songé : *khmer* ne vient-il pas de *kêr*, mot indien qui veut dire *célèbre*.

(3) *Kémarat* ou *Kemmarat*, en langue khmère se dit *Kémara*, et en pâli *Kémaro* ; situé à 16° 03' 03" latitude nord et à 102° 48' 07" 5 longitude est.

faire la conquête du Cambodge au XIIe ou au XIIIe siècle.

Sans pouvoir dire avec certitude d'où vient ce mot *khmer* (*Kémaro* en langue pâli), j'avouerai que je crois à une nouvelle invasion d'origine indienne peut-être ou pégouanne, à une invasion beaucoup plus rapprochée de nous que celle des *Chhvéa-Préam* dont je viens de parler, et que ce nom de *khmer* devint, après cette invasion seulement, celui des habitants du Cambodge (1). Nous provenons de Romvisay, dans l'Inde, disent les bakous ou préam, et les Cambodgiens sont venus d'une autre contrée appelée Phuméa (Pégou). Et certaines légendes khmères enseignent que les Khmers sont partis de Savodey ou d'Hangsavodey (Hangsavodi), l'antique capitale du Pégou (2).

Un fait certain est celui-ci : Le peuple qui a construit les monuments cambodgiens était brahmanique ; c'est à Brahma, c'est à Vichnou, c'est à Siva, c'est aux divinités secondaires qu'il a élevé des temples ; ce sont les dieux de la trimourti indienne qu'il a adorés. Les sculptures et les bas-reliefs qui couvrent les murs des

(1) N'est-ce point à cette invasion qu'il faut attribuer la période obscure qui, au dire de M. Aymonnier (*Excursions et reconnaissances*. VIII, n° 20, nov.-déc. 1884, p. 294), s'étend de l'an 1162 à l'an 1346, de Jayavarman VII à Nipean-Bat, premier roi de la chronique royale ; la destruction des chroniques antérieures au XIVe siècle, l'arrivée au trône du Cambodge d'une famille royale nouvelle, la rédaction de la légendaire Pongsa-Voda et la décadence de la nation cambodgienne ? — Barros, un voyageur portugais qui écrivait au XVIe siècle, distingue les *Khomen* (Khmers) des Cambodgiens. — Cité par F. Garnier, dans *Voy. d'exploration*, p. 98.

(2) Moura, II, p. 213, note 2. — Ne sont-ce pas les Khmers, originaires du Pégou, qui ont apporté au Cambodge les codes législatifs connus sous le nom de *Préa-Thom-Mséat*, qui ne sont autres que les textes remaniés du *Manova-Dharma-Sastra* des Indous ? Les lois des Barmans et celles des Pégouans, qui portent le nom de *Préa-Derma-Sath*, ne sont autre chose que le *Manova-Dharma-Sastra*, et j'ai quelque raison de croire que le texte khmer est beaucoup plus près de rappeler le texte barmano-pégouan que le texte indien.

monuments cambodgiens en portent témoignage, les inscriptions anciennes, certaines mœurs, certaines coutumes encore existantes, certains noms de villages et de montagnes l'attestent encore.

D'autre part, aucune inscription, aucun fait n'a révélé que le nom de *khmer* fût déjà connu à cette époque éloignée, à l'époque brahmanique; c'est plus tard que ce mot a été employé et alors que le peuple cambodgien était devenu bouddhiste.

Ne peut-on pas déduire de là que l'émigration nouvelle dont je parle, l'émigration d'une tribu khmère, bouddhiste, venant du Pégou, soit directement, soit après avoir stationné au Laos, peut-être à Kémarat (1), a apporté ce mot avec elle et avec ce mot des mœurs plus correctement bouddhistes que celles qu'une partie notable de la population cambodgienne avait déjà adoptées (2).

Les brahmaniques avaient élevé des monuments merveilleux, des temples remarquables par leur architecture; les bouddhistes n'ont rien construit; ils n'ont même pas achevé les temples que leurs prédécesseurs avaient élevés, mais dont ils n'avaient pu terminer les sculptures.

Cette nouvelle immigration aurait eu lieu à mon avis au XIIIe ou au XIVe siècle, époque à laquelle le bouddhisme définitivement vaincu aux Indes se retranchait à Ceylan et en Indo-Chine.

Dans cette hypothèse, les Khmers ne seraient pas les constructeurs artistes que nous croyons; ils ne seraient

(1) C'est peut-être aux gens de cette tribu que s'adresse l'épithète de *cat-sas* (coupé religion) et qu'il faut rapporter l'histoire du roi Préa-Thong que son père aurait chassé de l'Inde avec tout son peuple.

(2) En 1296, si on en croit le voyageur chinois Khoubilai et la traduction qu'a donné de sa relation M. de Rémusat, le bouddhisme était déjà une religion officielle. Mais le brahmanisme avait encore de nombreux adhérents parmi le peuple. — Cité par Francis Garnier, dans *Voyage d'exploration.*

pas les ancêtres du peuple cambodgien qui porte aujourd'hui leur nom, ils n'en seraient que les conquérants. C'est de leur arrivée que daterait l'arrêt dans la construction des temples et la décadence du Cambodge.

Maintenant, qu'on me permette une observation : N'est-il pas curieux que ni les Chinois, ni les Annamites qui ont des chroniques très anciennes, datant de plusieurs milliers d'années, n'aient pas enregistré ces faits importants, ces immigrations en Indo-Chine qui cependant en modifiaient si profondément la géographie politique et ethnographique !

Elles ne parlent ni de la conquête du Cambodge par les Chams, ni des établissements malais de l'Occident, ni de l'arrivée des Chhvéa-Préam en Indo-Chine, ni de celle des Laotiens, ni de la venue des Khmers et, je dirai mieux, le nom de Crung-Campouchéa, nom officiel, savant, que portait et que porte encore le Cambodge, leur est inconnu. Le nom qu'elles donnent aux Cambodgiens est toujours le même et, aujourd'hui encore, pour les peuples de l'Indo-Chine et de l'empire chinois, les Cambodgiens sont demeurés des *Chams: Caomen* en annamite; *Campin* en langue chinoise; *Khamin* en langue siamoise et en langue laotienne.

On a cru voir dans le mot *Campouchéa* qui, au dire des lettrés cambodgiens, veut dire nouvellement sorti de l'eau, le radical de *Caomen*, de *Campin*, de *Khamin* et de *Cham*. Ne pourrait-on pas voir aussi le mot *khmer* dans le mot *khamin* qui se prononce plutôt *khmen* que *khamin* avec une aspiration entre la lettre *k* et la lettre *m*. Le mot *khmer* que nous prononçons *khmère* à la française est prononcé *khmê* par les indigènes, également avec une aspiration entre les lettres *k* et *m*. Je ne présente ceci que comme une hypothèse nouvelle qui détruirait ce que j'ai dit plus haut de l'apport de ce mot par les Pégouans bouddhistes, mais comme hypothèse pure et dans le but d'attirer l'attention des savants spécialistes qui, beaucoup plus autorisés que moi, peuvent l'examiner avec fruit (1).

En tous cas, ce qui est certain, c'est que, au XVIe siècle, on distinguait encore au Cambodge deux races principales, les Khomen (*Khmen, Khmê* ou *Khmer*) et les Cambodgiens, et que Barros, considéré par Francis Garnier (2) comme « le plus ancien et le plus consciencieux des auteurs portugais », ne les confondait pas. C'est peut-être que la fusion des races khmère et cambodgienne, aujourd'hui complète, n'était pas encore faite.

Christoval de Jaque, qui écrivait un demi-siècle plus tard, ne distingue plus les deux races, mais il observe encore que les femmes des nobles sont plus blanches que les hommes, ce qui pourrait bien indiquer que le mélange des races était encore imparfait.

VII. — LA LANGUE KHMÈRE

Mais alors d'où vient la langue que parlent les Khmers d'aujourd'hui et que parlaient autrefois les anciens Cambodgiens ? On a écrit qu'elle venait du pâli, qu'elle était une altération grossière de cette langue, constamment

(1) Les Cambodgiens du peuple donnent au mot Campouchéa une autre étymologie ; « C'est, disent-ils, un nom qui a été néfaste au Sroc-Khmer ; il veut dire *souffrir sans cesse (kam,* souffrir ; *pucha,* sans cesse) ». Ne pourrait-on pas admettre aussi que le mot *Campouchéa* vient du sanscrit et veut dire « venant du Champou », *Champou* étant le nom de l'Inde ancienne. Dans cette hypothèse, *Campouchéa* serait le nom des vainqueurs venus de l'Inde, et ce nom, par la suite, serait devenu le nom du pays conquis.

(2) Voy. d'*Exploration en Indo-Chine*, p. 98.

mal articulée par une race qui ne pouvait prononcer certaines consonnes, qui, par des élisions nombreuses, ramenait tous les mots polysyllabes à des monosyllabes et qui donnait un accent déplorable à une langue qui n'avait point été créée pour elle. On a commis là une grosse et grave erreur. L'examen de cette langue, bien que superficiel, auquel je me suis livré, me permet de mettre en doute que les langues de l'Inde aient, dans une proportion déterminante, concouru à la formation de la langue khmère. A mon sens, cette langue est autochthone; elle est la langue née du mélange des idiomes parlés par les races vaincues, par les aborigènes dispersés, soumis ou repoussés et, comme le peuple khmer lui-même, un produit de la fusion des races.

Les quelques mots pâli qu'on trouve dans la langue khmère ne sont pas plus khmers que ne sont français les mots grecs insérés depuis le XVIe siècle dans notre langue. Ils désignent d'ailleurs presque toujours les choses et les idées de la religion bouddhiste ou les choses du gouvernement et de la législation.

A mon sens, aux vainqueurs malais, chams, cambodgiens et khmers, qui apportaient leurs langues, les autochthones ont opposé leurs dialectes et, bien que soumis comme l'ont été chez nous les Gallo-Romains, ils les ont imposés aux vainqueurs comme les Gallo-Romains ont imposé leur langue aux Francs. Alors, comme chez nous, la langue primitive, en persistant, s'est modifiée; elle a adopté une petite quantité de mots étrangers provenant des vainqueurs et aussi des peuples voisins avec lesquels la nouvelle nation avait de constantes relations.

Nous ne pouvons, en effet, admettre la version présentée par les annales légendaires du peuple cambodgien qui prétendent que la langue khmère a été, sur l'ordre d'un roi, composée tout d'une pièce par des lettrés qui puisaient dans le sanscrit, le mokhout (1) et le cham. Nous savons, par ce qui a eu lieu ailleurs, que les choses ne peuvent pas se passer ainsi et qu'une langue ne se forme pas de toutes pièces et scientifiquement, conformément à des règles préalablement arrêtées, mais qu'elle vient du langage populaire, du langage le plus employé, qu'elle se forme péniblement, lentement, en empruntant aux idiomes voisins, en s'aidant de toutes les circonstances qui portent les peuples à se mélanger et les dialectes à se confondre. C'est ainsi que la langue cambodgienne s'est formée et non d'après un ordre du prince et sous les efforts des savants. Le rôle de ceux-ci est bien plutôt de conserver la langue d'autrefois, alors même que les contemporains ne la comprennent plus, de l'écrire sans la comprendre et de la considérer comme une langue sacrée, alors qu'elle n'est plus en réalité qu'une langue morte (2). Cette opinion est d'ailleurs confirmée, à mon sens, par le mot même qui, en langue khmère, sert quelquefois à désigner la langue que parlent les Cambodgiens : *péak samrai*, c'est-à-dire, selon M. G. Janneau (3), « *langue qui délie, qui explique,* sans doute parce qu'elle sert à expliquer, traduire ou commenter le pâli, qui est la langue sacrée dans laquelle sont écrits les livres de religion et un grand nombre de

(1) Le *mokhout,* selon les lettrés khmers, ne serait autre que le pâli qu'ils appellent communément le *baley.* — Le mot *magadha*, qui pourrait bien avoir donné la forme *mokhout* est en effet l'un des noms du pâli dans certaines parties de l'Indo-Chine. — On sait que le *pâli* et le *pracrit* sont dérivés du sanscrit et que le pâli est la langue sacrée des bouddhistes comme le sanscrit est la langue sacrée des brahmanes.

(2) N'est-ce pas ce qui a eu lieu en Europe pour le latin, aux Indes pour le sanscrit, en Indo-Chine et à Ceylan pour le pâli, en Ethiopie pour le gheez ancien, en Malaisie pour l'arabe qui est pour les Malais une langue non parlée, morte pour ainsi dire, mais sacrée, au Binh-Thuan pour les Chams non musulmans, chez les Israélites de nos jours pour la langue judaïque, etc.

(3) *Étude de l'alphabet cambodgien,* 1er fascicule, p. 67.

poèmes. » Cette étymologie me paraît bien subtile, trop subtile pour être satisfaisante. Je lui préfère celle-ci : *péak samré*, « langage des Samré ». Les Samré sont un peuple sauvage qui habite la province d'Angkor, à peu de distance des ruines de la grande capitale et chez lequel je trouve un grand nombre de mots qui ont pénétré dans la langue cambodgienne. Je sais bien qu'il y a quelque différence entre *samrai* et *samré*, mais cette différence pourrait bien s'expliquer par ce fait que les Cambodgiens, pour ne pas avouer que leur langue est d'origine sauvage, ont légèrement déformé le mot *samré* afin de lui donner une signification plus noble. Cette petite supercherie linguistique est bien dans le caractère des Khmers qui affectent un grand mépris pour toutes les peuplades sauvages qui les entourent.

Ce que je viens de dire au sujet de la langue cambodgienne m'amène à parler des caractères employés pour l'écrire.

Les annales enseignent que le même roi, qui ordonna la création d'une langue nouvelle, cessa d'employer l'écriture sanscrite et adopta, ainsi que tous les gens de sa race, les caractères chams. D'autre part, les lettrés khmers affirment que les *aksa moûl* ou « caractères ronds, complets », encore employés pour écrire le pâli ainsi que ceux trouvés sur les pierres gravées en langue pâli sont les anciens caractères chams modifiés. Ce qui est certain c'est que les caractères chams employés pour les inscriptions chames que j'ai eu l'occasion de voir, les caractères que j'ai vus sur les anciennes pierres gravées par les Cambodgiens en langue pâli ou en vieux khmer, et les *aksa moûl* aujourd'hui employés dans les ouvrages religieux m'ont paru, les uns et les autres, n'être que des transformations des caractères *déwanagari*. Pour moi, la parenté des caractères qu'on emploie ou qu'on a employés au Cambodge avec les caractères autrefois employés par les Malais de Java, par les Siamois, par les Barmans, par les Thibétains, par les Chams (1) et par beaucoup d'autres peuples, n'est pas contestable.

Mais alors comment expliquer qu'ils sont devenus ceux du peuple cambodgien qui, provenant de l'Inde, devait avoir d'autres caractères et qui les avait certainement puisqu'on a trouvé au Cambodge des inscriptions en caractères sanscrits anciens?

Il est à peu près certain que les aborigènes, à l'arrivée des Chams et des Malais en Indo-Chine, ne connaissaient pas l'écriture et que leur langue ne s'écrivait pas plus qu'elle ne s'écrit aujourd'hui. Je suppose alors que les Chams, peu nombreux, qui les avaient soumis à leur puissance, durent apprendre leur langue et l'écrire avec leurs propres caractères. Quand les *Chhvéa-Préam* et les aborigènes, leurs alliés, eurent vaincu les Chams, les premiers durent se trouver dans l'obligation de parler la langue du pays; ils trouvèrent plus simple de continuer, pour l'écrire, d'employer les caractères chams qu'ils connaissaient peut-être, de préférence aux caractères sanscrits qui, déjà, ne servaient qu'à écrire la langue savante qui n'était peut-être plus la langue vulgaire. Si cette hypothèse est fondée, la leçon des annales khmères est la bonne en ce qui concerne les caractères adoptés; ne pouvant écrire la langue des aborigènes avec les caractères employés dans les Indes, les nouveaux venus adoptèrent les caractères chams que les Chams avaient adaptés au langage des peuplades qu'ils avaient vaincues et soumises et qui, dès lors, se trouvaient sous leur domination.

J'ai dit plus haut que la langue samré avait fourni un grand nombre de mots à la langue aujourd'hui parlée

(1) Probablement par les anciens Annamites, avant l'adoption des caractères idéographiques des Chinois.

par les Khmers ; il convient d'ajouter que tous les autres dialectes parlés par les sauvages du Cambodge ont concouru, dans une certaine mesure, à la formation de la langue cambodgienne. C'est ce que je vais essayer de démontrer.

M. Moura a dressé un tableau de cent vingt-quatre mots usuels employés chez treize des races indo-chinoises qui ont concouru à la formation du peuple khmer ou qui, voisines de son empire, ont pu exercer quelque influence sur lui. Voici les observations qu'un examen très superficiel de ce tableau m'a suggérées (1) :

Tout d'abord j'observe qu'une grande parenté existe entre les idiomes samré et por qui sont parlés par des peuplades voisines l'une de l'autre et groupées dans la province d'Angkor. Sur cent vingt-quatre mots samré, j'en trouve cent douze qui sont à la fois por et samré.

Que les langues siamoises et thaï sont presque semblables, puisque sur cent dix-huit mots j'en trouve cent deux qui sont communs aux deux langues.

Que les langues cham, cancho, rodè et chréai sont parentes entre elles à différents degrés ; ainsi, sur cent vingt-quatre mots, je trouve quatre-vingt-six mots qui sont communs aux idiomes cham et chréai ; soixante-neuf qui sont communs aux dialectes cham et cancho ; soixante-huit qui sont communs aux langues chame et rodè, et cinquante et un aux langues chame et malaise. En outre, je trouve vingt-six mots qui sont à la fois

(1) Je fais les plus grandes réserves sur tout ce que contient ce paragraphe. Mon étude a porté sur un trop petit nombre de mots pour pouvoir être concluante. J'ai voulu seulement, en publiant les quelques observations que j'ai faites, attirer l'attention des linguistes sur un point intéressant de l'histoire du Cambodge : les origines de la langue khmère ou cambodgienne. C'est d'ailleurs une étude que je me propose d'entreprendre au cours de mon troisième séjour au Sroc-Khmer.

cham, cancho, rodè et chréai et qui ne sont pas malais; dix-neuf mots qui sont chams et qui ne sont ni malais, ni chréai, ni rodè, ni cancho; huit mots qui sont communs aux idiomes cham et malais et qui ne sont ni chréai, ni rodè, ni cancho, etc.

D'où je déduis qu'il y a tout d'abord trois groupes de langues sœurs : 1° la langue samré-por; 2° la langue siamo-laotienne ou thaï; 3° les langues chame, chréai, rodè, cancho et malaise.

Si maintenant je recherche dans quelle mesure ces langues ont concouru à la formation de la langue cambodgienne ou khmère, voici ce que je trouve sur cent vingt-quatre mots :

Cinquante-quatre mots d'origine samré; — cinquante-six mots d'origine por, dont six ne sont pas samré; — quarante et un mots d'origine couïlle dont huit ne sont ni samré ni por; — vingt-huit mots d'origine peunong, dont quatre ne sont ni samré, ni por, ni couïlle; — quarante-cinq mots d'origine stieng, dont trois ne sont ni couïlle, ni por, ni samré, ni peunong; — trente mots prou communs à une ou plusieurs des langues ci-dessus nommées; — quinze mots d'origine cancho, dont deux nouveaux; — seize mots d'origine rodè; — dix mots d'origine chréai, dont trois nouveaux; — quinze mots qui sont aussi siamois, dont cinq sont inconnus des langues ci-dessus dites; — huit mots d'origine malaise, dont quatre nouveaux; — dix-huit mots d'origine chame, dont un nouveau. — C'est-à-dire soixante-quatorze mots khmers sur cent vingt-quatre qu'on retrouve dans les langues samré, por, couïlle, peunong, stieng et prou, et quinze mots khmers sur cent vingt-quatre qu'on retrouve, plus ou moins déformés, dans les langues cancho, rodè, chréai, siamoise, malaise et chame. Soit quatre-vingt-neuf mots khmers. D'où viennent les trente-quatre autres, ceux que je n'ai pu retrouver dans aucune autre langue (1)? C'est ce que je ne puis dire.

Quoi qu'il en soit, en voici assez pour démontrer, il me semble, que la langue actuellement parlée par les Cambodgiens est d'origine aborigène et qu'elle est née de la fusion des langues parlées par les tribus autochthones du Cambodge, — les Samré, les Por, les Couïlles, les Stieng, les Prou et les Peunong, — et aussi par les Chams, les Malais et les Thaïs, mais ceux-ci dans une proportion très faible.

Quand j'aurai dit que la langue pâli ne me paraît pas avoir donné plus de douze mots à la langue khmère sur cent vingt-quatre, j'aurai démontré que l'apport indien a été très faible et qu'il est plus insignifiant que l'apport cham et malais d'ailleurs incontestable.

La langue khmère affirme encore sa parenté avec les langues samré, por, couïlle, stieng, peunong et prou, par les mots qui désignent les premiers chiffres de sa numération.

Les nombres un, deux, trois, quatre et cinq se disent chez les Cambodgiens, les Samré, les Por, les Peunong et les Stieng : ***mouille, pi, bey, boun*** et ***pram***. Chez les Couïlle et les Prou, le nombre *pram* (cinq) se dit ***song*** chez les premiers et ***chheng*** chez les seconds, alors que les quatre premiers mots de la numération sont ceux que les Khmers emploient.

Je dois cependant observer que la numération par cinq est particulière au peuple khmer, que les peuplades que je viens de nommer emploient la numération par dix et qu'ils ont des mots spéciaux pour dire : six, sept, huit et neuf, contrairement aux Khmers qui disent : cinq-un (***pram-mouille***, six), cinq-deux

(1) L'annamite n'a apporté que douze mots sur cent vingt-quatre, mais on retrouve ces douze mots dans les autres langues, plus ou moins déformés.

(*pram-pil*, sept), cinq-trois (*pram-bey*, huit), cinq-quatre (*pram-boun*, neuf).

J'ajouterai que les signes qui servent à écrire les dix premiers nombres cambodgiens sont d'origine chame et qu'ils ne sont pas la représentation d'une numération par cinq, c'est-à-dire que les signes qui représentent les chiffres six, sept, huit et neuf ne sont pas les signes un, deux, trois et quatre ornés d'un détail calligraphique augmentant leur valeur première. Le zéro est le zéro des Chams et de tous les caractères déwanagari.

Si j'ai réussi dans la tâche que je me suis donnée dans cette introduction, j'ai démontré qu'il est indispensable de reprendre par la base l'étude des origines du peuple cambodgien ou khmer, que tout ce qui a été dit jusqu'à présent sur ce sujet est hypothétique, mal appuyé de faits et que mon opinion même a besoin d'être sérieusement examinée.

Cependant, je crois qu'il y a quelques raisons d'admettre, jusqu'à ce que de nouvelles découvertes soient venues déchirer le voile qui nous cache un passé glorieux :

1° Que les Malais sont les premiers étrangers venus dans l'Indo-Chine méridionale ;

2° Que les Chams sont les premiers conquérants de l'Indo-Chine méridionale ;

3° Que les Chhvéa-Préam, Malais brahmaniques, ou race d'Indous qui aurait absorbé un élément malais, sont les seconds conquérants de l'Indo-Chine méridionale et les vainqueurs des Chams ;

4° Que les Khmers sont originaires du Pégou, qu'ils ont fondé Kémarat sur le fleuve avant de descendre au Cambodge pour en faire la conquête plus ou moins pacifique ;

5° Que la langue cambodgienne est surtout née des idiomes parlés par les races aborigènes et d'apports plus ou moins considérables provenant des conquérants ;

6° Que l'écriture cambodgienne est d'origine chame ;

7° Que sa numération est d'origine aborigène, alors que les signes qui servent à l'écrire sont d'origine chame.

DROIT PUBLIC CAMBODGIEN

PREMIÈRE PARTIE

LE GOUVERNEMENT

I

LA FAMILLE ROYALE

La famille royale au Cambodge est d'origine divine; elle prétend descendre des Anges et du dieu Vichnou, être venue sur la terre pour fournir au Cambodge des rois dont la mission est de protéger les hommes et d'appuyer les faibles (1).

Le premier roi des Khmers, Préa-Thong, couronné sous le nom de Préa-bat-té-Vong-as-char vers 443 avant notre ère, si on en croit les annales légendaires et les simples légendes dont le peuple a conservé le souvenir,

(1) Voyez plus loin, ch. v, p. 44, les titres du roi Norodom.

serait le fils d'un certain Préa-bat-aticha-Vong (1), roi d'une contrée de l'Inde appelée Couroudasa, dont Indrapastha (aujourd'hui Delhi) aurait été la capitale. A la suite de son refus d'assister au couronnement de son frère le plus jeune et, peut-être aussi, par suite de son adhésion aux doctrines religieuses du Bouddha, Préa-Thong aurait été expulsé du royaume avec ses partisans et serait venu aborder au Cambodge (2).

Le premier roi était donc d'origine royale et, bien que les Cambodgiens l'aient oublié depuis, un composé de molécules que les brahmanes prétendaient émanées des huit principaux gardiens du monde : Soma, dieu de la lune; Agni, dieu du feu; Sourya, dieu du soleil; Anila, dieu du vent; Indra, dieu du ciel; Couvera, dieu des richesses; Varouna, dieu des eaux; et enfin Jama, dieu des enfers. A ce titre, il était d'origine divine.

Ce premier roi épousa la fille du roi des Nagas (dragons) et celui-ci, pour constituer un royaume à son gendre, avala les eaux qui reçouvraient la terre du pays qu'on appelle aujourd'hui Cambodge, jusqu'à une grande distance. Il obtint ainsi un territoire d'une vaste étendue dont Préa-Thong devint l'unique propriétaire et le roi.

A ce compte, la monarchie, la famille royale représentée par le roi régnant, ne tient le royaume ni de son peuple ni de ses armes; tout le territoire du royaume est son bien propre. Le donateur est le roi des Nagas, personnage mythologique qui habite au plus profond des eaux. Telle est la doctrine absolue, mais légendaire. Nous verrons par la suite que cette doctrine a résisté à

(1) Ce mot, *Vong* ou *Vongsa*, ou *Pong*, *Pongsa*, vient du sanscrit *Wamsa*, « soleil ». Il entre dans le titre du roi actuel et de beaucoup de ses prédécesseurs, joint ou non joint au mot *Sourya*, qui est le nom du dieu du soleil : *Sourya Vongsa*.

(2) V. Moura, *Le Royaume du Cambodge*. Paris, E. Leroux, 1883, t. II, p. 7.

toutes les révolutions qui ont bouleversé le Cambodge, aux guerres civiles qui l'ont ruiné et aux siècles qui ont passé sur elle sans la modifier sensiblement.

Le second roi du Cambodge, Préa-Kèt-Méaléa, petit-fils de Préa-Thong, est, encore plus que son père, d'origine divine, puisqu'il est né de Sophéa-Vodey, sa fille, et du dieu Indra descendu du ciel pour la visiter. Cet enfant du miracle, né après dix lunes de gestation, naquit sans causer à sa mère aucune souffrance et devint roi du Cambodge en l'an 57 de Jésus-Christ. C'est pour lui qu'un architecte céleste, Visvacarma, envoyé sur terre par Indra lui-même, construisit la ville et le palais d'Angkor, du vivant même de Préa-Thong.

Préa-Kèt-Méaléa, en succédant à Préa-Thong, lequel régna 500 ans (1), aurait hérité du vaste royaume « découvert » par son grand-père, le roi des Nagas, et aussi de la puissance que Préa-Thong avait exercée sur les Cambodgiens.

L'origine divine de ce prince est incontestable : il est fils d'Indra, roi du ciel, et petit-fils du roi Préa-Thong, lui-même d'origine divine. Le territoire du Cambodge tout entier est encore bien plus légitimement à lui qu'à son prédécesseur, car il est, par sa mère, héritier du donataire, petit-fils du donateur et fils immédiat du dieu des cieux. Cette dernière circonstance, — sa conception miraculeuse, — le rendit aussi plus sacré aux yeux du peuple que ne l'était Préa-Thong, dont l'origine divine se perdait dans la nuit des temps. De plus, disent les Khmers, c'est de Préa-Kèt-Méaléa, fils d'Indra et de Sophéa-Vodey, fille du roi Préa-Thong, que sont descendus tous les rois du Cambodge et la famille royale.

La famille royale, d'après la légende, a donc une

(1) M. Moura est porté à croire qu'il faut entendre ici que la dynastie fondée par Préa-Thong régna 500 ans. Préa-Kèt-Méaléa, dans ce cas, serait le fils d'une princesse fille de roi, non mariée.

origine divine, sacrée, un droit de propriétaire sur le territoire du Cambodge et le droit, en tant que famille, d'avoir un de ses membres sur le trône. Ce droit de propriétaire sur le territoire du royaume, elle ne l'exerce ni collectivement, ni particulièrement, ni par délégation; il passe naturellement de mains royales en mains royales, car il est avant tout un droit régalien, constituant un attribut de la couronne.

On peut, avant de clore ce chapitre, observer que si le droit absolu d'une famille royale à la propriété du territoire cambodgien est établi par les annales et les légendes, que si le droit de la famille royale au trône du Cambodge découle naturellement du droit de propriétaire, le droit pour cette famille de partager le pouvoir entre ses membres ou celui de désigner celui de ses membres qui doit régner n'existe point. Le peuple, aux yeux des annalistes, aurait-il donc conservé le droit de choisir le roi?

Note. — Il est impossible d'ajouter quelque foi à cette chronique légendaire et à ces origines fabuleuses de la famille royale. L'épigraphie cambodgienne a, depuis longtemps déjà, dix ans environ, révélé l'existence, entre le IIe et le XIIIe siècle, d'une dynastie de Varmans qui paraît n'avoir rien de commun avec la famille royale actuelle. Au moins, jusqu'à présent, rien n'est venu même faire présumer que la seconde est sortie de la première. C'est sous ces Varmans que le Cambodge est devenu le grand empire des légendes populaires et que les palais et les temples merveilleux, les villes populeuses, dont on retrouve encore les ruines, ont été construits.

Mais nous n'avons pas ici à tenir compte de l'origine réelle de la famille royale qui règne actuellement, mais de l'origine qu'on lui donne au Cambodge, de l'origine que personne parmi les Khmers ne lui conteste. Les anciens rois Vaçmans sont absolument oubliés et les origines historiques du peuple cambodgien sont perdues; l'idée que se font les Khmers de leur famille royale découle des légendes qu'ils connaissent et non d'un passé historique qu'ils ignorent. Aussi, est-ce sur la légende, regardée comme historique, et sur des traditions nées d'elle que sont basés les droits de la famille royale et ceux de celui de ses membres qui devient roi, l'idée abstraite qu'on se fait de lui. C'est ce qui fait que nous devons beaucoup plus tenir compte ici de l'opinion basée à faux sur une légende inadmissible que des révélations épigraphiques ignorées des Khmers et qui, tout en contredisant les faits acceptés comme vrais par l'opinion, n'ont eu et ne peuvent avoir aucune action sur elle.

II

LA SUCCESSION AU TRONE

Si l'on s'en rapporte à l'histoire des six derniers siècles, l'ordre de succession au trône du Cambodge n'est point établi par une loi aussi absolue que celle qui régissait en France la monarchie des Carolingiens après Charlemagne et celle des Capétiens avant la Révolution. Ce qui s'est passé au Cambodge, chaque fois que le trône est devenu vacant, rappelle à s'y méprendre les coutumes ou, pour mieux dire, les procédés employés par les Francs de l'époque mérovingienne qui paraissent avoir été tenus de choisir leurs rois dans la même famille, mais qui pouvaient écarter le fils aîné du roi pour prendre ou son frère, ou l'un de ses autres fils, ou son neveu, ou tel autre membre de la famille royale qui leur inspirait plus de confiance ou leur paraissait doué d'un courage plus grand.

En effet, la famille royale, au Cambodge, est une caste royale qui, aux yeux des Khmers, n'est pas sortie du peuple et qui provient d'une famille royale qui gouvernait Couroudasa, un royaume de l'Inde septentrionale. Tous les rois du Cambodge seraient descendus, je l'ai déjà dit plus haut, d'un prince que son père chassa de ses Etats et qui vint, avec ceux qui l'avaient suivi dans sa révolte, s'établir sur le territoire du Cambodge.

Chaque fois que les mandarins ont eu à intervenir dans la nomination du roi, ils ont toujours choisi un prince de la famille royale, et cette constance atteste l'existence d'une loi, d'une coutume profondément ancrée dans la çonscience du peuple, du droit imprescriptible d'une famille sur le trône du Cambodge.

La couronne est donc héréditaire dans la même famille.

Mais cette hérédité, si certaine qu'elle soit, est mal définie. La couronne du Cambodge est-elle nécessairement héréditaire de père en fils ainé, de frère en frère, d'après un ordre de succession prévu, défini et duquel on ne peut s'écarter ?

Non, car si la couronne était héréditaire par ordre de primogéniture ou d'après un ordre prévu, arrêté, inviolable, les grands mandarins n'auraient pas à intervenir pour élire et leur rôle se bornerait à proclamer comme cela avait lieu chez nous avant la Révolution. Or, ils élisent leur roi comme le faisaient les guerriers francs de l'époque mérovingienne, comme le font encore les sauvages Rodès qui habitent les hauts plateaux qui séparent le Cambodge et le Laos de l'Annam. S'ils élisent, ils choisissent. S'ils ont le droit de choisir, leur choix doit être libre et leurs suffrages doivent pouvoir se porter, ***dans la famille royale***, sur celui des membres qui leur parait le plus digne.

C'est en effet ce qui a eu lieu à différentes époques :

En 1401, ils écartent Barommo-Soccarach, le fils du roi Thommo-Soccarach qui vient de mourir, et lui préfèrent son cousin Srey-Sorijovong, fils du roi Srey-Sorijotey, décédé en 1363 ;

En 1432, ils écartent du trône les cousins du roi Barommo-Soccarach et élisent son petit cousin, Chau-phnhéa-Jat, fils de l'avant-dernier roi ;

En 1477, ils déposent le roi Srey-Réachéa qui avait succédé à son frère ainé, et que les Siamois avaient fait prisonnier et emmené au Siam, et ils élisent son frère jeune, Chau-phnhéa-tommo-Réachéa ;

En 1505, de nouveau appelés à se prononcer, ils élisent Chau-phnhéa-Chan-Réachéa, frère de Damkat, le roi décédé, de préférence à son fils ;

En 1587, ils élisent Chau-phnhéa-An, oncle du roi décédé ;

En 1590, ils nomment Srey-Sopor, frère du roi précédent qui avait été assassiné ;

En 1834, sous la pression d'un général annamite, ils choisissent Ang-Mey, la fille du roi décédé ;

En 1845, ils réclament la déchéance de Ang-Mey et demandent aux Annamites et aux Siamois qui se disputaient la suzeraineté sur le Cambodge, Ang-Duong, oncle de Ang-Mey et frère cadet de Ang-Chan, roi décédé en 1834 ;

Et en 1859, ils préfèrent Norodom, fils de Ang-Duong, à ses deux frères plus jeunes, nés de femmes différentes.

Donc si les grands mandarins sont obligés de choisir le roi dans la famille royale, ils ont le droit d'élire celui des membres de cette famille qui leur convient le mieux (1).

(1) Il en est de même au Siam : « Au commencement de 1851, le roi étant tombé très malade, rassembla son conseil et proposa un de ses fils pour successeur. On lui répondit : « Sire, le royaume a déjà son maître. » Atterré par cette réponse, le monarque rentra dans son palais et ne voulut plus reparaître en public ; le chagrin et la maladie le minèrent bien vite, et il expira le 3 avril 1854. Ce jour-là même, malgré les complots des fils du roi défunt que le premier ministre sut habilement comprimer, le prince Chao-Fa fut intronisé. » (Voy. *Description du royaume Thai ou Siam*, par Mgr Pallegoix, 1851, t. II, p. 100). — Phra-Chao-Prasat-Thong, le roi défunt, fils aîné du roi et d'une concubine, avait supplanté son frère légitime Chao-Fa, héritier du trône, et s'était fait couronner en 1825. Personne n'avait sérieusement protesté, parce que Phra-Chao s'était engagé à abdiquer, quand son frère, qui n'avait que quatorze ans, serait capable de gouverner ; mais comme il n'avait point tenu sa promesse, les mandarins étaient froissés et mécontents ; ils ne le firent cependant paraître que lorsque le roi voulut leur indiquer, choisir peut-être, son successeur. — La réponse du ministre affirme leur droit d'élection.

La couronne du Cambodge est donc héréditaire dans la même famille; mais sans ordre de primogéniture ni de degré de parenté; les grands mandarins sont électeurs.

Deux influences contraires se font cependant jour à travers les siècles, mais sans parvenir à triompher l'une de l'autre.

La personne la plus puissante après le roi est l'Obbajouréach, qui peut être un roi démissionnaire, le père du roi ou son oncle; en l'absence d'Obbajouréach, c'est l'Obbaréach, lequel est généralement le frère du roi.

De là les deux influences contraires dont je viens de parler : le roi régnant cherche à assurer le pouvoir à son fils ou à son neveu, ou à celui de ses parents qu'il préfère; il manœuvre souvent pour amener les grands mandarins à porter leur choix sur celui qu'il a choisi (1); il le leur recommande à son lit de mort. Quelquefois, pour mieux garantir sa couronne à celui qu'il veut pour successeur, il abdique le pouvoir et le lui remet; c'est ainsi qu'ont procédé Chau-phnhéa-Jat en 1467, Préa-Satha en 1574, Srey-Sopor en 1617, pour leurs fils; Ang-Sor en 1695, en faveur de son neveu; *le même* en 1699, en faveur de son gendre; Ang-Em en 1700, en faveur de son beau-père qui lui avait cédé le trône l'année précédente; Ang-Sor en 1701, en faveur de son fils; Srey-thommo-Réachéa en 1704, en faveur de son père qui lui avait cédé le trône; Ang-Sor en 1706, en faveur de son fils Srey-thommo-Réachéa, le même qui avait abdiqué en sa faveur en 1704; Ang-Em en 1716, en faveur de sa femme; cette femme le même mois, en faveur de son mari; Ang-Em en 1722, en faveur de son fils; celui-ci,

(1) Le fait que celui qu'il désigne ou qu'il choisit comme devant être son successeur n'est pas toujours son fils prouve que, même dans l'esprit du roi, la notion du droit des fils au trône du père n'est pas encore bien nette.

Néac-Satha, en 1729, en faveur de son père ; Ang-Em en 1729, en faveur de son même fils ; Préa-Outey en 1775, en faveur de son cousin Préa-Réam.

La première influence est donc celle du roi qui veut assurer le pouvoir à son fils ou, ce qui est plus exact, à celui qui lui plaît dans sa famille.

La seconde est celle des mandarins qui, se trouvant en présence du cadavre du roi et d'une personnalité puissante, l'Obbaréach qu'ils connaissent le préfèrent souvent au fils du roi décédé et le portent au pouvoir par esprit de courtisanerie et par politique ; en nommant l'Obbaréach, ils acquièrent des droits à sa gratitude et affirment, en l'exerçant, le droit qu'ils ont d'élire le roi.

Ces deux tendances sont contraires et, — dans ce pays de despotisme où la famille royale, si sacrée qu'elle soit, n'exerce aucune puissance, ne possède aucune fortune, n'est rien près du roi et presque rien près du peuple, — la famille royale n'a pu ni se liguer contre le grand électorat des mandarins, ni acquérir dans le peuple une influence lui permettant d'être autre chose que ce qu'elle est : une caste sacrée soumise à celui de sa race qui est roi.

L'abdication, en 1716, du roi Ang-Em en faveur de sa femme, l'élection de Ang-Mey en 1834 et, je dirai même, l'opinion que j'ai recueillie de la bouche de plusieurs mandarins, nous révèle que le choix des mandarins peut aussi se porter sur une princesse à l'exclusion des membres mâles de la famille royale. Je dois cependant dire ici que, bien que l'élévation de la femme de Ang-Em et l'élection de Ang-Mey aient eu lieu à l'exclusion de princes royaux, l'élection d'une princesse dans un cas semblable, tout en étant reconnue comme légale et conforme aux traditions, ne pourrait aujourd'hui avoir lieu sans causer un grand mécontentement.

Quoi qu'il en soit, il est certain que le choix des

mandarins peut se porter sur une princesse, et ce fait est important. Il modifie ainsi la proposition que j'ai donnée ci-dessus :

La couronne du Cambodge est héréditaire dans la même famille, mais sans ordre de primogéniture, ni de sexe, ni de parenté; les grands mandarins sont électeurs.

J'ai dit ailleurs (1) ce qu'il faut entendre par famille royale. Il en résulte que ceux qui peuvent prétendre au trône sont moins nombreux dans ce pays de polygamie qu'on serait tenté de le croire. En effet, ceux ou celles qui descendent d'un roi à la cinquième génération, sans qu'un mariage avec un prince ou une princesse ait rapproché leur famille du trône, sont considérés comme sortis de la famille royale proprement dite et comme appartenant à la caste des Préa-Vongsa (2). Ils ont perdu leurs droits d'accessibilité au trône et n'y peuvent pas plus prétendre que le dernier des mandarins, que le dernier homme du peuple.

Si même, le trône étant devenu vacant, on ne trouvait aucun descendant mâle ou femelle à élever au pouvoir suprême, ce n'est pas aux Vongsa que les mandarins devraient songer. La loi désigne la caste des bakous comme étant celle à laquelle il conviendrait de s'adresser, mais elle se garde bien d'indiquer celui d'entre eux, qu'il faut choisir; ce choix appartient aux grands mandarins; ils sont tenus de prendre le roi dans une caste déterminée, mais dans cette caste ils ont le droit de choisir celui qui leur parait le plus apte à gouverner (3). Si la loi qui ne

(1) Voyez mes *Recherches sur la Législation cambodgienne*. (Droit privé), p. 6.

(2) C'est-à-dire « caste solaire, royale ». — *Vongsa* ou *pongsa* viendrait en effet du mot sanscrit *Wamsa*, qui veut dire solaire.

(3) Moura (*Le Royaume du Cambodge*, t. I, p. 217) a écrit, mais à tort « celui des chefs de cette caste qui leur parait le plus apte à gouverner ».

désigne pas, dans la famille royale, celui qui doit succéder au trône, avait, dans la caste des bakous, indiqué celui qui y a un droit éventuel, elle eut été en contradiction avec elle-même, et le droit des mandarins à l'élection du roi ne serait plus qu'un droit éventuel de proclamation. Le droit d'élection par les mandarins reste entier, mais leur obligation ordinaire de choisir le roi dans la famille royale se transforme quand la famille royale est éteinte, en obligation de choisir le roi dans la secte royale des bakous; le droit est le même, l'obligation est de même nature mais cette obligation les entraine sur un autre terrain (1).

Qu'est-ce donc que ces bakous, aussi nommés *préam* et *borohet*, auxquels la loi constitutionnelle, si je peux l'appeler ainsi, et la tradition, garantissent un droit éventuel au trône du Cambodge?

J'ai dit ailleurs : « Les bakous paraissent être les

(1) J'insiste beaucoup sur ce fait, parce qu'il me parait très important de marquer le droit d'élection au pouvoir suprême, que les Khmers ont conservé et qu'ils ont pris tant de soin de ne pas laisser amoindrir. Ils ont subi bien des invasions, ils ont souvent conspiré contre leurs rois, détrôné ceux-ci et élevé ceux-là, mais leur fidélité à la famille royale est remarquable; elle ne parait pas avoir, depuis le XIVe siècle, subi la moindre attaque. En cela encore, ils sont bien différents des Annamites qui, tout aussi frondeurs, ont tant mis d'usurpateurs sur le trône. Peut-être convient-il d'observer, en retour, que les Annamites, moins attachés à leurs familles royales, moins soumis à leurs rois, ont été plus unis contre l'étranger; qu'ils ont mieux résisté aux envahisseurs; qu'ils ont été plus constamment patriotes et patriotes heureux que les Khmers; qu'ils ont non seulement su conserver leur territoire mais qu'ils ont su, jusqu'à notre arrivée, annexer à celui-ci des territoires sur lesquels ils n'avaient aucun droit. Les Khmers (depuis le XIVe siècle) paraissent avoir été plus attachés à leur famille royale qu'à leur territoire, qui s'est constamment amoindri entre leurs mains; les Annamites semblent au contraire avoir eu plus d'attachement pour le sol national, même pour le sol conquis, que pour les dynasties qui ont, souvent en chassant l'étranger, conquis le trône. A ce point de vue, les Khmers auraient considéré leurs rois comme leurs maitres, et les Annamites n'auraient vu que des chefs dans leurs rois.

descendants de la caste des brahmes au Cambodge et jouir d'une partie des privilèges attribués à leurs ancêtres (1). »

Les Cambodgiens les considèrent comme étant les descendants d'anciens rois, comme appartenant à la famille royale.

Les bakous n'en savent guère plus. Ils disent cependant: « Nous sommes venus d'un pays où régnait autrefois Vichnou; les Cambodgiens sont venus d'une autre contrée appelée Phuméa (Pégou). Nous sommes venus au Cambodge il y a deux mille ans bientôt (2). »

Il y a du vrai dans ces trois opinions, mais aucune d'elles ne contient toute la vérité; j'ajouterai même que les deux premières contiennent des erreurs assez graves. Je les condense cependant toute les trois :

« Les bakous me paraissent les descendants des anciens rois du Cambodge, les arrière-neveux des Varmans; ils sont de race royale, mais de la race des rois venus du pays où régnait autrefois Vichnou (l'Inde), il y a bientôt deux mille ans, alors que les Khmers qui sont venus d'une autre contrée appelée Phuméa (Pégou) n'avaient point encore atteint le Cambodge. »

N'est-ce pas ce qui expliquerait le mieux ce droit éventuel qu'ils ont d'aspirer au trône du Cambodge. Ils sont de race royale disent les Khmers et ils disent vrai; ils appartiennent à la famille royale, ajoutent-ils, et ils ne disent pas assez. S'ils appartenaient purement et simplement à la famille royale actuelle, il n'auraient pas plus que les Vongsa, moins qu'eux, le droit d'aspirer au trône en certaine éventualité. Leur origine royale se perd dans la nuit des temps, elle n'est plus qu'une tradition,

(1) Voyez mes *Recherches sur la Législation cambodgienne.* (Droit privé), p. 9.

(2) Moura, *Le Royaume du Cambodge*, t. I, p. 325.

et la loi khmère, qui leur garantit le droit dont il vient d'être question, ne parle pas de cette origine; les chroniques sont muettes sur ce point; le peuple seul, les intéressés surtout, en ont conservé la mémoire (1).

Il est probable que ce droit éventuel est le résultat d'un traité passé entre les anciens Cambodgiens et les Khmers

(1) Le souvenir de ce droit éventuel au trône du Cambodge devait d'autant moins se perdre que, jusqu'à nos jours, une très ancienne coutume obligeait le roi à abdiquer, chaque année, pendant une journée entière, le pouvoir suprême et à le remettre au chef des bakous. « Cette abdication provisoire de la souveraineté, dit M. Moura, a lieu dans le mois de Méac et le brahme qui en profite est appelé *Préam-sdach-Méac* (le brahme qui règne dans le mois de Méac). »

Pendant cette suspension des pouvoirs réguliers, le roi ne faisait aucun acte d'autorité, ne touchait aucun des sceaux et ne gouvernait pas. Le roi d'un jour était solennellement couronné d'une couronne de bois et des représentations en bois des attributs de la royauté lui étaient successivement présentés afin qu'il pût répéter sur eux toutes les prises de possession, la cérémonie de la consécration que le roi avait observée lors de son couronnement.

La fête du couronnement achevée, le roi d'un jour était promené autour du palais et dans la capitale sur un bel éléphant des écuries royales, mais pour la circonstance, paré de clinquants. Il touchait les revenus du royaume pendant la journée de son règne éphémère. Le roi Norodom a supprimé cette abdication temporaire vers 1868.

M. Moura croit voir par cette cérémonie s'affirmer la prétention des brahmes à montrer publiquement que la royauté doit toujours être considérée comme étant subordonnée à leur caste sacerdotale. Moi, j'y vois l'affirmation publique de leur droit éventuel au trône du Cambodge et l'observation d'une clause du traité passé entre la race des Varmans vaincus et la race des rois Khmers, clause destinée à rappeler au peuple le souvenir de ses anciens rois et le droit de leurs descendants.

Trois mois plus tard, c'est-à-dire au mois de Pisak qui correspond à notre mois de mai, le bakou qui a rempli les fonctions royales en Méacthom, revêt de nouveau le costume royal et, en présence de tous les bakous rassemblés, procède à la cérémonie dite *Chrot-pras-Angkol* (appuyer sur la charrue royale) qui ouvre la saison des labours à partir de laquelle les habitants sont autorisés à travailler la terre.

J'observe encore que cette autorisation, qu'on devait toujours attendre autrefois, est donnée non par le roi mais par le bakou qui a rempli les fonctions de Sdach-Méac, en présence de tous les bakous, ses coreligionnaires, et vêtu des vêtements royaux. Ce n'est donc pas le roi des venus du Pégou, entre la famille royale des Varmans qui perdait le pouvoir et les ancêtres de la famille royale actuelle qui le conquéraient. Une nuit profonde s'étend entre l'année 1186, époque à laquelle régnait le dernier des Varmans que nous connaissons, Jayavarman VII (1), et l'année 1346, date à laquelle commence la chronique royale qui concerne la dynastie actuelle (2). C'est certainement au cours de cette longue période de 160 ans qu'ont dû s'accomplir les événements que je suppose, qu'a dû se conclure le traité qui a mis le chef de la nation khmère sur le trône et garanti aux bakous l'héritage royal. J'émets ici cette opinion que la famille royale actuelle est d'origine khmère et non cambodgienne, parce que rien n'explique mieux son arrivée au trône à l'heure même où les Varmans en descendaient et parce que le roi Norodom lui-même croit que sa famille est originaire du Pégou.

Cette longue parenthèse sur les bakous, sur leur origine, était nécessaire, car il fallait expliquer leur droit éventuel au trône, mais elle m'a fait quitter trop longtemps le sujet qui a motivé ce chapitre. J'y reviens sans plus tarder, et je formule ainsi la loi de succession au trône du Cambodge.

La couronne du Cambodge est héréditaire dans la

Khmers qui permet de cultiver la terre mais les descendants des rois cambodgiens Varmans qui paraissent avoir conservé ce privilège.

Cette cérémonie n'affirme-t-elle pas le droit des bakous au pouvoir suprême et le traité que je vois dans le passé à l'origine de la monarchie actuelle. Cette opinion peut encore s'appuyer sur ce fait que ce sont les bakous et non les mandarins khmers qui couronnent le roi et lui donnent la terre du royaume, les eaux, les forêts, etc.

(1) Ce chiffre VII indique non que le Jayavarman dont il est ici question est le septième roi de ce nom, mais qu'il est le septième roi de ce nom que nous connaissons.

(2) C'est aussi à cette date que commence la chronique royale des Siamois. La même révolution paraît avoir aux XIIIe et XIVe siècles bouleversé le Siam et le Cambodge.

même famille, mais sans ordre de primogéniture, ni de sexe, ni de parenté.

Les grands mandarins sont électeurs.

En cas d'extinction de la famille royale, la couronne est transmise à un membre de la caste des bakous, choisi par les mandarins.

III

L'ÉLECTION

Il est pour moi de toute évidence que l'élection du roi par les mandarins est l'affirmation du droit de la nation cambodgienne sur la royauté, et que ce droit du peuple entier est, par la suite, devenu un privilège des mandarins.

Ce qui s'est passé dans la France mérovingienne a dû avoir lieu au Cambodge. Le peuple assemblé a dû, pendant de longs siècles, élire le roi et le choisir parmi les membres d'une famille habituée à le commander, devenue sacrée, et dont « les traditions remontaient à des temps fabuleux et se rattachaient aux exploits de héros qui étaient honorés comme des dieux » (1). Plus tard, par la force même des choses, par suite de l'extension du territoire, de l'accroissement du peuple, de l'impossibilité de soumettre l'élection royale à une multitude aveugle, d'ailleurs difficile à rassembler, les hauts dignitaires du palais, les chefs militaires, les grands feudataires, les princes soumis à l'hégémonie des Cambodgiens, et peut-être tous ou presque tous les mandarins présents se substituèrent au peuple en prétendant le représenter et procédèrent pour lui à l'élection du monarque.

Une raison à l'appui de cette manière de voir ressort

(1) Tardif, *Études sur les institutions politiques et administratives de la France, période mérovingienne*, t. I, pages 1 et 2; cité par P. Viollet dans son *Droit public*, t. I, p. 200.

de ce fait, à mon avis très curieux, particulier peut-être aux races de l'Indo-Chine, — je n'ose pas dire au Cambodge, — que les mandarins appelés à l'assemblée électorale sont, non seulement les cinq ministres, non seulement les grands mandarins du royaume, mais tous les mandarins, petits et grands, alors présents dans la capitale. Ce n'est pas le droit pour le peuple entier de prendre part à la délibération, mais c'est le droit pour tous les chefs du peuple de faire acte de souveraineté.

Cependant, tous n'ont pas le droit d'élire; ce droit est réservé aux ministres, *aux colonnes de l'État,* mais tous ont le droit d'opiner, de présenter des candidats, de discuter leur valeur; les premiers sont les grands électeurs, les seconds sont les grands conseillers; les uns représentent le gouvernement, les autres la nation qui leur est soumise. Mais cette distinction entre le droit d'élire et le droit de délibérer, entre les électeurs et les conseillers, est probablement encore une usurpation des grands mandarins, des mandarins de la couronne, des mandarins du gouvernement en d'autres termes, aux dépens des chefs du peuple; elle doit être relativement moderne. De même que les mandarins ont dépouillé le peuple de son droit naturel d'élire le roi, de même les chefs du gouvernement ont dépouillé les mandarins du droit d'élection; mais comme il est plus facile de dépouiller le peuple d'un droit qu'une classe du peuple d'un privilège, ils ont dû laisser aux mandarins le droit de pénétrer dans l'assemblée et de s'y faire entendre, quitte à ne pas tenir compte de leur opinion.

Nous verrons plus tard, quand je parlerai de l'élection des chefs et notables du *sroc*(1) et de l'élection des patrons, que le droit de choisir ses chefs était général autrefois

(1) Commune.

au Cambodge. M. Aymonnier croit, avec juste raison, que ce royaume était, il y a quelques siècles, une féodalité; j'ajouterai qu'il y a des raisons, peu évidentes encore, — mais qui le deviendront quand on connaitra mieux l'épigraphie cambodgienne, quand on aura traduit les satras que nous n'avons pas encore déchiffrés, quand on aura recueilli les milliers de légendes et de traditions qui représentent un fonds de renseignements considérable, — des raisons de croire, dis-je, que, comme dans la France féodale, comme en Russie, ce régime devait être basé sur un système électoral combiné de manière à maintenir l'ordre dans le royaume.

Quoi qu'il en soit de cette opinion et de ce qui précède, contestable assurément, mais digne, je pense, d'être étudié de près, voici les règles qui doivent présider à l'élection du nouveau monarque.

L'assemblée électorale. — Régulièrement, cette assemblée doit se tenir le jour même, ou tout au moins le lendemain de la mort du roi.

Elle comprend des électeurs et des délibérants.

Les électeurs, au texte de la loi, sont les cinq plus grands mandarins du royaume, c'est-à-dire les cinq ministres.

Les délibérants sont *tous* les mandarins cambodgiens présents dans la capitale, c'est-à-dire les chefs des bakous, les mandarins du feu roi, ceux de l'Obbajouréach, ceux de l'Obbaréach, les mandarins de la reine-mère, ceux des provinces, qui tiennent leur mandat du pouvoir central, et les mandarins des ministres.

Les membres de la famille royale, ni l'Obbajouréach, ni l'Obbaréach, ni les princes, ni les *Préa-Vongsa*, n'ont droit d'assister à l'élection.

L'assemblée est convoquée par les ministres.

La délibération. — Le premier ministre annonce la mort du roi et informe l'assemblée qu'elle a été convoquée par les grands mandarins à l'effet de procéder à l'élection du nouveau roi.

« Un débat public s'engage sur le choix qu'il convient de faire » (1). Le premier ministre fait connaître celui d'entre les princes que le roi a recommandé à leurs suffrages avant de mourir, mais, en aucun cas, cette déclaration ne peut ni empêcher la délibération ni supprimer le vote; elle est une simple indication.

L'élection. — Quand la délibération a suffisamment duré et que personne ne prend plus la parole, « le Chauvéa, premier ministre, opine le premier en prononçant le nom de son candidat; les quatre autres, par ordre hiérarchique, se prononcent sur le même sujet par *oui* et par *non.* Si la majorité est acquise, c'est celui-là qui est roi; sinon on recommence l'épreuve sur un autre nom. Dès que le vote est acquis, les cinq mandarins vont annoncer la décision à l'intéressé et lui proposer la couronne. S'il accepte, il prend immédiatement en main la direction des affaires, mais, s'il refuse, il est tenu d'indiquer, sur l'heure, celui des membres de la famille royale qui, selon lui, conviendrait pour gouverner. Dès que ce prince est désigné, les mandarins délibèrent sur place sur la question de savoir s'ils doivent accepter le candidat qui leur est proposé. Ils ne doivent en aucun cas se séparer avant d'avoir pourvu à la vacance du trône (2). »

Tel est le procédé d'élection prévu par la loi, mais, dans la pratique, les choses ne se passent pas toujours ainsi et, plus d'une fois, la reine-mère, la reine-grand'mère, un prétendant audacieux, un général étranger vainqueur, un ministre puissant et osé, ont despotiquement imposé leur volonté. En voici plusieurs exemples :

(1) Moura, *Le Royaume du Cambodge*, t. I, p. 235.
(2) Moura, t. I, p. 236.

Norodom, le roi actuel, fut, au mois de novembre 1859, élu à Oudong, alors capitale du Cambodge, par un conseil réuni sous les yeux de la mère de Ang-Duong, le roi décédé, vieille femme qui jouissait alors d'une grande influence. Ce conseil était composé des cinq ministres et des cinq principaux bakous, ces derniers, contrairement aux coutumes, mais conformément au précédent de 1756. Les autres mandarins présents à Oudong ne furent pas convoqués et l'influence de la reine-grand'-mère fut telle que Norodom, le fils aîné du roi défunt, alors Obbaréach, obtint l'unanimité des suffrages.

Son père, Ang-Duong, avait été réclamé au roi de Siam qui le retenait prisonnier, désigné pour le trône par celui-ci, puis reconnu par une foule de peuple et de mandarins venus au devant de lui, et placé sur le trône en 1845, à la suite d'un traité de paix signé entre les Annamites et les Siamois qui, sous prétexte de protéger le Cambodge, cherchaient à s'en arracher les morceaux.

La reine Ang-Mey, qui monta sur le trône en 1835, avait été, sous la pression d'un général annamite vainqueur des Siamois et des Cambodgiens, élue par un conseil composé des grands mandarins seulement.

En 1794 et en 1806, les deux précédents rois avaient été désignés par le roi de Siam et couronnés à Bangkok. Le premier, Ang-Em, avait, bien qu'âgé de six ans seulement, été élu roi en 1779 par les grands mandarins réunis en conseil, probablement sans le secours des autres mandarins.

En 1758, Préa-Outey s'était emparé du trône.

En 1756, son prédécesseur, Préa-Ang-Tong, avait été élu par un conseil composé des cinq ministres et des bakous.

Je pourrais donner beaucoup d'autres exemples et remonter jusqu'à l'origine de la monarchie actuelle, je veux dire jusqu'aux premières années de la chronique royale, mais cette longue démonstration serait fastidieuse. Elle ne prouverait pas davantage que ce qui précède. Ce qui est certain c'est que la loi successorale au trône du Cambodge a généralement été violée et que les élections régulières sont plus rares que les autres.

Et pourtant, la notion que les mandarins doivent concourir à l'élection du roi est demeurée vivace au sein du peuple, malgré les manquements à la loi, malgré les précédents nombreux contraires à cette notion, malgré les guerres, malgré les révolutions, en dépit de sa misère et de son avilissement.

IV

L'INVESTITURE, LE COURONNEMENT, LE SACRE

Je distingue deux cérémonies religieuses, — une cérémonie bouddhique, une cérémonie brahmanique — et une cérémonie civile qui est le couronnement. C'est une preuve nouvelle de l'accord intervenu entre l'ancienne croyance et la nouvelle, entre les sectateurs de Brahma et ceux du Bouddha, entre les Cambodgiens et les Khmers et peut-être aussi entre la dynastie des Varmans, vaincue mais puissante encore, et la dynastie actuelle triomphante.

Cérémonie bouddhique, ou que le bouddhisme a acceptée. — Quand l'élu des grands mandarins, vêtu de ses plus beaux effets, apparaît derrière un grand rideau qui sépare la salle du trône en deux parties et qu'on tire de côté, escorté de seize femmes luxueusement vêtues de pagnes et d'écharpes aux vives couleurs, couvertes de bijoux et portant chacune un bouton de lotus, la musique acclame la nouvelle Majesté. C'est la cérémonie de la ***présentation*** au peuple.

Alors, la musique se tait, le roi quitte son escorte de femmes et marche vers la porte de sortie; les bakous l'entourent et, tandis que les chefs portent la statue de Siva, les simples brahmes battent du tambourin, jouent de la flûte, sonnent de la conque marine et conduisent « le roi à une sorte de dais blanc auquel on accède par quelques gradins et où doit se faire le rite de l'eau..... Sa Majesté y monte, se débarrasse derrière un rideau de ses riches habits et passe un vêtement de bain léger et tout blanc. Le chef des brahmes s'avance alors et lui verse une première eau lustrale. C'est là le signal d'un immense vacarme : les musiques, les cloches, les tam-tam se font entendre à la fois. Enfin, le roi se place sous une urne d'argent énorme contenant l'eau dite de l'***investiture*** et son corps est bientôt couvert d'une pluie fine et abondante (1). » M. Moura appelle cette cérémonie l'***ondoiement*** et dit qu'elle peut avoir lieu plusieurs mois avant le couronnement (2).

Ayant revêtu ses premiers habits, étant revenu dans la salle du trône, le roi, en présence des princes et des mandarins, en s'adressant aux bonzes, leur déclare qu'il est le serviteur du Bouddha, qu'il affectionnera ses ministres sur la terre et sera toujours fidèle à sa religion. C'est le serment de fidélité au culte bouddhiste.

Alors, une distribution de vêtements jaunes est faite aux bonzes, puis un repas leur est servi au nom du roi. C'est la première aumône du monarque.

Le repas fini, les religieux bouddhistes se retirent parce que la cérémonie brahmanique va commencer, conformément aux anciens usages.

La cérémonie brahmanique. — « Les bonzes sortis, le roi, assisté de trois brahmes, monte sur une estrade

(1) Moura, *Le Royaume du Cambodge*, t. I, p. 239. — M. Francis Garnier, dans son *Voyage d'exploration en Indo-Chine*, raconte ainsi le couronnement du roi de Bassac : « Le roi s'avança sur la plate-forme élevée en avant de la façade, suivi des prêtres qui psalmodiaient des prières. Il se dépouilla de ses vêtements qu'on remplaça par une étoffe blanche et il alla se placer au-dessous d'un dragon en bois sculpté rempli d'une eau consacrée qu'on lui fit couler sur le corps ; à ce moment, on mit en liberté deux colombes captives (t. I, pages 248-249). » La mise en liberté de quelques colombes avait aussi lieu au cours de la cérémonie du couronnement des rois de France.

(2) Dans le Satra sacré le *Trey-Phoum* (les Trois-Mondes), la cérémonie de l'investiture du roi Préa-maha-Chac-Kra-Patra-thiréach, roi des quatre parties du monde, offre quelques rapprochements.

élevée dans la salle du trône et qui représente le mont Mérou. Il s'y assied et fait face successivement, en s'inclinant, vers les huit principaux rhums des vents, dans la direction de chacun desquels se trouve un brahme. Lorsque l'évolution est finie, les bakous présentent au roi une eau nouvelle, dont il boit une partie et se lave le visage du reste (1). » Ce sont les ablutions sacrées.

Enfin, le chef de la secte des brahmes remet au roi les idoles de Brahma, de Vichnou et de Siva, et le souverain prête sur elles les serments solennels de garder les coutumes anciennes.

Autrefois, « et avec plus de raison, dit M. Moura, le nouvel investi jurait sur ces idoles vénérées de maintenir et d'honorer la religion qu'elles représentaient ». C'était alors le serment de fidélité au culte brahmanique. Il s'est légèrement modifié depuis et le serment au culte bouddhique s'y est ajouté. Peut-être, au lendemain du compromis dont j'ai parlé plus haut, du traité de paix, le roi prêtait-il serment de protéger les deux cultes, c'est-à-dire de maintenir la liberté de conscience. Qui sait? (2) les deux religions se sont si bien fondues pour former la religion actuelle des Khmers que les divinités brahmaniques prennent souvent place sur l'autel à côté des statues du Bouddha. N'ai-je pas retrouvé ces statues dans maints temples, et non seulement ces statues, mais les représentations plus brahmaniques encore des divinités secondaires; je veux parler du *Nandi*, le *Préa-Cou* des Khmers, qui est la représentation de Siva sous la forme d'un bœuf; du *Linga*, avec son bassin pour

(1) Moura, *id.*, t. I, pages 239 et 240.

(2) Les Cambodgiens sont naturellement tolérants en religion. Au dire des missionnaires catholiques, le Cambodge serait le seul royaume d'extrême-orient où les chrétiens n'ont jamais été persécutés pour leur foi.

libations, qui est la représentation de la même divinité sous une forme que je n'ai pas besoin de décrire pour être compris.

La cérémonie civile. — Le serment prêté, le lettré *Ocnha-préa-sdach*, s'avance, et « déroule une mince lame d'or sur laquelle sont gravés les noms et titres nouveaux du roi, dont il fait hautement la lecture. Il passe ensuite cette feuille d'or à un bakou, qui la roule et l'introduit dans un tube niellé d'or et d'argent qu'il remet au roi. Les musiques célèbrent cette partie de la cérémonie. On approche aussitôt les insignes de la royauté : le parasol, l'épée antique, le sceau royal, la couronne, un chapeau de cérémonie et une paire de pantoufles ou mules de forme antique à l'usage des souverains seuls. A chacun de ces objets, le roi impose les mains; il les touche, les consacre et les approprie ainsi à sa nouvelle position de souverain couronné. Alors, le chef des brahmes, se faisant l'interprète des mandarins et du peuple, offre la terre, l'eau, les forêts, les montagnes, tout le royaume enfin. Le roi répond qu'il accepte l'offre et qu'il autorise ses sujets à exploiter le sol et à se servir de tout ce qui peut être utile au bien-être des habitants. Le roi se décide, enfin, à se couvrir de la couronne qu'on lui fixe sur la tête au moyen d'oreillettes en métal d'or et recourbées de manière à pouvoir s'engager sous le lobe inférieur de l'oreille. Sa Majesté, une fois couverte, chausse les pantoufles, descend du Mérou et s'en va gravir les marches du trône, sur lequel elle s'assied à l'indienne aux applaudissements de l'assistance, au son des musiques et au bruit assourdissant de plusieurs bouches à feu (1). »

Le sacre. — C'est sur ce trône que le roi reçoit de la main du chef des bakous les onctions d'huile parfumée, au front, au menton et aux paumes des mains.

(1) Moura. *ibid.* p. 240-241.

Le salut. — Alors les dames de la cour, les princes, les mandarins portant des flambeaux allumés à la main, font autour du trône le salut du ***pradakshina***, en faisant trois fois le tour de manière à toujours lui présenter l'épaule droite.

La remise des pouvoirs. — « Ensuite, les grands du royaume viennent tour à tour déposer aux pieds du trône des fleurs de nénuphar, des bâtonnets odorants et aussi leurs cachets, ce qui veut dire qu'ils remettent leurs titres à la disposition du roi; mais le roi annonce à ces messieurs (!) qu'il leur rendra leurs fonctions, afin qu'ils continuent à les exercer pour le bien du pays. Tous s'approchent alors des marches du trône pour complimenter Sa Majesté et lui souhaiter le bonheur, la victoire (1). »

La cérémonie publique est terminée; le roi rentre dans ses appartements, en prend possession sous la conduite des dames de la cour. Ce n'est que le lendemain, dans une nouvelle assemblée également tenue dans la salle du trône, qu'il remet aux mandarins les sceaux déposés la veille entre ses mains.

Quelques jours plus tard, le roi coiffé de la couronne royale, fait le tour de la capitale afin de se montrer au peuple; son escorte est nombreuse et splendide. Sa Majesté jette des pièces d'argent à la foule. Puis avant de rentrer au palais, elle en fait le tour en partant de la porte Est et en se dirigeant d'abord par le sud; au portique Ouest, le roi retire sa couronne et « se couvre du ***préa-méaléa,*** sorte de chapeau en feutre noir, à larges bords, de forme assez haute et tronconique, garni d'un ruban en or émaillé, et portant sur le devant une palme en or garnie d'un rubis énorme » (2). Ce chapeau est celui qu'il a

(1) Moura, *ibid.*, t. I, p. 241, 242 et 243.
(2) *Id.* p. 241, 242 et 243.

touché de ses royales mains au cours de la cérémonie civile, quelques instants avant son couronnement.

La promenade continue et le roi, avec toute son escorte, rentre par la porte Est.

La consécration de la reine. — La consécration de la reine n'est pas une cérémonie publique; elle semble plutôt religieuse que civile. Elle a lieu au palais en présence des dames et par leurs soins. Les bonzes récitent des prières pendant trois jours. Elle se termine le troisième jour par des ablutions d'eau lustrale.

Lors de l'élévation au trône du roi actuel, les Siamois ayant entre les mains la couronne et les autres insignes de la royauté, la cérémonie d'ensemble, l'*Aphiset*, comme disent les Khmers, fut scindée, et la partie qu'ils désignent sous le nom de *Savât-tichhât* eut seule lieu. L'autre partie eut lieu plus tard.

Ces cérémonies sont curieuses à plus d'un titre : d'abord parce qu'elles sont très anciennes et, dit-on, exactement semblables à celles que les rois célébraient dans le palais d'Angkor, au temps de la splendeur des Khmers; puis parce qu'elles sont, ainsi que je l'ai déjà dit, la preuve indéniable d'un compromis conclu entre l'ancienne société et la nouvelle, entre la vieille croyance des brahmes et la religion des bouddhistes; ensuite parce que ces cérémonies rappellent à s'y méprendre les cérémonies indiennes, parce que les bakous y jouent le premier rôle après le roi, parce que les divinités de la trimourti brahmanique y figurent alors que le Bouddha n'y paraît point.

La cérémonie de l'ondoiement, le baptême d'eau lustrale, les ablutions sacrées, la prise de possession par l'imposition des mains royales des objets qui sont les attributs de la royauté, et surtout les onctions d'huile parfumée sur le front, le menton et la paume des mains, sont des cérémonies qui ne manquent pas de grandeur et qui sont de nature à frapper l'imagination de ceux qui y assistent.

Mais un fait remarquable, sur lequel il me paraît nécessaire d'attirer l'attention, est celui de la remise du royaume entre les mains du roi, remise qui est faite ***par le chef des brahmes.***

Il offre au nouveau souverain non seulement le pouvoir suprême, le gouvernement de la nation, mais tout le reste, ***sauf les habitants;*** il offre la terre du royaume, les eaux du fleuve et celles des rivières, les arbres des forêts et les montagnes. Le roi reçoit toutes ces choses ***en propriété,*** mais il déclare qu'il autorise ses sujets à exploiter le sol comme par le passé et à se servir de tout ce qui peut être utile à leur bien-être.

C'est, dit-on, par suite de cette offre faite au roi, de son acceptation, que la terre du royaume est sa propriété, qu'il a le droit de percevoir la dîme et de prélever les autres impôts.

J'ai déjà dit ailleurs (1) que ce droit de propriétaire du roi sur toutes les terres du royaume était une fiction pure et j'ai démontré que la propriété individuelle existait au Cambodge sous une forme que nos ancêtres ont connue, qui peut nous paraître insuffisamment dessinée, très précaire, mais qui, telle qu'elle, est déjà la propriété nationale en voie de devenir la propriété individuelle.

J'aurai, plusieurs fois encore, au courant de ce travail, l'occasion de revenir sur ce fait et de l'éclairer d'un jour nouveau, d'en faire ressortir les conséquences sociales, mais je ne pouvais terminer ce chapitre sans indiquer l'origine magistrale de la fiction qui porte tant de gens à considérer tout le territoire du royaume comme étant le domaine de la couronne.

(1) Voyez mes *Recherches sur la Législation cambodgienne* (Droit privé), page 255 et suivantes.

V

LE ROI

Membre *héritier* d'une famille dont la destinée est de fournir des rois à la nation khmère, roi élu, *choisi* par les grands qui représentent le peuple, telles sont les origines contradictoires d'un roi cambodgien. Il tient son pouvoir tout à la fois de ses ancêtres et du peuple; il avait, avant d'être roi, un droit incontestable à la royauté, mais pour que ce droit put se transformer en un fait il lui faut une sanction, celle du choix. En d'autres termes, le roi est tout à la fois héritier du trône et élu. A ce point de vue, la condition royale d'un roi khmer est assez difficile à définir, bien qu'elle soit exactement celle des premiers rois francs.

Le gouvernement de la nation appartient de droit à l'un des membres d'une famille dite royale, mais le peuple (ou les grands agissant pour lui) a le droit de choisir le roi dans cette famille. C'est une servitude, le mot pris au sens juridique, qui pèse sur la nation, au bénéfice d'une famille et, plus exactement encore, de chacun des membres d'une famille. — D'autre part, c'est pour cette famille, pour chacun des membres de la famille royale, une obligation d'être élu pour monter au trône.

A la mort du roi, la nation devient libre, non de disposer d'elle, mais de choisir son chef dans la famille royale. Ce choix fait, elle ne s'appartient plus; elle semble être devenue, au Cambodge, la propriété privée du roi, car on ne la voit que très rarement (1) donner signe de nation libre jusqu'à la prochaine vacance du trône. Le roi, quoique choisi, devient absolu.

Cependant, on l'a vu plus haut, cette transformation d'un prince candidat de droit en un maître absolu ne se produit pas subitement. Le peuple, en donnant tout au roi qu'il a choisi, a pris la précaution de lui rappeler par une cérémonie que tout vient de lui et qu'il a tout reçu de lui. De là, quelques instants avant le couronnement, l'offre faite au roi de la terre et des eaux, l'acceptation de celui-ci et la remise immédiate par lui des terres appropriées, de toutes les choses utiles à ceux qui les détiennent ou les emploient. La cérémonie terminée, il devient *le maître des existences* et ses sujets, de libres qu'ils étaient pendant l'interrègne, deviennent les *khnhom*, les esclaves du roi. J'ai dit ailleurs ce que je pensais de cette appellation par trop modeste que se donnent quelquefois par un excès de platitude les Cambodgiens. J'observerai ici que l'expression *le maître des existences* me paraît aussi peu fondée, s'il faut entendre par là que les habitants du royaume sont, non les sujets, mais les esclaves du monarque; le chef des bakous, en offrant le royaume au roi, ne parle pas des habitants, c'est donc qu'il ne les donne pas ou qu'ils ne se donnent pas au roi et qu'ils restent libres alors que, dans une mesure déterminée par les coutumes anciennes et les lois, tout le reste est à lui. Peut-être aussi faut-il entendre par cette expression *le maître des existences*, le droit que possède le roi de juger tous ses sujets. Je reviendrai plus tard sur ce droit régalien.

Et d'abord, cette propriété du royaume acquise par le roi est-elle bien vraie? Le roi est-il, de par son élection, de par ses serments prêtés publiquement, de par son

(1) Lors de la promulgation des lois nouvelles.

couronnement et le don général qui lui est fait, véritablement propriétaire? Non, il est *usufruitier*, rien de plus, car il ne pourra jamais transmettre à qui il voudra, pas même à ses enfants, pas même à son fils unique, les choses qu'il reçoit; à sa mort, elles reviendront à la nation et la nation, en choisissant son successeur, choisira un nouvel *usufruitier*. Il y a plus, tout puissant qu'il sera, le roi ne pourra user de cet usufruit que conformément à certains usages anciens, à certaines lois connues du peuple et de ses ministres. Peut-être pourra-t-il, en abusant, porter atteinte aux droits de tous en méconnaissant les droits de celui-ci et les droits de celui-là, mais il n'osera pas, faisant acte de maître absolu, porter atteinte aux droits de tous en méconnaissant les droits de tout le monde à la fois. Aucune loi ne l'oblige à user de son pouvoir absolu avec modération, mais son intérêt, sa sécurité même, lui font une loi de ne pas froisser son peuple. En théorie, il est le souverain maître, le maître des existences, son pouvoir est absolu (1); en fait son autorité royale est limitée par les bornes qui ont défini l'autorité de ses prédécesseurs et par les lois qu'ils ont promulguées et qui le lient, lui, le roi absolu, à certaine manière de gouverner qu'il n'est que relativement libre de modifier.

Le peuple, la masse qui ne le voit que de loin, paré de sa majesté royale, dans son auréole de puissance, le regarde comme un demi-dieu (2), mais ses ministres les

(1) La loi proclame souvent cet absolutisme du pouvoir royal : « Quiconque, de sa propre autorité, enlève la fille d'autrui afin d'en faire sa femme, doit être puni d'une amende de 3 anchin 17 damlongs *tam-banda-sac*, sans qu'on puisse lui faire grâce, parce que, dit la loi, *il a pris la puissance du roi, qui est le maître suprême, pour sa puissance à lui.* » — *Crâm-sauphéa-thuppedey*, art. 23. — Voy. Manou, tout le livre VII.

(2) N'était-ce pas l'opinion de Bossuet et d'une partie de la France sous Louis XIV : « O rois, vous êtes des dieux; c'est-à-dire vous avez dans votre autorité, vous portez sur votre front un caractère divin. » — *Politique tirée de l'Écriture sainte.*

plus dévoués, les mandarins qui l'approchent savent qu'il est homme comme eux et le respect qu'ils ont pour lui est étrangement mêlé de réserves dangereuses pour sa quasi-divinité. Sa sauvegarde est dans la diversité des intérêts contraires qui s'agitent autour de lui, mais s'il froisse tous ou presque tous ces intérêts et que tous ou presque tous se réunissent contre lui, qui le protégera? Personne, ou trop peu de partisans pour pouvoir vaincre ses ennemis, raffermir son autorité et recréer autour de lui les intérêts contraires nécessaires, indispensables à sa sécurité.

Ceci dit, voyons comment nous apparaît la royauté au Cambodge.

Magistrature suprême, elle m'apparaît avec les quatre attributions qui semblent être ou avoir été partout les attributions de la royauté primitive.

Le roi est tout à la fois grand-prêtre, généralissime, législateur suprême et grand-juge.

Je vais successivement l'étudier sous ces quatre faces.

Le grand-prêtre. — Membre d'une famille dont le privilège est de fournir des rois au Cambodge, le prince candidat est déjà un personnage d'origine sainte, mais, une fois accomplie la cérémonie de son couronnement, il est devenu un personnage sacré, tout à la fois le grand-prêtre et le roi.

Pendant la cérémonie, il s'approprie *en les touchant* les objets royaux et, sur son front, sur son menton, sur la paume de ses mains des onctions sont faites par le chef des bakous avec des huiles parfumées. C'est que la royauté khmère est non seulement une magistrature civile mais aussi un *sacerdoce;* le roi sera le chef du peuple, mais il sera aussi le maitre de la religion, le chef suprême des prêtres, le grand-prêtre extérieur.

Ce caractère était plus visible autrefois, au VIIe siècle, lorsque le roi, dans un temple consacré à une divinité appelée Pho-To-ly (1), sacrifiait une fois par an et la nuit une victime humaine à nous ne savons quelle occasion (2).

Un fait remarquable entre tous : la cérémonie du couronnement, en particulier celle du sacre, n'ont pas lieu avec l'aide ou le concours des prêtres de la religion actuelle, mais avec l'aide et le concours des représentants de la religion ancienne, de la croyance disparue du sol de l'Indo-Chine, représentants qui me paraissent aussi les descendants des anciens rois brahmanistes. Les bonzes bouddhistes assistent à une partie de la cérémonie du couronnement, mais sans y prendre part; ils reçoivent le serment que prête le roi de conserver la religion du Bouddha, et ils se retirent. Ce sont les brahmes, les bakous qui officient et qui mettent dans les mains royales les statues des divinités brahmaniques, qui présentent au toucher du roi les objets royaux et qui font les onctions saintes.

Une fois sacré, le roi est inviolable (3). Les chefs du clergé sont, comme tous les fonctionnaires, comme tous les hommes du peuple, soumis à son autorité; c'est lui qui les nomme et c'est lui qui les révoque. Sa personne

(1) Probablement Pras-Kali, la déesse Kali. — *Pho* est la traduction chinoise du mot *Pras*, ou *Préa*, ou *Phia*, sacré, saint.

(2) Auteurs chinois cités par F. Garnier, *Voyage d'exploration en Indo-Chine*, t. I, p. 128. — Les sacrifices humains se sont perpétués au Cambodge jusqu'à il y a soixante ans environ. Voyez plus loin le chapitre consacré aux *Sdach-tranh*.

(3) Le sacre était aussi regardé comme une chose si importante en France que le peuple autrefois n'accordait vraiment le titre de roi qu'au prince qui avait été sacré; Mézerai n'a-t-il pas écrit à propos de Louis X : « ..... il n'y avait point de roi de France parce que Hutin n'était pas encore sacré, et que, selon la coutume de ce temps-là, on ne pouvait pas dire qu'il était véritablement roi. » On connait aussi la mission et la peine que se donna Jeanne d'Arc pour mener Charles VII à Reims et l'y faire sacrer; elle voulait par le sacre faire reconnaitre le roi de France par ceux qui disaient pour excuser leur défection : « Il n'est pas sacré, donc il n'est pas roi ».

est plus sacrée que la leur, car nul ne peut ni le toucher, ni lui adresser la parole le premier; son palais est plus vénéré qu'un temple, car les cavaliers mettent pied à terre quand ils passent devant, les piétons s'ils ont une ombrelle la ferment, les marins s'inclinent sur leurs avirons. Or, si toutes ces marques de respect ne sont pas données aux chefs des bonzes, c'est que le roi est leur supérieur et leur maître.

Le généralissime. — Chef du peuple, roi élu, il est de ce fait le généralissime, le chef militaire, celui qui est chargé de veiller à la sécurité du royaume, de défendre ses frontières. C'est la première de ses obligations civiles. Aussi faut-il qu'il soit homme. C'est, à mon avis, cette raison surtout qui a décidé les Khmers à accepter un régime successorial au trône qui leur permet d'écarter ceux qui sont trop jeunes et ceux qui sont inhabiles à commander.

Tous les Varmans de la grande mais ténébreuse période étaient des chefs militaires. Leur nom de Varman veut dire ***cuirasse, l'armure,*** en sanscrit (1) et tous l'ont porté parce que tous étaient les chefs militaires de leur armée, de leur peuple, des généralissimes. Les bas-reliefs des ruines d'Angkor nous les représentent souvent à la tête de leur armée, combattant la cuirasse au corps et l'arc, le sabre ou la lance à la main. Ils sont des vaillants par excellence.

La guerre est l'affaire du roi parce qu'il est le chef du

(1) M. Aymonnier qui donne cette traduction, traduit Çruta-Varman, nom d'un roi, par « celui qui a pour cuirasse l'Ecriture sainte, qui est protégé par les Védas, par l'Ecriture sainte de la religion brahmanique; » Cresta-Varman par « qui est protégé par ce qu'il y a de mieux », etc., etc.

Mon sentiment est que ces cuirasses, ces armures royales pouvaient bien porter une image, une inscription spéciale à chaque roi et qui était en fait le blason et par suite le nom de celui qui la portait (V. Aymonnier, l'*Epigraphie cambodgienne*, dans *Excursions et reconnaissances*. VIII, n° 20, nov. et déc. 1884, p. 253.) Très intéressant.

peuple; mais comme grand-prêtre elle le souille et, après la victoire, il doit se purifier. C'est alors que les bakous lui apportent l'eau consacrée avec laquelle il pourra se laver le visage et les mains, comme on le fait après une besogne impure et pénible. Mais c'est lui qui doit mener son peuple à la bataille et lui donner l'exemple des vertus guerrières.

Le législateur. — Les coutumes et les lois, les habitudes prises de gouverner de telle manière obligent le roi, mais pas d'une manière absolue. Il peut modifier la loi, changer les coutumes, légiférer comme l'ont fait ses prédécesseurs, mais, comme eux, en prenant conseil de ses ministres et quand il y a des raisons sérieuses d'apporter des changements aux choses anciennes. Il n'y a pas d'autre sanction que celle des ministres et du peuple, mais cette sanction si faible, si peu visible, si peu redoutable qu'elle paraisse, n'en est pas moins assez puissante pour faire hésiter le monarque chaque fois qu'il songe à modifier une coutume à laquelle le peuple est attaché, à promulguer une loi nouvelle et impopulaire (1).

Le grand-juge. — « Le roi est juge souverain; il possède la plénitude des droits de justice » parce que la justice est au Cambodge, comme dans l'Inde, comme autrefois en France, à Rome et en Grèce, « l'attribut essentiel de la royauté ». Il est le juge suprême, et la haute juridiction qu'il exerce lui donne le droit de vie et de mort. A ce titre il est bien véritablement « le maître des existences » car il peut mettre à mort ceux de ses sujets qu'il veut punir de cette façon. Son droit est absolu et n'a de limites que la crainte de mécontenter ses mandarins et ses sujets. Cette limite est effective, puisque, le plus souvent, le roi a recours à l'assassinat secret, à l'empoisonnement, quand il veut se débarrasser des grands dont

(1) Peut-être ne peut-il régulièrement promulguer une loi que le peuple, représenté par les mandarins, n'a pas acceptée.

il redoute l'autorité, dont il a à se plaindre, mais qu'il ne peut ni traduire devant un tribunal, ni juger parce qu'ils n'ont point commis un crime ou une faute les rendant justiciables d'un tribunal quelconque.

Le roi prononce en dernier ressort sur tous les procès; en principe chacun a le droit de s'adresser à lui, d'en appeler à lui d'un jugement; en fait la chose est plus difficile car le roi ne peut pas se déranger pour le dernier de ses sujets ou pour des affaires trop peu graves. Mais il peut juger toutes les affaires qu'il veut. Autrefois, il était plus accessible et les audiences qu'il tenait étaient publiques; il siégeait assis les jambes croisées comme une idole indienne et les gens qui l'entouraient se tenaient, comme ils se tiennent encore, accroupis sur leurs genoux et leurs coudes, les mains réunies et jointes à la hauteur du visage. Quand il sortait ou entrait dans la salle des audiences, les assistants se prosternaient trois fois (1).

Les juges sont nommés par lui ou par ses ministres, mais en son nom et pour lui ; ils jugent en vertu d'une délégation royale à la place du roi et pour son compte. Au Cambodge, l'origine royale du droit de justice est moins contestable que partout ailleurs peut-être, car elle est attestée par des textes législatifs curieux. Par exemple, dans certains cas, la peine ne peut être appliquée que si le roi approuve la sentence ; dans d'autres, il doit, l'affaire étant jugée et la culpabilité reconnue par les juges, prononcer lui-même la sentence. D'autres textes déboutent les plaignants qui, sous un nouveau règne, viennent apporter une plainte contre quelqu'un qu'ils accusent d'un crime commis sous le règne précédent; arrêtent les instructions d'affaires en cours à la mort d'un roi, alors même que les débats seraient commencés

(1) V. Moura, *Le Roy. du Cambodge*. t. I, p. 223. — Voy. ma *Procédure civile et criminelle des Cambodgiens*, dans *Recherches sur la législation criminelle des Cambodgiens*.

devant le tribunal. D'autres textes encore ne condamnent, pour trahison ou désobéissance grave aux ordres du roi, qu'à l'emprisonnement jusqu'à la fin du règne.

Dans les deux premiers cas, le roi fait acte de grand-juge ; dans les deux autres, les juges cessent de juger parce que leur délégation a pris fin, et surtout parce que le roi nouveau ne peu déléguer sa puissance de juge à des juges pour juger une affaire que seuls les juges pouvaient juger en vertu d'une délégation du feu roi et sous son règne. Dans le dernier cas, le roi ne peut pas vouloir condamner ou laisser condamner un homme qui lui a désobéi, à une peine qu'il devra achever de subir sous le règne de son successeur. Les effets de sa puissance de grand-juge ne s'étendent pas au-delà de son règne.

Cette puissance est encore limitée par d'autres textes législatifs : Dans certains cas, le roi peut faire grâce entière et remettre la peine ; dans d'autres, il ne peut que faire grâce partielle et commuer la peine de mort en celle de la prison perpétuelle. Son droit de grâce n'est pas absolu ; la loi le limite. C'est peut-être là une bride du droit populaire ancien de veiller à l'exécution de la loi, à ce que la grâce royale ne s'étende pas capricieusement ou partialement aux grands coupables. Qui sait ?

Un texte bien différent de ceux qui provoquent cette réflexion semble pourtant me donner raison. Si les juges ont condamné à mort pour crime de trahison un grand mandarin qui, autrefois, a rendu de grands services à l'Etat, le roi doit, au texte de la loi, commuer sa peine en souvenir des services rendus ; s'il ne la commue pas, les deux chefs des prêtres, le Somdach-préa-Sang-Krey et le Louk-préa-Soccon, doivent intervenir pour lui rappeler les services rendus par le coupable et et pour lui demander sa grâce.

Sa puissance de grand-juge, de roi même est étrangement limitée par un autre texte : Si le roi commet une faute grave, si le roi juge avec partialité, si une plainte est portée contre lui, trois grands mandarins se rassemblent en tribunal secret pour examiner. Ces trois grands mandarins sont (1) : le Somdach-préa-Ang-Keu, qui commande aux mandarins, le Pothi-Salaréach qui les surveille, et le Somdach-chau-phnhéa. Ils jugent, et s'ils reconnaissent la culpabilité du roi, ils arrêtent les termes d'une adresse dans laquelle ils proclament sa faute, et cette adresse étant rédigée, ils vont en secret la lui présenter au palais. C'est peut-être après un jugement de ce genre que le prince Nhom fut, en 1589, écarté du pouvoir qu'il exerçait comme un roi véritable sous le titre d'Obbaréach, par la reine-grand'mère et par les mandarins qui appelèrent au trône l'Obbajouréach Sorijopor.

Parlerai-je maintenant d'un privilège que paraît s'être réservé le roi (et les princes avec le consentement du roi), celui d'épouser, hormis sa mère, sa grand'mère et ses sœurs germaines, la femme qui lui plaît, fût-elle sa sœur de père (2). Les lois cambodgiennes sont formelles; elles considèrent comme incestueuses les unions entre frères et sœurs, entre cousins et cousines, et les lois qui les punissent sont sévèrement appliquées. Cependant,

(1) Je devrais dire étaient, car les deux premiers n'ont pas été remplacés à leur mort par le roi Norodom, et cette juridiction des grands du royaume de laquelle relevait le roi n'existe plus depuis près de quinze ans. Certains dignitaires affirment cependant que les ministres pourraient au besoin se rassembler pour juger le roi.

(2) L'inscription de la porte Est du temple de Bachey-ba-ar, tracée en 945 de notre ère par le roi Préa-Moha-barommo-Nipéan-bat, dit : « Mon épouse, Préa-Mihuor, est ma sœur cadette de père seulement. » — Le roi législateur Préa-Chey-Ches-Sda naquit en 1573 d'une princesse qui avait épousé son frère consanguin. — Le roi de Siam actuel a épousé à la fois ses deux sœurs consanguines.

Cette coutume n'est pas particulière au Cambodge et au Siam. Les rois de Perse et ceux d'Egypte épousaient leurs sœurs. — Hérodote enseigne que Cambyse, un des rois persans, épousa sa sœur.

les Khmers reconnaissent au roi et aux princes le droit d'épouser leurs demi-sœurs, leurs tantes (1), les femmes de leurs pères (2), etc., toutes unions réprouvées par la loi et par les coutumes, par les mœurs et par l'opinion publique.

Les Khmers reconnaissent-ils ce privilège à leurs rois et à la famille royale parce qu'ils ne peuvent le leur enlever, parce que leurs rois et la famille royale se le sont attribué ? Ce privilège n'est-il qu'un privilège royal qui s'est perpétué dans l'esprit du peuple et surtout de la famille royale, et qui remonte à une époque très reculée, mais très voisine de celle où, dans ce pays, il était permis à tous les hommes d'épouser leurs sœurs ? Une réforme serait-elle survenue ? le droit d'épouser sa sœur fût-il retiré à tous les hommes et le roi le garda-t-il pour lui, afin de marquer sa puissance ?

Je ne le crois pas. A mon avis, ce privilège était à l'origine moins un privilège qu'une obligation royale. Le roi fut tout d'abord non libre, mais obligé d'épouser sa sœur, afin de conserver pur de tout mélange le sang de la famille royale. N'y a-t-il pas un conte cambodgien, le *Satra Chéa-Ly*, où il est parlé d'un peuple chez lequel nul prince de la famille royale ne pouvait monter sur le trône s'il n'épousait tout d'abord sa sœur ? Ici, le droit, le privilège n'existent pas ; en retour, l'obligation est visible : le prince *doit* épouser sa sœur.

Mais, au Cambodge, la notion de l'obligation s'est perdue. Ce qui était une *obligation* pour le roi est devenu un *privilège* royal ; il était autrefois obligé d'épouser sa sœur; il a aujourd'hui *le droit* de l'épouser, ce qui

(1) Ang-Sor, qui fut couronné sous le nom de Prea-Chey-Chettha, etc., prit pour première épouse, en 1675, la sœur cadette de son père.

(2) Norodom a eu trois fils : Duong-Chack, Mackha-Van et Phanu-Vong, d'une femme du peuple que son père avait épousée et dont il avait eu un fils, le prince Nopparat.

est bien différent, car il peut aussi refuser de la prendre pour épouse. C'est d'ailleurs ce que fit en 1858 le prince héritier (le roi actuel) quand son père, le roi Ang-Duong, voulut lui faire épouser sa sœur; il refusa la main de la princesse, non parce qu'il trouvait ce mariage immoral, non parce que cette union était contraire à la loi vulgaire du royaume, non parce qu'il craignait de froisser la conscience publique qui autorise ces mariages royaux incestueux, mais parce qu'il éprouvait une réelle antipathie pour la princesse que le roi lui proposait. Cependant, s'il refusait, c'est qu'il croyait avoir le droit de refuser et que déjà la notion de l'obligation royale était perdue, que le privilège seul subsistait. Lui-même, héritier présomptif, fils du roi Ang-Duong, n'était pas né d'une princesse; sa mère, fille d'un juge, ne le rendait pas indigne du trône; pourquoi eût-il épousé une princesse qu'il n'aimait pas et en eût-il fait sa première épouse, puisque l'obligation d'être né de deux personnes nées de sang royal n'existait plus?

Je dois cependant enregistrer ici que tout au fond de la conscience du peuple khmer, la pensée de l'obligation subsiste, mal définie, il est vrai, mais vivante encore. Ils pensent que le prince né d'une princesse épousée par le roi doit être choisi de préférence au prince né d'une femme prise dans le peuple ou dans la famille d'un grand mandarin. Et cette pensée qui persiste, malgré des précédents nombreux qui la rendent caduque, nous ramène à l'obligation si bien indiquée par le *Satra Chéa-Ly* : le prince qui monte sur le trône doit être fils d'un prince et d'une princesse née de sang royal (1); il

(1) L'auteur chinois du *Pien-y-Tien*, que M. de Rémusat a traduit, dit textuellement en parlant du Cambodge : « Il n'y a que les enfants de la reine légitime qui soient aptes à succéder au trône, » et M. F. Garnier dit dans le *Voyage d'exploration en Indo-Chine*, p. 336 : « Une femme qui ne serait pas noble et princesse ne saurait, au Laos, donner à un roi un fils apte à lui succéder. »

doit épouser sa sœur, afin que les princes susceptibles d'être appelés au trône soient de sang royal et par leur père et par leur mère.

Le pouvoir royal est absolu, mais je crois qu'il n'a jamais été aussi despotique que maintenant. Notre Protectorat, en limitant le droit du roi, a porté atteinte à l'absolutisme par rapport à nous; le roi est moins maître de son royaume et les actes de son gouvernement sont plus surveillés; en fait, tout en restant le roi, il est devenu notre protégé, c'est-à-dire notre vassal. La conséquence de cet événement a été, si je ne me trompe, et au fond, de libérer le roi des anciennes coutumes et de rendre son gouvernement plus indépendant des mandarins. Il tient moins compte de l'opinion publique, les coutumes anciennes et les lois d'autrefois sont moins sacrées pour lui, et il fait plus ce qu'il veut personnellement, tant que ce qu'il veut n'est pas de nature à nuire à notre influence, à la politique suivie par la France au Cambodge.

Nous ne connaissions guère ce pays quand nous lui avons imposé notre Protectorat; les mœurs annamites que nous apprenions à connaitre nous cachaient comme un rideau les mœurs cambodgiennes; les Khmers nous paraissaient beaucoup plus barbares que les Annamites; la politique que nous y avons suivie n'a été ni logique, ni suivie; nous avons piétiné sur place sans presque rien apprendre, dans l'attente d'un événement qui ne s'est pas produit, et notre action est devenue hésitante sans jamais être efficace. L'autorité royale, soumise à nos caprices, considérée en elle-même, a beaucoup perdu de sa majestueuse grandeur; considérée par rapport au peuple, si on regarde bien les choses, elle a grandi. Pour empiéter, le roi s'appuie sur nous et notre action, qui eut dû être tout à l'avantage du peuple, s'est en grande partie tournée contre lui. Aucun usage ne règle plus la conduite du roi, aucune coutume ne limite plus son autorité. Et Norodom a pu modifier les impôts, apporter certains changements désavantageux au peuple que son prédécesseur n'eut point osé ordonner.

— Le roi actuel est fils aîné du roi Ang-Duong, son prédécesseur, mort en 1859, et de Néac-Ménéang-Pen, « fille d'un juge et sœur de Mon-Hém, qui remplit auprès d'Ang-Duong, son beau-frère, les fonctions de page et qui fut plus tard élevé à la dignité de premier ministre par le prince devenu roi ». Il naquit à Angkor-Borey, près de Battembang, en 1835, sous le règne de la reine Ang-Mey, sa tante, que les Annamites avaient, d'accord avec les mandarins, placée sur le trône du Cambodge et préférée à ses deux frères plus âgés et à sa sœur aînée.

Il reçut tout d'abord le nom de Préa-Chérélang et vécut en exil au Siam, avec son père et sa famille, jusqu'en 1847, époque à laquelle un traité de paix ayant été conclu entre le Siam et l'Annam, et la reine Ang-Mey ayant été déposée, son père monta sur le trône.

La cérémonie de la nubilité (de la coupe des cheveux de ce prince) eut lieu l'année suivante, 1848, à Oudong; son nom de Chérélang fut alors changé en celui de Préa-Ang-machas-réachéa-Vodey; il avait treize ans; conformément à la coutume, il entra dans une bonzerie royale d'Oudong en qualité de novice, mais il n'y resta que deux mois environ. Son père, cédant encore à l'influence siamoise, l'envoya à Bangkok en compagnie du prince Ang-Phim, son cousin germain, fils de l'ancien Obbaréach Ang-Em, frère aîné de Ang-Duong et qui était mort en captivité en Cochinchine, en 1845. Le prince Vodey entra de nouveau dans une bonzerie en 1856 et y resta sept mois.

Se sentant vieillir et fatigué, le roi Ang-Duong résolut d'assurer la couronne à son fils aîné et demanda à la cour de Bangkok de lui conférer le titre d'Obbaréach, titre qui fait de celui qui le porte, quand il n'y a pas d'Obbajouréach, la seconde personne du royaume et le désigne au choix des mandarins en cas de vacance du trône.

La cour de Bangkok accepta la proposition et donna au prince Vodey, comme l'eut fait un suzerain, le titre d'Obbaréach; le fils cadet, Si-Savat, qui avait seize ans, cinq ans de moins que son frère, fut, par la même cour, nommé Préa-Keu-Féa; un autre frère, Si-Votha, plus jeune d'une année, ne reçut aucun titre. Ces trois princes étaient frères et fils d'Ang-Duong, mais tous trois de mères différentes.

A la mort de son père, le prince Vodey fut, en 1859, ainsi que je l'ai dit plus haut, élu à l'unanimité roi du Cambodge, en dehors de toutes les règles et coutumes et grâce à l'influence de sa grand'mère et de sa mère, deux femmes intelligentes et très décidées. Il fut couronné le 3 juin 1864 sous le nom de ***Préa-réach-chéa-ôngca-nou-préa-bantul-saséhéac-néat-préa-bat-somdach-préa-Norodom-barom-ma-réam-Tévatana-kun-néacsa-sonthorrith-meahis-sacvôréà-thuppedey-srey-sorijor-vong-moha-chach-krâ-pot-ta-pongs*** (1) ***dâmrâng-réas-borom-méac-néat-maha-Kampuchéa-thiphodinthor, sâpusel-praset-santhet-santhanpor-prom-maréac-amnaï-chey-chéa-mahaï-savorijea-thippedey-ney-potho-pi-dâl-sokâl-Kampuchéac-nachac-ackha-maha-bâras-rat-thâné-vivât-néa-tirec-êc-ôudom-borom-mahac-chac-kra-pattra-thiréach-barom-monéat-barom-méac-bâpit-préa-chau-Krüng-Kampouchéa-thuppedey-chéa-machas-chi-vit-leus-thbong.***

M. Moura traduit ainsi tous ces titres en les abrégeant : « Grand roi aux pieds divins, meilleur que tous,

(1) Avant 1870, on lisait : *moha-nora-pot-pongs* et non *moha-chach-kra-pot-ta-pongs*, qui veut dire « descendant du grand Chach-Krâp-Pot-Vongsa. »

descendant des anges et du dieu Vichnou, cœur excellent, *suprême puissance sur la terre,* plein de qualités comme le soleil, *venu sur la terre pour protéger les hommes, appui solide des faibles,* celui qui sait et connaît tout mieux que les autres, éternellement précieux comme les anges, victorieux, grand parmi les plus grands, celui dont le pouvoir s'étend sur tout le Cambodge, toujours béni, seul précieux comme le cristal, *grand roi dont le pouvoir est infini* (1).

Dans la pratique, les Européens le nomment plus simplement *Norodom* et les indigènes le *prince qui gouverne* ou bien le *maître de la vie* (Machas chivit).

Remarquons en passant combien est modeste le premier de ces deux derniers titres et combien est orgueilleux le second. Le *prince qui gouverne* est le nom que le peuple donne communément au roi et le titre le *maître de la vie,* celui que le roi prend lui-même ou que ses ministres lui donnent dans les ordonnances royales.

(1) Moura, *Le Royaume du Cambodge,* t. I, p. 222.

VI

L'OBBAJOURÉACH

L'Obbajouréach, ou, comme l'écrit M. Moura, le *Préa-Moha-abjoréach*, est le grand et précieux roi qui a abdiqué, c'est-à-dire celui qui est volontairement descendu du trône et qui a remis le pouvoir et la couronne à un autre.

On a vu, au Cambodge, de nombreux princes abdiquer le pouvoir; quelquefois, c'était par un grand esprit de religion et pour faire une bonne action en se détachant, sur leurs vieux jours, des biens de ce monde; d'autres fois, le plus souvent, c'était pour assurer à leur fils, à celui qu'ils avaient choisi pour successeur, un trône qu'on ne lui eut peut-être point donné; d'autres fois encore c'était par pur caprice. Dans ce dernier cas, le roi démissionnaire ne tardait pas à provoquer l'abdication de son successeur et à ressaisir le pouvoir.

Parmi ces derniers, il convient d'indiquer ici :

1° Le roi Ang-Sor, qui abdiqua une première fois en 1695 en faveur de son neveu, Préa-Outey; reprit le pouvoir à la mort de celui-ci, en 1699; abdiqua une seconde fois l'année suivante en faveur de son gendre Ang-Em, reprit le pouvoir en 1701; abdiqua une troisième fois en 1702, cette fois en faveur de son fils, Préa-Srey-Thommo-réachéa, qui avait alors douze ans; reprit le pouvoir en 1704 et abdiqua une quatrième et dernière fois, en 1708, en faveur du même fils.

2° Le roi Ang-Em, que nous venons de voir sur le trône en 1700, par suite de l'abdication de son beau-père Ang-Sor et qui avait abdiqué en 1701, y remonta en 1710, fut couronné en 1714, abdiqua une seconde fois en 1716, en faveur de sa première femme pour entrer au couvent; il en sortit trois jours après, reprit le pouvoir, le garda six ans et abdiqua une troisième fois en 1722, en faveur de son fils Préa-Sotha; il remonta sur le trône en 1729 et abdiqua de nouveau sept mois plus tard en faveur du même fils.

Ce qui paraît certain, en dépit de ces abdications ridicules, qui expliquent mieux que ne pourraient le faire d'autres faits, l'état de décadence où se trouvait alors le peuple khmer, c'est que le titre d'Obbajouréach ne doit être donné qu'à ceux qui ne peuvent plus aspirer au trône, à ceux qui en sont descendus ou à ceux qu'on en veut éloigner.

Quand, en 1574, Préa-bat-Somdach-préa-Barommo nomma Obbajouréach son frère cadet qui était Obbaréach, il nomma Obbaréach par le même décret son plus jeune fils, Tan, qui n'avait que six ans, et abdiqua en faveur de son fils aîné, Préa-Chey-Chetta. Son intention était visible : il voulait éloigner du trône son frère cadet en lui donnant un titre qui l'en éloignait naturellement; il voulait assurer la couronne à son fils aîné d'abord, puis mettre son second fils en position de succéder à son aîné en lui donnant un titre qui faisait de lui le vice-roi, le prince héritier du pouvoir suprême (1).

Mais cette manière de faire n'était pas régulière; elle blessa les mandarins et, quand l'Obbajouréach nouvellement nommé protesta, au lendemain de l'abdication, ils se soulevèrent. Ils ne purent renverser l'œuvre du roi, mais, en 1587, ils refusèrent d'accepter le fait acquis, repoussèrent du trône le prince qui exerçait le pouvoir et donnèrent la couronne à l'Obbajouréach qu'ils

(1) Voyez ci-dessus, chap. II, p. 8, ce qui s'est passé au Siam en 1851, dans une pareille circonstance.

considéraient toujours comme étant l'Obbaréach, c'est-à-dire le vice-roi, l'héritier présomptif injustement éloigné du trône en 1574.

Quand, en 1664, Préa-batom-Réachéa, etc., contrairement aux usages et en imitation peut-être de Préa-bat-Somdach-préa-Barommo, etc., éleva son frère Préa-Ang-Tan à la dignité d'Obbajouréach, c'était assurément afin de lui fermer l'accès du trône et de l'ouvrir à son propre fils Ang-Sor.

Mais ces nominations étaient irrégulières parce que le titre d'Obbajouréach ne peut convenir qu'au roi qui descend du trône et qui n'aspire pas à y remonter. C'est encore, aujourd'hui qu'il n'y a pas d'Obbajouréach, l'opinion des anciens et celle des grands mandarins.

Les honneurs auxquels avait droit l'Obbajouréach étaient les honneurs royaux; il administrait et touchait les revenus de sept provinces (1); il avait un conseil de cinq grands mandarins (ses ministres), *nommés par le roi*, ainsi que les gouverneurs des provinces qui relevaient de lui. Ces sept provinces constituaient son apanage, lui fournissaient ses revenus. Il passait immédiatement après le roi quand, dit M. Moura, il n'était pas le père de celui-ci, auquel cas il était sur le même pied d'égalité. Ce prince portait couronne et son trône était décoré d'un parasol à six étages; on le couronnait aussi cérémonieusement que le roi et sa cour était calquée sur celle de ce dernier (2).

(1) C'étaient les provinces de Phnom-Srouck, Phnom-Penh, qui n'était pas encore capitale, Kandal-Stung, Soai-Romiet et Sitho-Paréang, qui forment maintenant une seule province, Sitho-Kandal et Kompong-Leng. — A une autre époque, c'étaient : Tréang, Kompong-Leng, Kandal-Stung, Phnom-Srouck, Sitho-Kandal, Srey-Santhor et Soai-Romiet. — Au XVIIe siècle, cet apanage ne comprenait que cinq provinces : Khlong, qu'on a depuis réunie à la province de Krang, Krang, Krakor, Chlong et Sambau, qui comprenait peut-être la province de Samboc.

(2) Moura, *loc. cit.*, t. I, p. 227.

VII

L'OBBARÉACH

Ce mot vient du sanscrit *jouva-raja* et signifierait « sous-raja », c'est-à-dire vice-roi. Ce titre *jouva-raja* (1) était celui que portaient chez les Indous les princes héritiers du trône. Si cette traduction est exacte, elle nous dit ce qu'était l'Obbaréach chez les anciens Cambodgiens : l'héritier présomptif de la couronne.

Or, comme ce titre est, le plus souvent, celui que porte le frère cadet du roi, il s'ensuit que le frère cadet du roi était aux yeux des Cambodgiens le prince héritier, celui que son titre désignait à leurs suffrages. L'élection de l'Obbaréach est le fait général ; c'est à ce prince que revient de droit la couronne, de préférence au fils du roi. Mais si le roi n'a pas de frère, l'Obbaréach peut être son fils ; dans ce cas, ce fils est le fils aîné, celui qui doit lui succéder, le chef de la famille royale après lui, si les mandarins l'élisent.

En l'absence du roi, quand il n'y a pas d'Obbajouréach, et peut-être même quand il y en a un, c'est l'Obbaréach, « le prince le plus près du trône », comme disent les Khmers, qui expédie les affaires. Il fait son apprentissage de roi et veille sur le royaume qu'il est appelé à gouverner un jour.

Autrefois, il est probable qu'il était plus qu'aujourd'hui une sorte de vice-roi ; peut-être exerçait-il quelque

(1) *Upa-raja* chez les Birmans.

pouvoir sous l'autorité du roi; on le voit maintes fois, en 1561, en 1566, et en 1621, commander l'armée et sauver l'empire.

Quand le roi veut faire de celui qui porte le titre d'Obbaréach un Obbajouréach, c'est, je l'ai démontré plus haut, qu'il veut l'éloigner du trône et nommer en son lieu et place un Obbaréach de son choix, afin de lui assurer le trône après lui. Il le considère alors comme un Obbaréach qui a abdiqué son droit à la couronne.

L'Obbaréach est donc bien le prince héritier présomptif de la couronne. Aussi voyons-nous rarement l'Obbaréach se révolter contre le roi dont il est le successeur naturel et présomptif, celui que choisiront certainement les mandarins après sa mort.

L'Obbajouréach, surtout quand il n'est pas, — par suite d'une dérogation aux coutumes anciennes, — le roi démissionnaire, au contraire, aspire au trône, au gouvernement tout au moins, et devient rebelle beaucoup plus souvent que l'Obbaréach ; c'est que, dans ce cas, le roi a voulu, en l'honorant du titre d'Obbajouréach, lui retirer celui d'Obbaréach qui lui mettait le pied sur la première marche du trône ; c'est que l'Obbajouréach a été fait Obbajouréach malgré lui, c'est qu'il se considère victime d'un déni de justice. Alors, les mandarins, l'opinion publique sont pour lui, et il engage la lutte. L'un d'eux triomphe de Préa-Outey, est vaincu ensuite, puis, après deux règnes, en 1590, soutenu par les mandarins qui n'ont pas oublié son droit, l'injustice dont il a été victime, *et qui l'aiment*, il monte sur le trône.

Quand, en 1625, après la mort de Préa-Chey-Ches-Sda, le trône devient vacant, l'héritier présomptif est un autre Préa-Outey, frère du défunt, mais ce prince refuse le trône, change son titre d'Obbaréach en celui d'Obbajouréach, gouverne trois ans, et fait élire son neveu, fils du roi défunt (1629). En changeant de titre, il abdique ses droits et marque sa volonté de ne pas succéder; d'héritier il devient celui qui ne veut pas être roi, quelque chose comme un roi qui a abdiqué. Dans ce cas, le titre d'Obbajouréach lui convient pleinement.

Nous retrouvons cette autorité, l'Obbaréach, dans tous les royaumes de l'ancien Laos et au Siam avec le même caractère. Ce sont ces princes que les Européens désignent sous le nom de ***seconds rois***, terme impropre puisque l'autorité royale tout entière demeure entre les mains de ceux que, par une erreur du même genre, nous nommons ***premiers rois***.

Au Cambodge, l'Obbaréach a cinq provinces (1) en apanage, un trône surmonté d'un parasol à cinq étages, un conseil de cinq grands mandarins à dix ***sac*** (2), ses ministres, ***nommés par le roi;*** sa cour est calquée sur les deux autres, mais moins populeuse. Son titre actuel est : « ***Somdach-préa-hariréac-nuchanéat-chéat-vor-pong-essora-moha-thep-bodin-thor-norinthor-visothi-vong-prommâ-chey-métai-jakum-vibol-atha-mujeasrai-mohai-sorja-moha-paren-réach-rotha-nachac-ackha-maha-bârâs-réach-barom-néat-bôrpit-krom-préa-réach-véang-bâvâr-pheactra-maha-Obbaréach-Krung-Kam-pouchéa*** » (3), c'est-à-dire « grand, précieux fils de Hariréac (un des titres de son père), frère cadet, issu d'une famille illustre, grand parmi tous sur la terre, ***victorieux***, plein de mansuétude, infaillible, haut gradé (4), grand Obbaréach du royaume du Cambodge ».

Ce titre concédé au frère cadet du roi en 1867, après sa soumission sera, conformément à une ordonnance

(1) Ce sont les provinces de Lovéa-Em, Ka-Thom, Péam-Rang, Khsach-Kandal et Kong-Pisey. Le gouverneur de la première de ces provinces a neuf *sac* et les quatre autres chacun huit *sac*.

(2) Dix degrés de dignité.

(3) *Annuaire du Cambodge*, 1892, p. 203.

(4) Moura, *loc. cit.*, t. I, p. 228.

royale de réformes datée du 15 janvier 1877, purement honorique, comme au Siam, après la mort de l'Obbaréach actuel ; il ne donnera plus accès au trône et cessera d'être une indication pour les mandarins grands électeurs, au cas où ceux-ci ne perdraient pas au profit du Protectorat, à la mort du roi Norodom, ce droit d'élection qu'ils ont *peut-être* encore. De même, l'Obbaréach perdra son apanage et n'administrera plus les provinces qui le composaient. Comme aujourd'hui, il touchera des honoraires, et ne sera plus que l'ombre d'une dignité quasi-royale qui tenait une grande place dans l'ancien Krung Kampouchéa.

VIII

LA REINE-MÈRE

La reine-mère ou la reine-grand'mère n'est pas un personnage politique. Cependant elle jouit d'un apanage formé de trois provinces (1) et en tire ses revenus, mais hors de ce territoire elle ne jouit légalement d'aucune autorité.

Malgré cela, nous voyons nombre de fois, dans l'histoire du Cambodge et je dirai aussi dans l'histoire des autres peuples de l'Indo-Chine, la reine-mère ou grand'-mère exercer, au moment de l'élection, une grande autorité morale, avoir une influence décisive et jouir, près de son fils ou de son petit-fils, d'une grande considération politique. C'est que la *mère* chez ces peuples d'Extrême-Orient est une personne sacrée, toujours respectée du fils (2). En outre, la mère d'un roi, femme d'un roi décédé, a été sacrée reine ; elle a pris sa petite part de l'autorité royale en partageant la vie, les espérances, les chagrins de celui que les mandarins avaient choisi et élevé au trône, et ce caractère acquis de veuve sacrée d'un roi, joint à sa qualité naturelle de mère d'un autre roi en fait un personnage toujours respecté par le roi et

(1) Ce sont les provinces de Prey-Kedey, Anlong-Réach et Mouk-Kompoul.

(2) « Une mère est plus que mille pères, disent les Indiens, car elle porte et nourrit l'enfant dans son sein ; voilà pourquoi la mère est très vénérable... Si la Terre est adorée, une mère n'est-elle pas plus digne encore de vénération. » *Digest of Hindu Law*, trad. de Colebrooke. Calcutta. 1801, t. III, p. 504 ; cité par Michelet, dans *Origines du Droit français*.

toujours vénéré par le peuple. Femme d'un roi, sa puissance est presque nulle, veuve elle est considérable pendant l'interrègne, à l'heure de l'élection, mère d'un roi elle est moindre, mais elle a droit à la considération royale et populaire ; ses conseils sont tenus en grande estime et c'est souvent dans son grand caractère de veuve et mère de rois que nous trouvons, à certaines heures, le courage et l'énergie tombés du trône, le respect des choses du passé, un patriotisme éclairé et ferme au milieu des circonstances troublées et une certaine puissance de décision.

Je pense, en écrivant ces lignes qui surprendront beaucoup de gens, au grand respect que le roi Norodom, qui ne respecte rien, a pour sa mère, au rôle considérable que joua cette vieille et honorable princesse pendant l'insurrection de 1885-1886, aux consultations nombreuses que son fils lui demanda ; je pense aussi à l'énergie de la mère de Tu-Duc, à la profonde vénération que cet empereur d'Annam avait pour elle, à l'ignorance dans laquelle il crut devoir la laisser de l'abandon à la France des provinces méridionales conquises par nous et dont il espérait toujours la rétrocession.

Au Cambodge, nous trouvons plusieurs fois la reine-mère ou la reine-grand'mère maitresse des destinées du royaume. En 1588, c'est la reine-grand'mère, Préa-Tevi-Khsattrey, qui, « touchée des malheurs du peuple et reconnaissant l'indignité de son petit-fils (1), prit conseil des grands mandarins et envoya des ambassadeurs au roi de Siam, pour lui exposer la situation politique du Cambodge et le supplier de laisser rentrer dans leur pays l'Obbajouréach et Préa-Outey, qui étaient détenus à Siam depuis la capitulation de Lovec, en 1583 » (2). C'est elle

(1) Le prince Nhon, qui administrait le royaume avec le titre d'Obbaréach.

(2) *Annales royales du Cambodge*, dans Moura, *loc. cit.*, t. II, p. 55.

qui, deux ans plus tard, fit élire au lieu et place de son petit-fils indigne, l'Obbajouréach (1), qui était son beau-frère, frère du roi Préa-Barommo-hentac-Réachéa, son mari, qui avait abdiqué en 1574.

En 1859, nous voyons encore une reine-grand'mère, la mère du roi Ang-Duong, qui venait de mourir, rassembler les mandarins et leur faire nommer son petit-fils aîné (Norodom), conseiller sa politique et agir partout pour paralyser la révolte de ses deux autres petits-fils plus jeunes.

Mais, je le répète, cette grande autorité n'est pas légale; elle n'est qu'accidentelle et tient plutôt de la condition privée, du respect que la reine-mère inspire que de la condition politique de celle qui l'exerce.

L'ordonnance royale du 15 janvier 1877 que j'ai déjà citée plus haut a statué que la reine-mère n'exercerait plus aucun pouvoir dans le royaume, c'est-à-dire qu'elle n'aurait plus d'apanage.

Le titre de la reine-mère actuelle est : ***Préa-réach-savan-ney-srey-sitho-pheavanéath-pakaset-pithyéa-sray*-Somdach-préa-vor-réach-chini-campouchéa-*thuppe-dey-réach-mot-srey-santho-tham-macha-reya-meta-setal-hatey-ano-pamay-ponh-phéa-kosal-mongcol-ratan-khatéyéac-préa-séthy-pirpith-mahé-sorasac-khacté-mahé-sova-réac-sochea-tac-chéata-maha-krasat-trey-oudom-barom-barpith***, c'est-à-dire : « Reine à la parole agréable, bonheur suprême, sage et protectrice des peuples, ***digne d'être la plus grande mère d'un roi suprême***, maître de tous les peuples du royaume de Kampouchéa, mère du glorieux roi, pieuse, juste, équitable,

(1) C'est ce même prince qui fut fait Obbajouréach malgré lui et dont j'ai parlé plus haut. Le roi Préa-Barommo, etc., le mari de la reine-grand'mère dont il est ici question, lui avait retiré, on s'en souvient, le titre d'Obbaréach, avait donné ce titre à son fils cadet et avait abdiqué en faveur de l'aîné.

cœur doux, compatissante et sensible au malheur des peuples, la plus grande bienfaitrice de la religion, comme la pierre précieuse envoyée du ciel par la providence, reine d'une dignité sublime à laquelle est dévolu le droit de régler toutes les affaires, glorieuse, née d'une famille illustre, plus élevée que les autres, plus précieuse que les personnes les plus distinguées du royaume (1). »

On lui rend les honneurs royaux et, le jour même du couronnement de son fils, on la sacre elle-même en lui versant l'eau lustrale sur la tête.

(1) J'ai souligné le passage de son titre par lequel on la désigne le plus communément.

IX

LE PRÉA-KEU-FÉA

M. Moura pense que ce titre est réservé au fils aîné du roi, alors que l'un des oncles est Obbaréach et que les fonctions qu'il confère sont à peu près celles « qui étaient autrefois, chez nous, dévolues au lieutenant général du royaume, dont le titulaire était un membre de la famille royale » (1). Ce titre est, en effet, celui du prince héritier en 1588, celui qu'il laissa pour prendre le titre d'Obbaréach et qui lui fut concédé quand, sur l'avis de sa grand'mère, les mandarins lui préférèrent son oncle. Mais, en 1654, nous voyons le même titre porté par un cousin du roi régnant, par Préa-Ang-Em, cousin du roi Chan; en 1697, c'est un neveu du roi régnant qui porte ce titre; et, en 1856, c'est le fils cadet du roi Ang-Duong qui le reçoit.

M. Moura s'est trompé. Le titre de Préa-Keu-Féa n'est pas le titre réservé au fils aîné du roi, quand ce fils n'est pas le prince héritier; il est le titre, à mon avis, d'un membre de la famille royale qui ne doit pas aspirer au trône. Je suis tenté de voir dans ce titre celui du prince le plus près du trône après l'Óbbaréach, mais non un titre exclusivement réservé au fils aîné du roi.

Quoiqu'il en soit, le Préa-Keu-Féa était autrefois un personnage puissant, aux attributions peut-être mal définies, que les rois ont eu de la peine à contenir. On le

(1) *Loc. cit.*, t. I, p. 229.

voit quelquefois fomenter la révolte et jouer un rôle considérable dans les guerres civiles.

Dans deux circonstances, le Préa-Keu-Féa devient régent du royaume, il administre pendant un interrègne, expédie les affaires comme un roi, mais toujours il cherche à s'approprier la couronne. Il échoue en 1583, bien qu'il ait pris le titre d'Obbaréach, parce que les mandarins qui ne l'ont pas autorisé à prendre ce titre, lui ont préféré son oncle; il se révolte, mais vaincu et pris il est décapité. En 1714, un autre Préa-Keu-Féa nommé Ang-Em est plus heureux et parvient à s'asseoir sur le trône.

Le Préa-Keu-Féa, que sa fonction et son titre éloignaient du trône, était un personnage trop puissant dans le royaume pour ne pas y aspirer.

On ne trouve pas que ce haut dignitaire ait jamais reçu un apanage, mais il est probable qu'il en avait un.

Ce qui est certain, c'est que ce personnage héritier très *éventuel* du pouvoir suprême, en l'absence de loi successorale bien définie, a toujours été pour le Cambodge un élément de trouble et une cause de décadence. Le dernier Préa-Keu-Féa a été l'Obbaréach actuel et, comme presque tous ses devanciers, ce prince a été un rebelle.

X

LE MAIRE DU PALAIS

Le *Somdach-Préa-Ang-Keu,* voilà encore un mandarin dont on retrouve le titre au travers des chroniques royales, dont le souvenir est resté dans la mémoire du peuple, parmi les mandarins surtout, mais dont il est très difficile de déterminer la fonction exacte. Ce qui est certain cependant, c'est qué cette fonction était en dernier lieu confiée à un Préa-Vongsa et que celui qui en était revêtu était le premier des mandarins et leur chef direct.

En 1664 de notre ère, le Somdach-Préa-Ang-Keu Sothon, nommé par le roi, recevait la province de Chhœung-Prey en apanage (1) et j'ai quelques raisons de croire que cette province demeura jusqu'à nos jours celle de ce dignitaire.

En 1859, nous trouvons un vieux mandarin nommé Méas, Préa-Vongsa d'origine, à la tête du gouvernement; il porte ce titre de *Somdach-Préa-Ang-Keu* et jouit près de la reine-grand'mère, près des princes, près des mandarins et dans le peuple d'une influence considérable qu'il doit non seulement à son caractère très honorable,

(1) *Un roi centenaire au Cambodge*, dans *Exploration et Missions*, de Doudart de Lagrée, p. 327. — Je sais bien qu'il n'y a pas eu de roi centenaire, mais je crois son histoire faite avec celle de plusieurs autres rois confondus sous le nom de l'un d'eux et qu'elle contient de nombreux détails historiques très sérieux et très précieux; peut-être n'est-elle que l'histoire très allongée de Préa-Chey-Ches-Sda, qui a régné sept années et qui est mort à cinquante-deux ans (1625).

mais surtout à sa dignité. Il préside le conseil des grands mandarins qui élit le roi Norodom et, après l'élection, il devient le chef du conseil des ministres.

Il parle haut et commande aux princes; il fait des remontrances au roi et le roi n'ose pas ne pas en tenir compte.

Quand Si-Votha (1), mécontent de l'élection de Norodom, qui fait de lui, — qui avait espéré usurper le pouvoir, — un héritier éventuel du trône, venant après Si-Savat, il sent devant lui deux obstacles, sinon trois : le roi, qui tient le pouvoir et le Somdach-Préa-Ang-Keu, qui veille et qui le défend. Il songe alors à les faire poignarder l'un et l'autre et, avec l'aide de ses partisans nombreux, à culbuter son frère Si-Savat et à se faire décerner la couronne par les mandarins terrifiés et sans chef. Le Somdach-Préa-Ang-Keu apprend le projet, il appelle le prince Votha chez lui, lui fait des remontrances sévères et le prince effrayé tombe à ses pieds et lui demande pardon. « J'ai appris, lui dit-il, que, pour arriver au trône, vous avez résolu de nous faire tuer, le roi et moi. Vous voulez prendre le pouvoir à votre frère aîné auquel il revenait de préférence à vous; à son défaut, c'était à l'Obbaréach qui est plus âgé que vous que le trône pouvait échoir et non à vous... Le roi, votre père, m'a nommé Somdach-Préa-Ang-Keu et m'a ainsi placé au-dessus de tous les mandarins, au-dessus de tous les princes. Vous ne savez donc pas que c'est à moi que vous devez obéissance et non moi qui dois vous obéir; je suis votre chef parce que le roi votre père l'a voulu et que le nouveau roi le veut aussi et vous n'êtes pas le mien. Vous êtes faible et je suis fort et c'est pour cela que vous parlez de me faire poignarder ».

(1) Mort, toujours rebelle, en janvier 1891, à poum Krak, province de Sambau.

Quand, plus tard, Norodom veut agir contrairement aux coutumes ou violer les lois, le Somdach-Préa-Ang-Keu vient au palais et, devant tous les mandarins, il s'adresse au roi : « Vous ne devez pas faire cela, dit-il, vous ne pouvez pas agir ainsi, la loi le défend, ce n'est pas conforme aux coutumes ». Les mandarins frémissent, le roi ne répond pas, son front s'est assombri, mais il ne fera point ce que le Somdach-Préa-Ang-Keu a déclaré contraire à la loi et aux coutumes. Le haut dignitaire le sait; il salue humblement le roi, puis il se retire. Comme il passe la porte, le roi sourit et murmure en regardant les mandarins accroupis à ses pieds : « Le Somdach-Préa-Ang-Keu est bien ennuyeux, il ne mourra donc jamais » (1).

Il mourut, âgé de quatre-vingts ans, de mort naturelle et la dignité qu'il avait si fièrement portée disparut avec lui (2).

Je suis tenté de voir à l'origine dans ce haut mandarin, chef de tous les mandarins, qui commande aux princes, et fait des remontrances au roi en présence des grands du royaume, une sorte de pouvoir modérateur de la puissance royale; quelque chose comme un grand mandarin chargé de veiller à ce que le roi ne viole pas les coutumes anciennes et les lois du royaume. Sa puissance était énorme puisqu'il était le chef des mandarins et des Vongsa et que tout le monde lui devait obéissance.

Le roi lui-même devait tenir compte de son opinion car, en certaines circonstances, son pouvoir pouvait contrebalancer le sien; il pouvait convoquer le Pothi-Salaréach et le Somdach-Chau-Phnhéa pour examiner la

(1) Henri II d'Angleterre et Raymond VI, comte de Toulouse, n'en dirent pas davantage quand ils voulurent faire assassiner : le premier, Thomas Becket; le second, Pierre de Castelnau.

(2) Tous les détails de ces deux scènes m'ont été donnés par un vieux mandarin et, depuis, confirmés par un autre.

conduite du roi, pour soulever les mandarins et appeler au trône un autre prince.

Peut-être autrefois, à la réorganisation du Cambodge, au XIIIe ou au XIVe siècle, le Somdach-Préa-Ang-Keu était-il, comme le roi, nommé par tous les grands chefs qui avaient aidé à la fondation de la monarchie khmère actuelle et avait-il pour mandat de surveiller le monarque pour le compte de ceux qui l'avaient élu.

Je sais bien que cette opinion m'est personnelle, qu'elle n'est pas suffisamment basée sur des faits pour s'imposer, mais on conviendra, — quand on saura que le Cambodge était autrefois une monarchie modérée par une organisation féodale des provinces, — que ce qui précède donne à cette opinion une grande apparence de vérité.

NOTE. — Ceci était écrit depuis longtemps déjà lorsque l'Ocnha-Déchou, gouverneur de la province de Kompong-Soai, me donna, en mars 1893, les renseignements suivants qui viennent justifier mon opinion *a priori*.

Le Somdach-Préa-Ang-Keu portait un titre *Somdach* que ne portaient que trois ou quatre mandarins, un titre royal qu'on trouve dans le titre de la reine-mère et dans celui du chef des bonzes. Le dernier Somdach-Préa-Ang-Keu fut, comme tous ses prédécesseurs, nommé par le roi, mais avec le consentement de tous les mandarins du royaume et de cette façon :

Tous les mandarins furent convoqués et, au milieu d'eux les *sdach-tranh* (1) et les ministres se rassemblèrent. Le roi Ang-Duong parut et, après avoir prononcé quelques paroles sur l'état du pays, sur la nécessité de nommer, conformément à l'antique usage, un Somdach-Préa-Ang-Keu qui assurerait la tranquillité du pays et sa bonne administration, il leur proposa le Vongsa Méas, *namœun* (2) bien connu par sa sagesse et par sa connais-

(1) Feudataires, gouverneurs généraux.
(2) Fonctionnaires.

sance des lois et des coutumes, par sa justesse d'esprit et son bon conseil.

Les mandarins déclarèrent qu'ils n'avaient aucune objection à présenter et qu'ils acceptaient le Vongsa Méas pour Somdach-Préa-Ang-Keu. Alors, le roi, conformément à l'ancien usage, leur déclara qu'ils avaient trois mois pour formuler une opposition et que si, dans trois mois, nulle voix ne s'était élevée contre le Vongsa Méas, il entrerait en fonctions et prendrait le titre que le roi lui donnait. Aucune protestation ne surgit au cours des trois mois qui suivirent cette assemblée, ajouta le Déchou et le Vongsa Méas fut Somdach-Préa-Ang-Keu par-dessus tous les namœun.

Ce n'est pas tout à fait l'élection par les mandarins, par les grands du royaume, mais on conviendra que le mode adopté en cette circonstance s'en rapproche beaucoup et qu'il y a des raisons de croire que, dans l'antiquité, le mode primitif était l'élection absolue par les grands feudataires et que le Somdach-Préa-Ang-Keu était bien, au palais et près du roi, le représentant de ceux qui l'avaient élu, quelque chose comme un maire du palais.

XI

LE POTHI-SALARÉACH

Le Pothi-Salaréach était un haut dignitaire du royaume placé au-dessous du Somdach-Préa-Ang-Keu et au-dessus des ministres.

Il était placé non sous les ordres du Somdach-Préa-Ang-Keu, mais à côté de lui, avec la mission de surveiller les dignitaires du royaume, de recevoir leurs réclamations et aussi de les poursuivre devant les tribunaux, quand ils étaient accusés soit par le roi, soit par les ministres, soit même par des *réas* ou hommes du peuple.

Bien que censeur reconnu des dignitaires, — on disait autrefois des nobles (*trakaul*) quand le pouvoir dans les *dey* et les *chau-muong* (1) se transmettait dans les mêmes familles, — il n'était pas leur chef. Ils avaient un chef, et ce chef était le Somdach-Préa-Ang-Keu, le plus grand des dignitaires du royaume.

Le Pothi-Salaréach était nommé par le roi et choisi parmi les dignitaires ou les Vongsa qui avaient rendu de grands services à l'Etat. Peut-être était-il autrefois, comme le Préa-Ang-Keu, élu par les mandarins, et, plus spécialement que ce dernier, chargé de les défendre et de les poursuivre devant les tribunaux.

Avec le Somdach-Préa-Ang-Keu et le Somdach-Chau-Phnhéa, il faisait partie du tribunal secret qui devait

(1) *Dey*, c'est-à-dire provinces ; *chau-muong*, c'est-à-dire districts.

être saisi des plaintes portées contre le roi et les examiner comme j'ai dit plus haut.

Autant que je puis m'en rendre compte, sa fonction en ces derniers temps était amoindrie; elle paraissait se confondre avec celle du Somdach-Préa-Ang-Keu. Mais il pourrait bien se faire que, dans le passé, alors que le Somdach était surtout chargé de surveiller le roi pour le compte des mandarins, de défendre les droits et les prérogatives de ceux-ci, et d'obliger le prince à gouverner conformément aux lois et aux coutumes anciennes, le Pothi-Salaréach fut plus spécialement chargé de sauvegarder les intérêts individuels de chacun des mandarins et de maintenir une certaine discipline parmi eux.

Ce qui parait incontestable, c'est qu'il était dépositaire du *Lakkhana-tos-Salaréach* qui est la loi qui garantit aux rois, à l'Obbajouréach, à l'Obbaréach, à la reine-mère, aux princes et aux princesses, aux mandarins, certains avantages, certaines prérogatives très anciennes. A ce titre, il était quelque chose comme le *Préa-Chauvéa-Vinichay*, le grand-juge des dignitaires.

Tandis que celui qui insultait, tenait des propos injurieux pour le Somdach-Préa-Ang-Keu, était puni d'une amende de 6 anchin, celui qui injuriait, méprisait en paroles le Pothi-Salaréach était puni d'une amende de 5 anchin, c'est-à-dire d'une amende d'un anchin plus élevée que celle prononcée contre un homme qui aurait injurié un ministre (1). Cette disposition de la loi nous indique la place que le Pothi-Salaréach occupait dans la hiérarchie des dignitaires. Il était sur le même rang que le Somdach-Chauvéa, le Somdach-Chau-Phnhéa et le Somdach-Chetta-Montrey, dont il pouvait, par intérim et provisoirement, réunir les fonctions à celle qu'il tenait du roi.

(1) *Crâm-Prom-Mholon*. art. 10.

XII

LES MANDARINS

Les mandarins, au Cambodge, sont non seulement des dignitaires, mais aussi et surtout des fonctionnaires. Leur titre leur est apporté par la fonction qui leur est confiée, et s'ils le conservent, ou plutôt si, dans le peuple, on continue de le leur donner quand ils ne sont plus fonctionnaires, c'est par pure condescendance et contrairement à la règle. Chaque fonction comporte son titre propre et quand le roi ou ses ministres nomment un fonctionnaire, ils lui donnent le titre attaché à la charge qui lui est confiée.

Les deux mots génériques qui désignent les mandarins au Cambodge sont ***namœun*** (1) ou ***montrey***, dont la signification étymologique n'a point encore été suffisamment déterminée et que nous traduisons librement et indistinctement par les mots ***mandarins***, ***dignitaires***, ***fonctionnaires***. A tort assurément, puisque les mots cambodgiens ou baly qui correspondent à ces termes sont ***thom***, ***maha*** (grand), ***ngéar*** (dignité, fonction), ***dôc sdôm*** ou ***chec dôc sdôm*** (dignitaire).

Quoi qu'il en soit, le mandarin est toujours un fonctionnaire qui tient personnellement sa fonction du roi, de ses ministres ou des gouverneurs des provinces. A ce

(1) *Namœun* me paraît cependant provenir du sanscrit, *naman* et du bali *nama*, « nom », qui ont donné *néum* en cambodgien, *naman* en zend, *nama* en langue malaise, *nam* en langue persane et hindoustane. Dans ce cas, *namœun* voudrait dire : qui a un nom, un titre, qui est vénéré.

titre, il ne peut transmettre sa dignité à ses enfants et ceux-ci n'ont pas plus de droit au mandarinat que les autres hommes libres. S'ils peuvent être considérés comme une classe, on ne peut dire qu'ils sont une caste ou une aristocratie héréditaire; ils sont simplement une classe dirigeante dans l'Etat, mais une classe qui se recrute constamment dans la masse du peuple et qui ne se compose que de gens susceptibles à chaque instant de redevenir ce qu'ils étaient avant d'être fonctionnaires, *menus réas*, hommes du peuple.

Cependant, cette catégorie du peuple khmer, ces fonctionnaires à titre précaire sont, dans l'Etat, une puissance collective avec laquelle il faut toujours un peu compter; ils ont leurs clientèles, leurs amis, leurs partisans, leurs serviteurs, et, si le roi est tout puissant en haut, ils ont autour d'eux, chacun dans une petite sphère, une certaine autorité qu'il faut ménager. Leur dignité ne tient qu'à un fil, mais ce fil, le roi et ses ministres ont quelquefois hésité à le trancher, alors surtout que ceux qui le tenaient exerçaient une fonction importante et s'étaient signalés par leur courage et leur énergie. Dans ce cas, on a plus d'une fois eu recours soit au meurtre soit à l'empoisonnement.

Il est probable qu'autrefois leurs fonctions étaient moins précaires, leur autorité plus grande et mieux défendue contre les caprices du monarque; mais alors, plus qu'aujourd'hui, ils etaient un élément de troubles dans l'Etat et une force insurrectionnelle que les princes qui aspiraient au trône se disputaient. Il y a vingt ans à peine ils avaient encore un chef qui, chargé de les surveiller, était aussi et naturellement devenu leur protecteur; c'était le Somdach-Préa-Ang-Keu dont j'ai parlé plus haut, personnage puissant, censeur hardi qui jouissait vis-à-vis du roi lui-même du droit de remontrance. Ce chef était nommé par le roi, et choisi par lui parmi les Préa-Vongsa, mais qui sait, si, dans le passé, ce n'était pas eux, les mandarins qui le nommaient, quand ils élisaient le roi, le choisissaient parmi eux et le chargeaient de surveiller le gouvernement et de veiller à ce que le roi ne cessât pas d'observer les lois et de respecter les coutumes de l'antiquité. Alors, par ce haut fonctionnaire, les mandarins avaient en principe un œil toujours ouvert dans le palais, et une autorité constante près du roi; par elle, leur pouvoir suprême s'exerçait sur la personne royale et lui rappelait son origine élective et leur puissance. Je dis *en principe* parce que ce haut fonctionnaire, ce censeur élu par les mandarins, peut-être seulement par les grands mandarins, devait être non seulement un danger pour le roi, mais aussi un danger pour ceux qui l'avaient élu; les faveurs royales devaient le corrompre souvent et lui faire, à lui aussi, oublier son origine. C'est assurément pour rallier au roi cet ennemi naturel du despotisme royal, que le roi dut obliger les mandarins à le choisir parmi les Vongsa qui sont ses arrière-cousins, ses parents. Cette réforme a certainement diminué l'influence des mandarins et ruiné en partie leur autorité. Mais j'ai montré plus haut un Somdach-Préa-Ang-Keu, nommé par Ang-Duong, choisi parmi les Préa-Vongsa, qui paraissait savoir quel était son droit et quelle devait être son action sur le roi.

Je montrerai plus loin quel rôle était encore celui des mandarins quand je dirai quel était hier encore celui du peuple, et quand je rappellerai, à propos de la promulgation des lois, les bribes de l'autorité populaire qui gisent à terre, et dont on ne parait plus guère soupçonner l'importance historique.

Quoiqu'il en soit les mandarins aujourd'hui sont divisés en deux grandes classes: les mandarins de l'intérieur (du palais) et les mandarins de l'extérieur, c'est-à-dire des provinces.

Je parlerai des seconds quand je m'occuperai des provinces, des gouverneurs et de leurs kromokar (1). Je n'ai donc à étudier ici que la classe des mandarins de l'intérieur.

Ces mandarins de l'intérieur, du centre si l'on veut, sont groupés en quatre somrap ou groupes qu'on distingue par des nombres pali (2) : — le somrap ek ou somrap n° 1 qui comprend les mandarins relevant du roi ; le somrap tou ou somrap n° 2 qui comprend les mandarins relevant de l'Obbajouréach ou roi qui a abdiqué (3) ; le somrap trey ou somrap n° 3 qui, comprend les mandarins qui relèvent de l'Obbaréach ; et le somrap chetva ou somrap n° 4, qui comprend les mandarins relevant de la reine-mère.

Le somrap tou n'existe plus ou plutôt tout son personnel a été versé au somrap ek, parce qu'il n'y a pas d'Obbajouréach et surtout parce que le roi Norodom a préféré le réunir au sien, mais il ne s'est pas perdu dans le somrap royal. Il forme avec lui deux somrap réunis, mais non confondus. Le roi pouvait, « selon de nombreux précédents », au dire de M. Aymonnier (4), donner le somrap toù à l'Obbaréach et le somrap trey à un deuxième prince qui eut pris le titre de Préa-Ang-Keu-Féa. « Ainsi, sous Ang-Duong, le roi actuel, fils aîné, était Obbaréach avec le somrap tou, et l'Obbaréach actuel était *Préa-Ang-Keu-Féa* et avait déjà le somrap trey. » Le roi n'ayant pas voulu rétablir la dignité de Préa-Ang-Keu-Féa, — peut-être pour les raisons que j'ai données plus haut, peut-être aussi parce qu'il la réservait pour

(1) Subordonnés.

(2) Fourès, *Royaume du Cambodge*, dans *Excursions et reconnaissances*, n° 13, 1882, p. 170 et 171, que je suis de très près.

(3) Ce somrap n'existe plus isolé puisqu'il n'y a pas de roi ayant abdiqué ; il a été réuni au somrap ek.

(4) *Dictionnaire français-cambodgien*, p. 13.

son frère Si-Votha, dont il a longtemps espéré la soumission, — a conservé à son service les mandarins du somrap tou.

« Les mandarins de chaque somrap sont divisés en dix classes ou degrés. L'unité pour passer d'un degré à l'autre est le millier ou *pahn* » (1), ou *sac*, mais « les mandarins du somrap tou sont, à égalité de pahn, inférieurs d'un degré aux mandarins du somrap ek », les mandarins du somrap trey sont inférieurs d'un degré aux mandarins du somrap-tou, et ceux de la reine-mère inférieurs d'un degré aux mandarins du somrap trey. C'est-à-dire que, à égalité de pahn, les mandarins de l'Obbajouréach viennent après ceux du roi, ceux de l'Obbaréach après ceux de l'Obbajouréach et les mandarins de la reine-mère après ceux de l'Obbaréach. Il s'ensuit qu'un mandarin à dix pahn de la reine-mère est du même rang qu'un mandarin à sept pahn du roi.

Ce classement n'a plus guère sa raison d'être et je ne vois pas très bien à quoi sert actuellement cette distinction entre les mandarins du même grade mais appartenant à des somrap, à des cours, à des groupes différents. Mais autrefois, dans les grandes cérémonies, quand chacun avait sa place strictement assignée dans les cortèges royaux, elle devait avoir sa raison d'être. Si on observait la loi de Préa-Chey-Ches-Sda, cette distinction trouverait encore son application aujourd'hui, puisque, d'après elle, les fautes des mandarins doivent être d'autant plus punies que leur grade et leur somrap sont plus élevés *(tam bonda sac)*; mais il y a longtemps que cette loi n'est plus exécutée et je dirai même que les mandarins sont, pour le même crime, souvent moins punis que leurs administrés.

(1) J'ai cru devoir écrire *pahn* et non *pdnh* qui me paraît rendre mieux l'intonation du mot khmer, *mille*.

Un autre classement très logique a été admis pour chaque somrap, c'est celui des mandarins par genre de fonctions, par services, par *krom* (1) ou *puok* (2). Je vais les énumérer en suivant la liste que M. Fourès en a donnée en 1882.

Le somrap ek et le somrap tou réunis. — Ces deux somrap n'en forment plus qu'un ; les membres du second ont été versés dans les krom du premier conformément à leur titre. Ce somrap compte alors : dix-sept krom (trois cent quatre-vingt-dix-huit mandarins) placés sous les ordres du premier ministre, le Louk-oenha-aka-moha-sena, ou Chauvéa, sorte de ministre sans portefeuille ; — cinq krom (quarante-deux mandarins) placés sous les ordres du Chakrey ou ministre des transports par terre, et de la guerre ; — treize krom (quatre-vingt-cinq mandarins) placés sous les ordres du Youmréach ou ministre de la justice ; — onze krom (quatre-vingt-dix-sept mandarins) qui obéissent au Kralahom ou ministre des transports par eau et de la marine ; — vingt-cinq krom (deux cent soixante-deux mandarins) placés sous les ordres de l'Ocnha-Véang, ou ministre du palais et des finances.

Soit, en tout, pour les somrap ek et tou réunis : soixante-onze krom ou services, comprenant huit cent quatre-vingt-quatre mandarins, plus les cinq ministres qui en sont les chefs, c'est-à-dire huit cent quatre-vingt-neuf fonctionnaires ayant de dix à deux pahn.

Je distingue, parmi ces soixante-onze krom, — le krom des mandarins chargés de la surveillance des Vongsa ou membres éloignés de la famille royale, — les chefs des bakous que je considère comme étant les descendants

(1) Ce mot veut dire, *sous, dessous, au-dessous, suite ;* dans ce cas *suite de mandarins.*

(2) Ce mot veut dire *corporation, corps, association, service.* Pour équipage de barque, on dit *Puok-capal.*

des anciens rois Varmans, — l'astrologue, — les mandarins chargés d'exposer les affaires au roi et de transmettre ses ordres, – les mandarins de son entourage, — ceux qui sont chargés de lui exposer les affaires du royaume, — ceux qui sont chargés de porter devant lui les étendards en temps de guerre, — les devins chargés du calendrier, — les mandarins chargés des statues du Bouddha et de veiller à l'observance des dogmes de la religion, — les juges et les agents des tribunaux royaux, — les mandarins chargés des registres de la population, — les pages et les chefs des serviteurs du roi, — les chefs de la cavalerie, — les gardes du roi qui sont aussi chargés de la construction des maisons et de différents emplois selon les besoins du service, — les conseillers du roi quand il sort et ses licteurs, — les receveurs des frais de justice et de la part du roi dans les amendes, — les mandarins chargés d'exécuter les ordres du Chakrey, — ceux qui sont chargés des éléphants royaux, — ceux qui sont chargés de surveiller les dompteurs d'éléphants, — les mandarins qui sont chargés de l'entretien des voitures du roi, — ceux qui sont chargés de la réception des marbres de Poursat, — les mandarins qui reçoivent les ordres directs du Youmréach, — les chefs militaires, — les chefs des magasins à poudre, — les orfèvres et bijoutiers, — les surveillants des forgerons royaux, — les surveillants des fondeurs royaux, — les sculpteurs, — les ouvriers chargés d'orner les monuments avec des feuilles de cuivre, — les ouvriers du mica, — les tailleurs de diamants, — les dessinateurs, — les doreurs, — les tourneurs en bois, — les mandarins du Kralahom, — les artilleurs, — les chefs des rameurs sur les bateaux du roi, — les gardiens de la personne du roi pendant ses voyages en bateau, — les gardiens du Grand-Lac, — les constructeurs des jonques royales, — les chefs des pols (esclaves) gardiens des portes du palais royal, —

les chefs des pols qui rament sur les jonques du roi, — les peintres pour bateaux, — les secrétaires et les juges du Kralahom, — les mandarins malais ou chams, — les mandarins qui portent les ordres du Véang, — les gardiens des palanquins royaux, — les gardiens des parasols, — les mandarins chargés de l'entretien des couvertures, draps, nattes, etc., du palais, — ceux qui ont la garde et qui sont chargés de l'entretien des vêtements du roi, de son sabre et de son diadème, — les chefs de la musique du roi, — les magasiniers des paddys du roi, — les magasiniers des riz du roi, — les magasiniers du riz cuit, — les mandarins chargés de la garde des pierres précieuses, des glaces, des perles et généralement de tous les objets en verre, — les magasiniers des étoffes et vêtements de grande cérémonie, — les chefs jardiniers du palais, — les fermiers des jeux, des alcools et de l'opium, — le mandarin chargé des échelles pour monter à éléphant, — les mandarins chargés du service de l'eau pour les bains du roi, — les médecins du roi, — les gardiens chefs des troupeaux du roi, — les cuisiniers du roi, — les tailleurs de bambous pour servir d'aiguilles à classer les papiers, — le chef des danseurs annamites, — les imprimeurs, — les mandarins chargés du télégraphe du palais, — les mandarins chargés de la garde du palais et des femmes du roi, — les secrétaires du roi et du trésor, — les mandarins chinois.

Le somrap trey. — Le palais de l'Obbaréach, son personnel de mandarins si l'on veut, comprend cinq ministres qui sont: — l'Ocnha-Chetha-Montrey (Chauvéa) qui commande à douze kroms comprenant soixante-treize mandarins, — l'Ocnha-Ekaréach (justice) qui n'a qu'un krom de sept mandarins; — le Strey-satup-pa-Véang (ministre du palais), qui commande à dix kroms comprenant vingt-cinq mandarins, — l'Ocnha-Bartès-réach (ministre des transports par eau) qui commande à un krom de sept mandarins,— l'Ocnha-Néarruntréa-Thuppedey (ministre des transports par terre), qui commande à quatre kroms comprenant huit mandarins. Soit en tout vingt-huit kroms et cent vingt mandarins, ayant de neuf à quatre pahn. Les ministres ont seuls dix pahn.

Je distingue, le krom suivant: — les secrétaires du Chauvéa ou premier ministre, — le mandarin spécialement attaché à la personne de l'Obbaréach, — le mandarin chargé de copier les satras, — les mandarins chargés de la surveillance des bonzes et de veiller à l'observation des dogmes de la religion, — les juges, — les mandarins chargés de recevoir les frais de justice et la part de l'Obbaréach dans les amendes, — les mandarins qui portent les étendards de l'Obbaréach, — ceux qui sont chargés de l'eau des bains de l'Obbaréach, — les mandarins chargés des registres de la population, — les pages de l'Obbaréach, — ses gardes ou licteurs, — les mandarins placés sous les ordres du ministre de la justice, — les mandarins placés sous les ordres directs du ministre du palais, — les trésoriers de l'Obbaréach, — le gardien des pierres précieuses, diamants, perles et objets en verre, — ceux qui sont chargés des vêtements de l'Obbaréach, — les magasiniers chefs des paddys et des riz, — les magasiniers du riz cuit, — les fermiers de l'opium, de jeux et de l'alcool, — le bijoutier-orfèvre, — le mandarin du parasol, — le mandarin des tapis et tentures, — les mandarins directement placés sous les ordre du ministre des transports par terre, — le mandarin chef des écuries, — le mandarin chargé de porter derrière l'Obbaréach la boite de bétel, le tabac, etc., — le mandarin chargé de veiller à l'entretien des voitures de l'Obbaréach.

Le somrap chetva. — Le palais de la reine-mère, son personnel de mandarins se compose de trois ministres; ce sont : l'Ocnha-Thippedey-séna ou premier ministre qui commande à neuf krom comprenant soixante mandarins; — l'Ocnha-Vongsa-Muréak ou ministre de la justice et du palais, qui commande à treize krom comprenant soixante-sept mandarins; — et l'Ocnha-réachéa Bavaréach, ou ministre des transports par eau et par terre (marine et guerre) qui commande à six krom comprenant trente-neuf mandarins. Soit vingt-huit krom et cent soixante-six mandarins de neuf à trois pahn. Les ministres seuls ont dix pahn.

Je distingue: — les mandarins qui reçoivent directement les ordres du premier ministre, — les mandarins spécialement attachés à la personne de la reine-mère, — les astrologues, — les mandarins chargés de surveiller les bonzes et de veiller à l'observation des dogmes de la religion dans les provinces formant l'apanage de la reine-mère, — les mandarins chargés de lever les impôts du paddy dans les provinces de l'apanage de la reine-mère, — les mandarins chargés des bains de la reine-mère, — les mandarins chargés de recueillir les frais de jugement et la part des amendes qui reviennent à la reine-mère dans les provinces de son apanage, — les mandarins chargés de porter la boîte de bétel de la reine-mère, — les mandarins placés sous les ordres directs du ministre de la justice et du palais, — les gardiens du palais de la reine-mère, — les trésoriers de la reine-mère, — les mandarins chargés de la conservation des étoffes, — les magasiniers-chefs des paddy, — les magasiniers-chefs des riz, — les juges, — les dessinateurs, — les bijoutiers et orfèvres, — les mandarins chargés de percevoir la dîme des produits du sol autres que le paddy, — les médecins de la reine-mère, — le service du trésor, — les mandarins chargés de la garde des tapis, des nattes, des tentures et du théâtre, — les mandarins placés directement sous les ordres du ministre des transports, — les gardes du palais, — les chefs des esclaves de la reine-mère, — les mandarins chargés des éléphants de la reine-mère et de leurs cornacs, — les mandarins chargés des troupeaux de la reine-mère, — les mandarins chargés des écuries.

Les krom des princes. — A ces quatre somrap, — trois, si on compte pour un seul somrap celui du roi et celui de l'Obbajouréach qui sont réunis, — il faut ajouter les krom de mandarins qui sont attachés à la personne des princes. Ces krom sont au nombre de quatre, les deux premiers qui comprennent chacun six mandarins constituent la suite des deux frères du roi qui viennent après l'Obbaréach ; les deux derniers qui comprennent chacun six mandarins qui forment la suite des deux fils ainés du roi. Chacun de ces krom est soumis aux ordres de l'un de ses membres, le chef, celui qui ajoute à son titre celui de *Chang-véang* ; ce sont des mandarins à cinq ou six pahn.

— Chaque titre comporte avec lui un certain nombre de pahn ou sac et quand un mandarin monte en dignité, il change, — dans le même service par exemple, — son titre contre un autre plus élevé, et le nombre de ses dignités augmente. Cependant certaines parties caractéristiques des titres attribués aux mandarins emportent avec elles un nombre de pahn qui varie entre un chiffre maximum et un chiffre minimum. Je m'explique. Les *Somdach* ont dix pahn ; les *Ocnha* ont tous de six à dix pahn ; les *Préa* ont toujours quatre, cinq ou six pahn ; les *Luong*, quatre ou cinq pahn ; les *Chau-Ponhéa* de quatre à six pahn ; les *Khun* de deux à six pahn ; les *Néai* n'ont jamais plus de quatre pahn ; et les *Mœun* ont de un à trois pahn.

L'avancement n'est ni régulier ni gradué ; un fonctionnaire à deux pahn peut très bien devenir fonctionnaire à cinq et six pahn, sans avoir jamais eu trois ou quatre pahn ; certains personnages sont devenus gouverneurs à six, sept, huit, neuf et dix pahn sans avoir été préalablement mandarins, mais ces faits sont rares et je ne crois pas qu'il s'en soit produit un seul en temps de tranquillité publique (1). Le droit à l'avancement n'existe pas et nul ne peut se flatter, comme en France, d'avoir tel grade à tel âge après tant d'années de service. Il n'y a ni droit à la retraite ni pension bien entendu. Celui qui est trop vieux, trop fatigué, trop partisan de ses aises pour servir, demande son remplacement, l'obtient toujours et se retire chez lui.

En outre de ces trois manières de classer les fonctionnaires que je viens d'indiquer : les mandarins de l'intérieur et les mandarins de l'extérieur ; — les mandarins du somrap ek, ceux du somrap tou, les mandarins du somrap trey, ceux du somrap chetva ; — les mandarins de un, deux, trois, quatre, cinq, six, sept, huit, neuf et dix sac, — il y a encore un autre classement en mandarins de ***droite*** et en mandarins de ***gauche***. « Cette classification des fonctionnaires d'un état est bien ancienne, dit M. Moura, car on sait que le Bouddha distinguait ses disciples en droitiers et gauchers. L'assemblée des démons de Mara comportait également ces deux grandes divisions et nous pensons que les anciens rois de l'Inde avaient accepté ce genre de classification pour leur conseil (2). »

Cette classification ne signifie plus rien aujourd'hui ; aussi n'en parlerai-je que pour indiquer que les provinces sont également classées en provinces de droite et provinces de gauche et que leurs mandarins, leurs gouverneurs, doivent être introduits près du roi par deux mandarins du palais : l'*Ocnha-Moha-Montrey*, qui est

(1) Ce fait s'est produit depuis que ceci est écrit : un simple maire de village est devenu, en 1892, Pus-nu-luc, c'est-à-dire gouverneur à dix sac, sdach-tranh, de la province de Tréang.

(2) *Loc. cit.* I, p. 255.

chargé des provinces de droite et l'*Ocnha-Moha-Tep*, qui est chargé des provinces de gauche. Ces deux sortes de chambellans veillent à ce que les gouverneurs dont ils ont la surveillance viennent prêter, tous les six mois, le serment qu'ils doivent au roi.

Une loi, plutôt une ordonnance royale de Ang-Duong, le *Crâm-Tomrung-Sac*, rendue en 1852, réglemente l'assimilation de tous les mandarins et indique les formules de politesse dans la correspondance administrative auxquelles ils ont droit et celles qu'ils sont tenus de se donner entre eux. Cette ordonnance royale est une sorte de Protocole cambodgien curieux et qui ne paraît être que le reflet d'une réglementation beaucoup plus ancienne, plus fastueuse et surtout plus complète.

XIII

LES MINISTRES

Les ministres chargés d'administrer le royaume sous les ordres du roi sont : le *Chauvéa*, premier ministre; le ***Youmréach***, ministre de la justice; le ***Véang***, ministre des finances et du palais; le *Chakrey*, ministre des transports par terre et de la guerre; le ***Kralahom***, ministre des transports par eau et de la marine.

Voici les titres des ministres actuels :

Chauvéa, premier ministre : *Néac-ocnha*-AKHA-MOHA-SENA (1) ***thuppedey-srey-santho-barom-maréach-maha-mattéya-norchit-pirpith-vorvong-séré-ang-karéac-eh-âc-montrey-aphey-phiry-para-krom-peahuk-sâm-mahac-neay-oc***, c'est-à-dire : « Excellent, très instruit, officier supérieur, glorieux, grand mandarin du roi, de famille élevée, vainqueur des ennemis, veillant sur la personne du roi, officier du premier rang, inébranlable, indomptable, sans peur des ennemis, plus grand que tous les dignitaires du premier rang, et que toute autre personne, chargé de réunir et de surveiller tous les mandarins et de régulariser leurs services. »

Youmréach, ministre de la justice : *Néac-ocnha*-JOUM-RÉACH (2) ***piphéac-théanir-borey-rom-phu-somréach-réa-chéa-car-krom-préa-nokor-bal-audom-crom-peahuc***, c'est-à-dire : « Excellent, très instruit, officier, jugeant les

(1) Les mots pali majuscules sont les titres sous lequel on désigne le plus communément ces hauts fonctionnaires.

(2) Ce titre de *Youmréach* est le titre que porte le roi des enfers.

personnes à la place du roi, surveillant et défenseur du royaume, pouvant juger les affaires, supérieur à ceux auxquels est confiée la défense du royaume (1), de grade élevé, chef d'un service. »

Véang, ministre du palais et des finances, actuellement tenu par deux mandarins ; le premier : *Néac*-OCNHA-THOMÉA-NICAK-*bar-réréak-kanha-réachéa-niviès-audom-krôm-péahuc*, c'est-à-dire : « Excellent, très instruit, supérieur à ceux qui connaissent les *thor* (2) et à ceux qui instruisent les filles et les garçons, chargé de la surveillance des femmes du palais du roi, grade élevé, chef d'un service. » Le second : *Néac*-OCNHA-MONTI-ROBAN-*réachéa-than-bar-réréac-piphéac-sreng-céar-réachéa-niviès-audom-krôm-péahuc*, c'est-à-dire : « Excellent, très instruit, chargé du harem royal, du palais du roi et des femmes du roi, grade élevé, chef d'un service. »

Chakrey, ministre des transports par terre ou de la guerre ; le fonctionnaire qui remplit cette fonction qui, pour l'instant, n'a pas de titulaire porte les titres suivants : *Néac*-OCNHA-RÉACH-DÉCHÉAS-*bar-réréac-couch-chéasa-rotha-audom-krôm-péahuc-sam-mahac-mathay*, c'est-à-dire : « Excellent, très instruit, délégué du roi à la surveillance et à l'administration des éléphants du royaume, grade élevé, chef d'un service, et chef de tous les fonctionnaires du service des transports par terre. »

Kralahom, ministre de transports par eau ou de la marine : *Néac*-OCNHA-SENA-PHU-BET-*sam-mahac-préa*-KRALA-HOM, c'est-à-dire « Excellent, très instruit, général d'un grand roi, chef du service des transports par eau. »

(1) Retenez cette phrase : le Youmréach chargé de la justice, jugeant au nom du roi est supérieur à ceux auxquels la défense du royaume est confiée. Cette déclaration qui met le service de la justice au-dessus du service militaire me paraît remarquable.

(2) Prières en langue bali.

Cette composition du *shéna-bot-dey* (1) ou « conseil chargé du royaume » ne paraît pas avoir varié depuis le commencement du XVIIe siècle; l'histoire d'un roi centenaire, faite avec celle de plusieurs rois de cette époque, recueillie par M. Doudart de Lagrée (2) nous donne le même nombre de ministres, la même dénomination pour chacun d'eux, mais ils sont placés dans un ordre différent: le Kralahom vient le premier, puis après lui sont nommés, le Véang, le Youmréach, le Chakrey et le Chauvéa.

Cependant, et c'est un point qu'il convient de faire ressortir, le véritable shéna-bod-dey à proprement parler ne compte que quatre ministres. Le Chauvéa n'en fait point partie, et j'ai vu des proclamations, des circulaires émanant du shéna-bod-dey, signées des quatre ministres où ne figuraient ni les titres ni le cachet du Chauvéa, J'ajouterai que les expressions *Chado-sdom* (quatre forts. quatre colonnes) et *Chhœung-krus* (pieds du krus; krus, vase ancien à quatre pieds) qu'on emploie aussi pour désigner le shéna-bot-dey ne désigne jamais les cinq ministres, mais le ministère moins le Chauvéa.

Ce dignitaire, aujourd'hui premier ministre, paraît avoir été dans le passé un personnage beaucoup moins important et n'avoir pris place au nombre des ministres qu'au XVIIe siècle. A la mort du dernier Somdach-Préa-Ang-Keu, sous le roi actuel, il semble avoir hérité d'un certain nombre d'avantages réservés jusqu'alors à ce haut mandarin, sans cependant le remplacer dans sa fonction et dans son titre. Il est alors devenu premier ministre sans portefeuille, comme nous dirions, placé au-dessus du shéna-bod-dey qui reçoit ses ordres (3).

(1) Mot à mot : *Conseil-chargé-terre*. conseil chargé du territoire. — Royaume se traduit par *nokor*.

(2) *Explorat. et Missions* de Doudart de Lagrée. Paris, 1883, p. 327-328.

(3) Depuis que ceci est écrit, depuis 1892, le conseil du gouvernement, qui comprend l'ancien shéna-bod-dey et le premier ministre, est ainsi

Au VIIe siècle, sous les Varmans, qui portèrent si haut et si loin la puissance et l'étendue de l'empire des Cambodgiens, les *quatre* plus hauts dignitaires, probablement les ministres, vêtus de costumes « analogues à ceux du roi », qui n'approchaient le monarque que les bras croisés sur la poitrine et les mains sur les épaules, étaient : le *Kou-lo-Chi*, le *Kaosiang-Pin* (ou *Siang-Kao-Ping*), le *Pho-lo-to-lin* et le *Chémo-ling*, dénominations qui sont perdues et qui ne rappellent rien aux Khmers d'aujourd'hui.

Chacun des ministres actuels a sous ses ordres un certain nombre de services, ou *krom* (groupes), de fonctionnaires plus ou moins gradés qui sont ce que nous appelons les mandarins.

Le Chauvéa, ou premier ministre, commande à dix-sept krom; le Youmréach, ou ministre de la justice, à treize krom ; le Véang ou ministre des finances et du palais, à vingt-cinq krom; le Chakrey, ou ministre de la guerre, à cinq krom; le Kralahom, ou ministre de la marine, à onze krom.

Mais ces services sont mal organisés et surtout mal répartis entre les ministres; c'est ainsi que, sous les ordres du premier ministre, sont placés les juges qui devraient relever du ministère de la justice; les porte-étendards, les gardes et les chefs de la cavalerie, qui devraient obéir au ministre de la guerre; les mandarins de la cour et les pages qui, chez nous, relèveraient du

composé : le résident supérieur de France, président d'honneur; l'Ocnha-Akha-Moha-shéna-chauvéa, premier ministre; l'Ocnha-Youmréach, ministre de la justice; l'Oknha-sena-Phu-bet-somo-hac-prea-Kralahom, ministre de la marine; les Ocnha-Thoméa-Nika et Ocnha-Monti-roban, qui remplissent les fonctions de Véang ou de ministre des finances; et l'Ocnha-Réach-Déchéas qui remplit les fonctions de Chakrey ou de ministre de la guerre. — Jusqu'alors la fonction de *Véang* n'avait été tenue que par un seul dignitaire; on ne voit pas très bien ce qui a pu amener le Protectorat à créer deux ministres pour un seul ministère.

ministère du palais; — c'est ainsi que le ministre de la justice est chargé des services de la poudre et des cadres militaires; qui devraient revenir au ministère de la guerre; des ouvriers du palais; qui devraient obéir au ministre du palais, etc.

Chacun des ministres a dans ses attributions spéciales la haute direction d'un certain nombre de provinces, mais cela ne l'empêche nullement d'exercer les fonctions de son ministère sur tout le territoire du royaume. Ainsi, le Chauvéa a la direction de neuf provinces; — le Youmréach celle de cinq provinces; — le Kralahom celle de douze provinces; — les deux fonctionnaires qui remplissent les fonctions de Véang, ont, l'un quatre provinces, l'autre cinq; — le fonctionnaire qui remplit les fonctions de Chakrey a la haute main sur huit provinces (1).

(1) Cette distribution des provinces entre les ministres n'est pas une originalité du peuple khmer : En France, sous Henri II, les quatre sous-secrétaires d'État, qui étaient les ministres d'alors, administraient chacun un certain nombre de provinces; ainsi : le premier administrait la Normandie et la Picardie et suivait les relations avec l'Angleterre et l'Écosse; le deuxième avait la Provence, le Languedoc, la Guyenne et la Bretagne et négociait avec l'Espagne et le Portugal; le troisième avait la Champagne, la Bourgogne, les États du duc de Savoie et négociait avec la Suisse et l'Allemagne; le quatrième avait le Dauphiné et négociait avec l'Italie et l'Orient. — ALFRED RAMBAUD, *Histoire de la civilisation française,* 3e édit., 1888, chap. XXIV, p. 509.

Encore, en 1787, à la veille de la Révolution, le ministre des affaires étrangères avait l'administration de la Guyenne, de la Gascogne, de la Normandie, du Berry, etc.; — le ministre de la maison avait Paris, le Languedoc, la Provence, la Bourgogne, la Bretagne, la Picardie, l'Auvergne, le Limousin, le Bourbonnais, le Nivernais, l'Orléanais, la Saintonge, l'Aunis, etc.; — le ministre de la guerre avait les trois évêchés, la Lorraine, l'Artois, la Flandre, l'Alsace, la Franche-Comté, le Dauphiné, le Roussillon, la Corse, mais il n'avait ni le Béarn, ni la Provence, quoique pays frontière; le ministre de la marine n'avait aucune province, pas même les provinces maritimes; cela tenait sans doute à ce que le secrétariat de la marine n'avait été créé qu'en 1669, quand toutes les provinces étaient déjà distribuées. — *Ibid.*

De plus, les cinq oknha : Réacsa-Essaro, Vongsa-akréach, Youtha-Sang-Kream-thuppedey, Rethieray-sena et Pipeak-Nivès ont la direction, le premier, de deux provinces et les quatre autres de chacun une province.

Autrefois, les ministres tiraient leurs revenus des provinces dont ils avaient la haute direction : « Certains revenus des provinces, dit M. Fourès, étaient laissés en totalité ou en partie à chacun des ministres et formaient ce qu'on appelait l'apanage du Chauvéa, du Chakrey, etc. Ainsi, le Chauvéa percevait dans la province de Chhœung-Prey (1) les impôts sur le paddy, sur l'alcool de riz, sur les jeux et sur l'opium; il avait aussi la part des juges dans les amendes infligées aux voleurs; il jugeait les affaires relatives au culte : bonzes mariés à des femmes demeurant près de la pagode (2), habitants coupant des branches des figuiers sacrés; il condamnait à son profit le délinquant à trois barres d'amende. Il percevait l'impôt sur le cardamome dans la province de Thpong, sur la gomme-gutte dans la province de Kompong-Som (3).

« Le *Chakrey* avait le travail des pols (esclaves sauvages et esclaves cambodgiens (4) achetés par les

(1) Quand cette province faisait partie de celles qui lui étaient confiées, car autrefois elle rapportait au Somdach-Préa-Ang-Keu quand elle constituait l'apanage de celui-ci. J'ai même quelques raisons de croire que le Chauvéa n'a fait que succéder dans cet apanage au Somdach-Préa-Ang-Keu, à la suppression de cette fonction.

(2) Il faut lire ici : « bonzes *défroqués* mariés à des femmes demeurant près de la pagode à laquelle ils appartenaient. »

(3) Je crois que ces droits sur la province de Thpong et de Kompong-Som autrefois constituaient seuls ou avec d'autres qui ne sont pas nommés ici, l'apanage du Chauvéa qui était, je le répète, un personnage beaucoup moins important qu'aujourd'hui.

(4) J'ai mis cette incidente entre parenthèses contrairement au texte de M. Fourès, mais je crois que, pour rendre cette phrase plus claire et plus exacte, il conviendrait de dire « certains pols royaux » et d'enlever les mots « achetés par les mandarins riches ».

mandarins riches). Si les pols (1) voulaient se faire exempter de travailler aux rizières du Chakrey ou de construire ses maisons, ils devaient lui payer chacun vingt ligatures par an. Quand un cambodgien (2) avait apprivoisé un éléphant et avait réussi à en capturer quatre autres, il devait donner au Chakrey l'éléphant apprivoisé.

« Le Véang avait une partie de l'impôt sur l'alcool, les porcs, la soie, les trétaux à cocons, les jardins (3). Si deux jumeaux naissaient dans une de ses provinces, il les avait pour esclaves dans le cas où ils étaient de sexe opposé; si les jumeaux étaient de même sexe, ils devenaient esclaves du roi (4).

« Le Kralahom avait la location des pêcheries et des étangs (5); de même que le Youmréach, il percevait les droits de douane sur certains produits des forêts (6).

« Depuis que les apanages des mandarins ont été supprimés par les ordonnances de 1877 et remplacés par une solde annuelle (7) la plupart de ces revenus ont fait retour au roi (8).

L'ordonnance que cite ici M. Fourès est celle du 15 janvier 1877 dont j'ai déjà eu l'occasion de parler; à la suite de cette ordonnance, les honoraires des ministres cambodgiens furent ainsi fixés : le Chauvéa, six mille quatre cents ligatures; les quatre autres ministres, cinq

(1) Évidemment les pols de ses provinces.

(2) Un cambodgien de ses provinces.

(3) Je crois que cette partie de l'impôt était prélevée par le Véang, ministre des finances, du palais, des magasins du riz et des paddys, etc., sur la totalité de l'impôt royal.

(4) Voyez mon *Droit privé cambodgien*, pages 172 et 174.

(5) De certaines pêcheries et de certains étangs.

(6) Dans tout le royaume, si je suis bien informé.

(7) Cette réforme, oubliée comme bien d'autres, a été reprise en 1884, puis abandonnée en 1887 et reprise en 1892.

(8) Fourès, *Royaume du Cambodge*. dans *Excursions et reconnaissances*. Saïgon, n° 13, 1882, pages 169 et 170.

mille ligatures chacun. Les mandarins d'ordre inférieur devraient toucher des soldes d'autant plus élevées que le nombre de leurs dignités était plus grand. Malheureusement, cette ordonnance royale qu'on avait tant de fois réclamée au roi, qu'on se flattait beaucoup alors d'avoir obtenue et dont on espérait la régénération du Cambodge, qu'on avait tant fait encenser en France, cette ordonnance royale ne reçut aucune exécution; elle demeura lettre morte dans les cartons du Protectorat et le roi ne paya jamais ces soldes si raisonnables qu'elles fussent.

Le coup d'État du 17 juin 1884 fut également suivi d'une réforme semblable, mais les honoraires des ministres furent fixés à un chiffre beaucoup plus élevé qu'en 1877, de 15.000 à 18.000 francs. C'était ridicule dans un pays où un mandarin est très riche avec 200 piastres (600 francs) par mois, mais cette fois-ci, ils furent payés, tout au moins jusqu'en janvier 1887, parce que c'était le trésor royal, entre nos mains, qui les payait avec l'aide d'emprunts considérables faits à la Cochinchine. En 1887, tout fut remis dans l'état antérieur et la solde des ministres tomba de 15 et 18.000 francs à zéro. Comme autrefois, ils durent recourir aux procédés du passé pour vivre, mais les revenus sur lesquels le roi, avec notre consentement, avait mis la main, ne leur furent pas tous rendus. Alors, les fonctions publiques, c'est-à-dire le mandarinat, plus que jamais, devinrent la proie des acheteurs et l'occasion de manœuvres honteuses.

Les ministres ne tirèrent guère de leur situation que ce qu'ils pouvaient attrapper très péniblement. Peut-être ne s'en trouvait-il pas un seul d'entre eux qui put tirer annuellement 4.000 piastres de sa place, parce que les mandarins qui exploitent les ambitions sont aussi nombreux qu'exigeants, et que les ministres sont obligés de laisser commettre à côté d'eux et avec eux des exactions honteuses.

Le roi connaissait parfaitement cette situation et voyait bien que la reprise des revenus d'autrefois concédés aux ministres avait aggravé la situation ; il ne nommait pas un haut fonctionnaire sans savoir que celui qui le lui proposait et dix autres derrière celui-là avaient touché leur part..., mais, comme il touchait la sienne, il laissait faire, plaisantait même, s'enquérait gracieusement de la somme reçue, riait et concluait avec une grande philosophie : « Aujourd'hui, avec les Français, le mieux, c'est de prendre autant d'argent qu'on peut. »

Ce mot royal dit à un grand mandarin, et qui rappelle par son cynisme le « ça durera bien autant que moi » de Louis XV, fit le tour du palais comme un mot d'ordre, passa dans la ville et de la ville dans les provinces. Les mandarins petits et grands ne l'oublièrent pas et le mal empira et grandit ; les places, les fonctions, étant à vendre, devinrent de plus en plus précaires entre les mains de ceux qui les avaient obtenues en les payant, parce que les demandes furent plus nombreuses, les appétits plus avivés et parce que les ministres, les hauts mandarins, n'avaient pas d'autres moyens d'existence que ceux qu'ils tiraient de leurs pilleries et de la vente des fonctions publiques.

Autrefois, le roi distribuait le jour de sa fête, aux ministres et aux autres mandarins, quelques centaines de barres d'argent, quelques milliers de piastres ; de temps à autre il faisait des largesses, mais, depuis juin 1884, son coffre-fort restait clos et depuis janvier 1887 les ministres se trouvaient sans traitement.

Les impôts qu'on prélevait dans le royaume ne lui arrivaient pas tous entiers ; les paddys et les riz de ses magasins étaient journellement pillés et si d'une part les *ocnha-luong* ne percevaient pas dans les provinces tout ce qu'ils devaient percevoir, afin d'augmenter le revenu de leurs fonctions, avec le produit de leurs concussions, d'autre part les mandarins qui sont chargés de surveiller la rentrée de ces impôts en nature et de les emmagasiner ne se privaient guère d'y toucher.

Une semblable situation ne pouvait durer; le Protectorat le comprit dès 1887 et le résident général, M. Piquet, qui avait pacifié le pays, rétabli l'ordre apparent, songea à fondre en un seul budget le budget du royaume et celui du Protectorat, à payer les ministres et les autres fonctionnaires cambodgiens, c'est-à-dire à rétablir l'ordre réel, de plus en plus compromis. Il proposa au gouverneur général de l'Indo-Chine un budget unifié pour 1888, où la solde de chacun des ministres était fixée à 2.500 piastres (10.000 francs). Malheureusement le gouverneur général ne partageait pas la manière de voir du résident général au Cambodge; il repoussa la proposition de M. Piquet et déclara nulle et non avenue l'ordonnance royale déjà préparée par laquelle le roi Norodom avait remis l'administration de ses finances au Protectorat. Les ministres qui avaient espéré un traitement convenable, et les autres mandarins qui savaient que l'arrangement avait prévu une somme de 49,000 piastres pour leur solde, ne voyant pas se réaliser les promesses qu'on leur faisait, continuèrent de piller le pays comme avant.

M. Piquet devint gouverneur général en 1889; il songea à reprendre son ancien projet, mais il était réservé à M. de Lanessan qui le remplaça en 1891, et qui lui avait consacré tout un chapitre dans son livre sur l'*Indo-Chine française* (1), de le réaliser.

L'année 1892 s'ouvrit avec un budget unifié.

Le traitement des cinq ministres s'y trouva figurer pour 16.800 piastres au lieu de 10.000 que M. Piquet

(1) Pages 727-745.

avait prévues en 1887 d'accord avec le roi lui-même (1). Malheureusement, cette réforme indispensable et dont il faut savoir gré, non seulement à ceux qui l'ont imaginée, mais encore et surtout à ceux qui l'ont réalisée, n'a pas donné tout ce qu'on en attendait; la main du Protectorat n'a pas été assez ferme et les ministres ont continué, comme par le passé, de vendre les fonctions publiques. Aux gros traitements, que le Protectorat leur garantit, ils savent joindre les ressources secrètes qu'ils s'étaient créées quand ils n'avaient point de solde. Mais ces pilleries cesseront peu à peu, le jour où les agents de la France, connaissant mieux l'administration cambodgienne, sauront mieux quelle conduite il convient d'avoir avec les hauts mandarins.

(1) La différence entre les crédits réclamés par le roi en 1887 pour tout le personnel cambodgien, lui compris, et les crédits accordés en 1891 est de 130.676 piastres. La liste civile proprement dite du roi qui en 1887, était fixée à 300.000 piastres, est aujourd'hui de 372.000 piastres.

XIV

LE PRÉA-NOKOR-BAL

Ce fonctionnaire appelé vulgairement l'*Ankor-Ban*, est directement placé sous les ordres du Youmréach. Il est chargé de la police générale du royaume. Cette importante fonction est remplie, depuis 1890, par le fils aîné du Kralahom, le ministre des transports par eau ou de la marine. On a cru devoir, à cette époque, je ne sais pour quelle raison, abandonner l'ancien titre khmer et lui substituer un titre siamois, *Phia-Réach-Luong-Muong*, qui a exactement la même signification avec le désavantage d'être un titre d'origine étrangère emprunté à un peuple considéré comme l'ennemi héréditaire et de sonner mal à l'oreille des Cambodgiens.

Il y avait autrefois un Préa-Nokor-Bal par apanage et chacun d'eux relevait du haut fonctionnaire qui remplissait les fonctions de ministre de la justice pour tout le territoire compris dans l'apanage du prince ou de la princesse qu'il servait. Plus loin encore, dans le passé, si j'en crois une tradition, il y avait un Préa-Nokor-Bal par *dey*, c'est-à-dire par fief ou par principauté tributaire. Lorsque l'empire des Khmers comprenait, comme le dit Pang, l'auteur enthousiaste du beau poème sur l'édification d'Angkor-Vouat (1), cent et un royaumes vassaux, il est probable que chacun de ces princes souverains, plus ou moins soumis aux rois cambodgiens,

(1) Traduit et publié en autographie par M. Aymonnier, dans les *Textes khmers*.

avait un Préa-Nokor-Bal, chargé de la police de son territoire. Les contes khmers parlent souvent de ce fonctionnaire et je crois que les contes, quand ils sont populaires, donnent des indications de détail qui ont une certaine importance.

Quoi qu'il en soit, le Préa-Nokor-Bal, ou le Phia-Réach-Long-Muong, comme on le nomme aujourd'hui, est un personnage assez important, alors même que le nombre de ses *sac* n'est pas très élevé. Il est en effet chargé de toute la police du royaume et d'activer le zèle des gouverneurs et de tous les autres agents de la police judiciaire. Son rôle, quand il est bien rempli, est considérable; sa responsabilité est très grande, car, dans une certaine mesure, il est responsable de tous ses agents. On peut légalement le poursuivre pour *négligence* dans son service et le condamner même à payer un tiers de la valeur des objets soustraits par les malfaiteurs (1) alors même que le crime aurait été commis dans une province éloignée de la capitale. Le législateur a pensé que la sécurité des biens et des personnes dépendait surtout de la façon dont ce dignitaire remplissait ses fonctions et, sans en faire un personnage puissant par son grade, il lui a confié une assez grande partie de l'autorité.

Il doit « écrire deux fois par an aux gouverneurs de toutes les provinces du royaume, dit une ordonnance royale d'Ang-Duong et à ses officiers (2) », pour leur rappeler leurs devoirs, pour exciter leur zèle, car, dit la loi, « il est chargé de veiller à la tranquillité et à la sécurité du royaume et du peuple; c'est pour lui un devoir (3) » afin, dit un autre article, que chacun jouisse du « bonheur et de la paix. »

Avec les gouverneurs et leurs mandarins, avec les

(1) *Procéd. p. le prononcé des jugements*. art. 90.
(2) *Lakkhana-crâm-chor*, art. 11, 12 et 13.
(3) *Ibid.*, art. 15.

phnéak-ngéar, il doit veiller « à ce que des ennemis ne viennent pas inquiéter le peuple, enlever son bien ou lui causer un dommage quelconque ». Ses agents doivent parcourir les provinces et les villages « afin que les malfaiteurs, dont la présence est comme une tache pour la vue du roi et un poison pour sa bouche, ne puissent y rester ». Ils doivent de plus exhorter « le peuple à faire du bien *(theu-bon)*, à faire des aumônes *(tean)*, à pratiquer la vertu et à vénérer les anges qui le combleront de toutes sortes de bénédictions. De cette manière, le royaume sera florissant et jouira de la paix, les calamités et les maladies seront écartées (1). »

Le Préa-Nokor-Bal est l'un des « protecteurs du peuple *(athi-podey)* » et le premier après le roi et les ministres. Il est le premier officier de la police judiciaire et le plus puissant, car ses fonctions ne se bornent pas à faire rechercher les coupables, il doit encore les interroger, les conduire au tribunal, les juger quelquefois, puis, la condamnation prononcée, examiner l'acte d'accusation, les réponses que le condamné a faites au tribunal, l'interroger afin de s'assurer que ce n'est point la crainte des supplices qui l'a porté à se déclarer coupable (2). S'il a des doutes, il doit les éclaircir et, s'il croit le condamné innocent, en informer le tribunal, afin que celui-ci avise ; s'il le croit coupable, il doit, sans plus tarder, lui infliger la peine prononcée.

Ses ordres sont impératifs ; ceux qui les reçoivent doivent immédiatement obéir ; toutes les arrestations qu'il ordonne doivent être faites, mais cependant on doit y procéder conformément aux lois ; tous les crimes commis sur le territoire du royaume doivent être portés rapidement à sa connaissance, car son devoir est d'informer

(1) *Lakkhana-crâm-chor*, art. 17.

(2) *De la man. de recev. les accusations*, art. 14.

de suite le ministre de la justice et de prendre ses ordres; tous les criminels doivent lui être conduits, car il est tenu de les mener lui-même ou de les faire mener par ses agents au tribunal chargé de les juger, et même de prendre place, en personne ou par ses agents, parmi les juges du tribunal.

Comme chef de maison, comme chef d'un groupe de fonctionnaires, il peut juger lui-même les délits commis par les gens de sa maison, par ses agents, les punir du rotin ou leur infliger une amende ou telle peine qu'il jugera nécessaire, et cela sous sa responsabilité. J'ajouterai que cette dernière attribution tombe en désuétude et qu'elle est menacée de disparaître.

XV

LES POLS

Je ne voudrais pas répéter ici, ce que j'ai dit dans mon *Droit privé des Cambodgiens*, sur les esclaves d'Etat, mais comme ces esclaves sont une propriété de l'Etat, qu'ils représentent une force toujours disponible soit pour la guerre, soit pour la garde du palais, soit pour le service du roi, des apanagistes ou de certains grands mandarins, je suis obligé de reparler d'eux ici. J'y suis d'autant plus obligé qu'ils sont, ainsi qu'on le verra, une source de revenus importants pour ceux auxquels ils ont été donnés. Cette étude sur le *Droit public des Cambodgiens* ne serait pas complète si je les passais sous silence. J'ai, d'ailleurs, à dire ici certaines choses que je n'ai point dites dans mon premier travail et qui le viendront compléter.

Les mots *pol* et *néac-ngéar* par lesquels on désigne les esclaves d'Etat sont synonymes ; le premier est le mot noble, et le second le mot vulgaire.

Je ne sais quel est au juste l'origine et la signification étymologique du mot *pol*, mais il me faut observer que dans le Malayala (Malabar), le mot *poléas* désigne les cultivateurs, les hommes de la charrue. Je dois encore observer que dans la langue bali employée au Cambodge comme langue sacrée, les mots *polléa* et *pollo* sont synonymes et désignent les méchantes gens qui s'emparent par violence d'un objet qu'ils ont demandé, mais qui leur a été refusé (1).

(1) Observation d'un lettré cambodgien.

Deux auteurs chinois, Hiouen-Thsang (1) et l'un des rédacteurs du *San-thsai-thon-hoey* (2), encyclopédie chinoise, emploient les mots *po-lo-men* et *pho-lo-men* (3) pour désigner les brahmanes. — Je trouve aussi dans un document khmer ces deux mots : *caijac-pol*, avec la signification de « force », clientèle.

Ces rapprochements linguistiques sont loin de me satisfaire. Cependant, la première étymologie convient assez bien aux esclaves d'Etat du Cambodge, car les pols sont avant tout des cultivateurs, des hommes de la charrue; la dernière est celle qui les caractérise le mieux, car ils sont une *force*, qu'on les considère comme travailleurs ou comme soldats.

Ce mot *pol* a-t-il d'abord désigné, en général, tous les hommes de la campagne, tous les cultivateurs vaincûs par les Cambodgiens, puis réduits en esclavage ou en servage ? C'est possible. Alors, il se serait spécialisé plus tard lorsque la grande masse acquérait la liberté, lorsque la plupart des habitants devenaient *néac-chéa* (personne honnête, libre par extension, bien portante) ou *néac-prey* (personne libre) (4) ; le mot *pol* aurait fini par ne plus désigner que ceux des cultivateurs qui demeuraient esclaves d'Etat, qui constituaient une *force* au profit soit du roi, soit des apanagistes.

Quoi qu'il en soit, aujourd'hui ce mot ne désigne pas tous les cultivateurs, mais ceux des cultivateurs qui sont esclaves d'Etat.

(1) Dans le *Si-yu-Ki*, trad. par Saint-Julien, dans *Mémoires sur les contrées occidentales*, t. I, p. 58.

(2) Livre IX, traduction de M. Rémusat.

(3) Dans ces deux cas, *po* et *pho* pourraient bien se traduire par le mot pali *préa* et signifier simplement *saint, sacré*.

(4) Observez que le mot *prey*, qui veut dire « *libre* », veut aussi dire « *forêt, brousse* ».

Les pols ou esclaves d'Etat sont divisés en trois classes qui sont :

Les *pols-réach* proprement dits qu'on trouve dans les apanages du roi, de l'Obbajouréach, de l'Obbaréach, de la reine-mère et de certains fonctionnaires ;

Les *pols-comlas* (pols jeunes, plus exactement petits pols), qu'on trouve également dans tous les apanages ;

Les *pols-préa-srey-rothatrey* (esclaves sacrés) qui sont attachés au service des pagodes.

Je ne reviendrai pas ici sur la condition générale de tous ces pols que j'ai définie ailleurs, mais je dirai rapidement leur origine et comment ils sont administrés, les corvées qu'ils doivent faire, ou les redevances soit en nature, soit en argent qu'ils doivent payer.

Les pols sont des criminels condamnés pour crime odieux à perdre leur liberté, ou des descendants de criminels devenus esclaves d'Etat, ou bien encore des prisonniers de guerre ou des descendants de prisonniers de guerre. M. Aymonnier signale particulièrement parmi ces derniers une petite colonie de Laotiens pols, établie à Péam-Sedey, au sud du Cambodge, dans le voisinage de notre frontière cochinchinoise, mais il y en a beaucoup d'autres répartis sur tout le territoire du royaume et qui ont gardé le souvenir de leur origine. Ils étaient 6.580 en 1877, d'après M. Moura.

Les *pols-comlas* sont des gens qui, d'esclaves des particuliers, sont devenus esclaves d'Etat à la suite de la confiscation totale de leurs biens, ou des gens qui descendent de ceux-là. Ils étaient 3.015 en 1877, au dire du même auteur.

Les *pols-préa* sont des criminels sacrilèges ou des descendants de criminels sacrilèges condamnés à l'esclavage de pagode. On m'assure qu'il y a parmi les pols-préa des esclaves descendants d'esclaves donnés aux pagodes par des particuliers ; s'il en est ainsi, ces esclaves sont des sortes de ***pols-préa-comlas*** (1).

Les uns comme les autres ne jouissent pas de la faculté légale de se racheter; ils sont en principe, eux et toute leur postérité, condamnés à l'esclavage perpétuel. En fait, leur rachat est possible, ainsi que je l'ai dit ailleurs (2), et j'en connais plusieurs exemples ; la coutume a prévalu d'estimer un pol-comlas qui veut se racheter ou qu'on veut racheter moins cher qu'un pol ou un pol-préa.

D'autre part si un pol, un pol-comlas, si un pol-préa a épousé une femme libre, ce qui n'avait jamais lieu autrefois, mais ce qui se produit rarement aujourd'hui, ou bien si un homme libre a épousé une fille pol, pol-comlas ou pol-préa, ce qui est plus ancien et plus fréquent, les enfants nés de ces unions mixtes sont dits ***con-panh-kôt*** et ces enfants jouissent de certains avantages.

Ceux qui, dans l'ordre de leur naissance, portent des numéros impairs (3), suivent la condition de leur père, ceux qui portent des numéros pairs suivent la condition de leur mère. Les con-panh-kôt d'un même couple sont donc destinés les uns à l'esclavage d'État, les autres à la condition libre, sans distinction de sexe. Mais le législateur a voulu faire plus, il a voulu avantager les issus des unions conclues entre esclaves et libres, et il a statué que les con-panh-kôt demeurés esclaves de par le numéro de leur naissance pourraient se racheter ou être rachetés

(1) On voit en 1621, à la suite de la bataille de Babor, le roi Préa-Chey-Ches-Sda donner à la pagode Préa-Pret-léai-léac les Siamois vaincus qui s'y étaient réfugiés. Les pols-préa actuels de cette bonzerie pourraient bien être les descendants de ces prisonniers de guerre.

(2) Voy. mon *Droit privé*, p. 180-185.

(3) Les nombres impairs sont, comme chez les Romains, considérés comme favorables; la tonte du toupet, le *theu-thmeng* (faire les dents) ont lieu dans les années d'âge impair.

par celui de leurs père et mère qui est libre. Le ***chauvai-pol*** (chef des pols), saisi d'une demande de rachat, évalue conformément à la loi (1) la valeur du con-panh-kôt qu'on veut racheter, partage cette valeur en trois parties égales : une partie est considérée comme appartenant au père, et deux parties comme appartenant à la mère (2). Si donc le père de cet enfant est esclave, la mère devra payer un tiers de sa valeur pour le rendre libre ; si par contre c'est la mère qui est esclave, le père devra payer deux parties de sa valeur pour le libérer.

Tous les pols, — *pols* proprement dits, ***pols-comlas,*** ou *pols-préa,* — font partie intégrante du domaine royal ou des apanages territoriaux sur lesquels ils sont fixés. C'est-à-dire qu'ils appartiennent soit au somrap ek (du roi), soit au somrap tou (de l'Obbajouréach), soit au somrap trey (de l'Obbaréach), soit au somrap chetva (de la reine-mère). Cependant il y a des pols qui n'habitent pas les provinces du somrap auxquels il appartiennent ; c'est ainsi que la reine-mère possède à Véal-Rine, dans

(1) On doit observer ici que les droits de la mère sur son enfant sont reconnus être doubles de ceux du père, — deux tiers à la mère, un tiers au père, — contrairement à ce qui a lieu pour les *trap-sombach* ou biens de la communauté ; le mari a droit aux deux tiers et la femme a un tiers. C'est proclamer que l'enfant est une propriété de nature particulière et qu'il appartient plus à la mère qu'au père. — Voyez dans la *Nouvelle Revue historique de Droit français et étranger*, numéro de janvier-février 1894, mon article sur le *Droit cambodgien.*

(2) Voici le prix légal des esclaves qui sert de base au rachat des *con-panh-kôt* : Un enfant de un jour à six mois, 1 bat (400 sapèques, environ 0 fr. 50 centimes) ; de six mois à un an, 2 bat ; de un à deux ans, 1 domlong (4 bat) ; de deux à trois ans, 2 domlongs ; de trois à quatre ans, 3 domlongs, etc. ; de huit à neuf ans, 10 domlongs ; de neuf à dix ans, 14 ou 15 domlongs ; de dix à onze ans, 17 domlongs et 2 bat ; de onze à douze ans, 1 anchin (20 domlongs) ; de douze à treize ans, 1 anchin et 10 bat ; de treize à quatorze ans, 1 anchin, 2 domlongs ; de quatorze à quinze ans, 1 anchin, 7 domlongs et 1 bat ; à partir de quinze ans jusqu'à quarante-deux ans, 1 anchin et 9 domlongs ; puis un domlong de moins par année qui vient s'ajouter aux quarante-deux (*Chhbap-Nim-Puoc*, art. 45 de mon manuscrit).

la province de Kompot, et dans la province de Kompong-Som, par exemple, qui toutes deux font parties de l'apanage royal, deux groupes de pols inscrits à son somrap ; c'est ainsi que l'Obbaréach possède un village de *pols-chol-ven* dans la province de Chikreng, qui fait partie du domaine royal.

Quoi qu'il en soit, tous ces pols étaient autrefois légalement placés sous la direction des hauts fonctionnaires qui, dans chaque somrap, remplissaient les fonctions de ministres; aujourd'hui, depuis la réforme de 1891, bien qu'ils doivent encore leurs services aux apanagistes, sous la direction desquels ils demeurent, ils sont placés sous la haute surveillance du *shéna-bot-dey*, c'est-à-dire du ministère royal. Nous verrons tout à l'heure quelle est l'organisation nouvelle et ce qu'elle a de défectueux et de contraire aux institutions du passé.

De ce qui précède, il suit que chaque somrap comprend des pols, des comlas et des pols-préa, c'est-à-dire des gens qui doivent une partie de leur temps au roi, aux princes et princesses et aux mandarins auxquels ils ont été donnés en apanage de fonction et des gens qui doivent une partie de leur temps aux pagodes. Le temps de service, en temps de paix, est légalement fixé à trois mois de corvées. On verra plus loin que ces trois mois de travail dus peuvent se transformer en une redevance en nature ou en une redevance en argent.

Certains pols et pols-comlas constituent une sorte d'apanage non territorial au bénéfice de certains fonctionnaires, ou plutôt d'apanage non territorial attaché à certaines fonctions; ces apanages portent le nom caractéristique de *Somrap-muk-ngéa-namœum* (apanage-revenu-mandarin) c'est-à-dire revenu-apanage des mandarins. Chaque ministre a un apanage d'esclaves et quelques autres grands fonctionnaires en ont également un.

Tandis que les pols-préa sont attachés au service des pagodes et qu'ils ne doivent que leur travail quand il leur est demandé pour la pagode ou la bonzerie, et rien, ni redevance en nature, ni redevance en argent, quand il ne leur est rien demandé, les pols et les pols-comlas doivent la corvée légale ou la redevance quand la corvée ne leur est pas réclamée.

Je n'ai donc plus à m'occuper des pols-préa. Restent les pols et les pols-comlas qui se confondent pour former deux grandes catégories ; les *pols-chol-ven* ou « pols qui entrent à tour de rôle », qui peuvent être appelés à faire la corvée de trois mois ; les *pols-pon-souille*, « pols-impôt-tribut ou redevance » qui doivent acquitter une redevance en nature, mais auxquels on ne peut réclamer la corvée.

Les pols-chol-ven ne sont pas tous appelés à la corvée ; autrefois, ceux qu'on n'appelait point bénéficiaient de cette bonne fortune car on ne leur réclamait pas le prix des journées de travail qu'on ne leur avait pas demandées ; mais, peu à peu, les mandarins sous les ordres desquels ils étaient placés leur réclamèrent pour leur propre compte, soit une redevance en argent, soit une redevance en nature, représentant la valeur des journées non faites ; puis le roi et les apanagistes s'emparèrent de ce nouveau revenu et la coutume prévalut de faire payer aux pols-chol-ven les journées de travail qu'ils devaient mais qui ne leur étaient pas réclamées. Un pol-chol-ven qui ne veut pas faire sa corvée, peut se faire remplacer ou en payer la valeur légale.

Les pols-pon-souille qui doivent une redevance en nature chaque année, peuvent la payer en argent à leur volonté, sans que leurs chefs puissent exiger le produit qu'ils sont cependant tenus de fournir.

Il s'ensuit que, en principe, les pols-chol-ven et les pols-pon-souille sont bien près de se ressembler. En fait, la différence est assez grande, puisque si les uns peuvent être appelés à la capitale, dérangés, astreints à un service hors de leur province, les autres sont tenus à une redevance et ont toute l'année pour la rassembler chez eux. Les seconds sont plus près des hommes libres que les premiers qui sont esclaves trois mois par an.

Les pols-chol-ven se subdivisent en plusieurs groupes (je prends les pols-chol-ven du somrap ek pour type) : les *pols-luong* qui sont attachés au gros service du roi, les *pols-préa-réach-yeen* ou porteurs du palanquin royal, les *pols-préa-kral* qui étendent les nattes et tapis royaux; les *pols-thomma* et *pols-préa-sel-thiros* qui sont chargés de fabriquer les épingles en bambous qui servent à rassembler les papiers et les livres de la loi, les *pols-komphleung-thom* qui sont chargés de l'entretien des pièces de canon, les *pols-set-crop-homphleung-thom* qui sont occupés à la fabrication des boulets, les *pols-préa-banh-chakhset*, qui sont chargés de garder la porte du Vinichay, ou salle d'audience dans laquelle le roi reçoit les bonzes et leur fait les aumônes, les *pols-préa-soporbat* qui sont au service des mandarins du vestiaire royal et principalement chargés de la garde et de l'entretien des chaussures du roi, les *pols-hotray* qui sont chargés, sous la direction des bakous, gardiens des glaives sacrés (Préa-Kan, etc.) de garder la porte extérieure de la salle qui les renferme, les *pols-mong-thvéa* qui sont chargés de piquer l'heure à la porte du palais, les *pols-pisès* qui sont chargés du gros ouvrage dans les cuisines royales, les *pols-moni-srang-ongrak*, qui, sous la direction de certains mandarins, sont chargés d'apporter l'eau des bains du roi, les *pols-domrey*, qui sont mis à la disposition des cornacs pour l'entretien des écuries des éléphants royaux, les *pols-khléang-chéang* qui sont occupés aux magasins des ouvriers du palais, les *pols-préa-tinang-kochen* qui sont attachés aux cornacs chargés de la garde et de la conduite des éléphants que le roi monte, les *pols-chbar* qui sont mis à la disposition des jardiniers royaux, les *pols-ban-sang* qui sont mis à la disposition des dompteurs d'animaux, les *pols-chbang-ban-leng* qui sont des lutteurs chargés d'amuser le roi, les *pols-tinang-a-sâdar* qui sont mis à la disposition du palefrenier chargé des chevaux que le roi monte, les *pols-tinang-a-sopha-réach* qui sont mis à disposition des bouviers royaux, les *pols-chéang-comnou* qui sont mis à la disposition des peintres royaux, les *pols-cham-khléang-monirot* qui sont mis sous les ordres des mandarins chargés de la garde du trésor royal, les *pols-kosay-a-phas* qui sont mis à la disposition des mandarins chargés de la garde des étoffes et tentures royales, les *pols-khléang-srou* qui sont placés sous les ordres des mandarins chargés de la garde des paddys royaux, les *pols-khléang-bay* qui sont confiés aux mandarins chargés de la garde du riz cuit, les *pols-mohat* qui sont placés sous les ordres des palefreniers des chevaux du palais autres que ceux que le roi monte, les *pols-phleng* qui sont attachés au service des musiciens du palais, les *pols-chéang-tong* qui sont placés sous les ordres des bijoutiers royaux, les *pols-dam-kanchak*, qui sont confiés aux ouvriers qui travaillent et emploient le mica pour l'ornement du palais et des pagodes, les *pols-chéang-chhlak* qui sont mis à la disposition des sculpteurs royaux, et les *pols-comlas-tong* qui sont placés sous les ordres des porte-étendards royaux, etc., etc. En fait, tous ces pols-chol-ven ou pols qui entrent au service à tour de rôle, sont répartis entre les kroms ou services royaux et mis à la disposition des mandarins qui les composent.

Ils sont appelés par groupes et pour trois mois, mais chaque groupe est recruté dans toutes les parties du royaume afin que tous les gens d'un village pol, ou pol-comlas ne soient pas appelés à la fois. Ils arrivent au palais par petits groupes, généralement de quatre conduits par les *néay-pol* qui sont leurs petits chefs. Ils ne reçoivent aucune solde pendant les trois mois que durent leur corvée, mais ils sont nourris aux frais du roi par les mandarins chargés des magasins du paddy et du riz cuit.

Autrefois les pols-chol-ven élisaient leurs chefs; on commence aujourd'hui à les leur imposer, ce qui est contraire aux usages anciens. Ces chefs sont des *chau-vai-pol;* des *krala-péas* ou lieutenants des premiers, des *krala-banchir* qui sont des teneurs des listes du recensement qu'ils doivent toujours conserver à jour; des *néay-pols.* Tous ces petits chefs qui sont parfois des hommes libres sont exemptés d'impôt et ne tireraient rien de leur fonction si les pols ne travaillaient pour eux et n'étaient en somme leurs serfs. Ces chefs ont souvent exploité leurs administrés; mais les pols se plaignent rarement des chefs qu'ils ont élus et la plupart du temps les actes de concussion dont ils sont victimes sont inconnus des autorités et demeurent impunis.

Beaucoup de pols-chol-ven ne figuraient pas sur les listes autrefois, étaient exemptés à prix d'argent, travaillaient gratuitement pour les autorités du pays. Aujourd'hui que le Protectorat exerce un certain contrôle *de loin*, ces abus tendent à devenir plus rares, plus difficiles à commettre.

L'ordonnance royale du 19 décembre 1892 a fixé à 5.000 le nombre des pols-chol-ven du roi, à 700 ceux de l'Obbaréach et à 1.743 ceux de la reine-mère, et les listes de tous ces esclaves, qui comprennent des pols et des pols-comlas ont été révisées et arrêtées à ces nombres. Cela nous donne 7.443 pols-chol-ven ou esclaves qui peuvent être appelés à servir dans les palais du roi, de l'Obbaréach ou de la reine-mère. Des cartes sont remises en blanc à ces trois personnages par le Protectorat et ceux-ci les font distribuer ou sont sensés les faire distribuer entre tous les pols-chol-ven. En fait, comme tous les pols-chol-ven ne sont pas appelés au palais, qu'on ne peut pas les y occuper tous, beaucoup sont exemptés de la corvée. Mais alors, contrairement à l'usage ancien, on leur fait payer 4 piastres la carte qui leur est remise, et cette source de revenus vient accroître les ressources des princes et princesses auxquels ils appartiennent. S'ils refusaient le service, « afin de pouvoir payer leurs remplaçants, dit hypocritement le *tratang* royal, on devra leur réclamer 4 piastres par mois et les mettre en prison et aux fers jusqu'à ce qu'ils aient payé. »

Tous les pols et pols-comlas qui ne font pas partie des 7.443 pols-chol-ven dont je viens de parler sont versés dans les pols-pon-souille qui doivent acquitter l'impôt de 4 piastres soit en nature soit en argent. L'ordonnance royale du 19 décembre 1892 a supprimé tous les pols et pols-comlas qui formaient l'apanage de certaines fonctions et tous ces pols ont été versés aux pols-pon-souille dont ils ont considérablement augmenté le nombre. C'est ainsi que les ministres, certains autres grands dignitaires et les gouverneurs des provinces n'ont plus de pols qu'ils peuvent appeler à leur service, auxquels ils peuvent imposer des corvées. En retour, on leur a remis un certain nombre de cartes en blanc avec lesquelles ils peuvent exempter un certain nombre d'hommes libres et leur réclamer en retour certains services destinés à remplacer les corvées que faisaient autrefois les pols. Certains gouverneurs ont obéi à l'esprit qui avait dicté l'ordonnance royale nouvelle et se sont ainsi constitué une clientèle de gens dévoués à leur personne, d'autres ont vendu les cartes et encaissé le produit de cette vente.

Voyons maintenant ce que sont les pols-pon-souille :

Les pols-pon-souille sont les pols qui n'étant pas inscrits au *bac-smack*, c'est-à-dire sur la liste des pols corvéables ou pols-chol-ven, sont tenus de payer une redevance en nature et, s'ils ne peuvent, de payer en argent la valeur de cette redevance. L'obligation de fournir une redevance en nature était leur caractéristique autrefois. Aujourd'hui, — surtout depuis la réforme de décembre 1892, — il y a des pols qui sont tenus de payer non une redevance en nature, mais une redevance en argent, une sorte d'impôt personnel (4 piastres) d'une piastre et demie plus élevé que l'impôt personnel (2 p. 50) dû par les néac-chéa ou hommes libres. Cela est une nouveauté, parce qu'autrefois tous les pols qui ne devaient pas une redevance en nature étaient pols-chol-ven et devaient la corvée ; aujourd'hui, c'est bien différent, tous les pols qui ne sont pas corvéables, c'est-à-dire qui ne sont pas pols-chol-ven sont pols-pon-souille, c'est-à-dire doivent une redevance soit en nature soit en argent.

Donc, il y a les *pols-pon-souille-prac* qui paient une redevance en argent ; c'est la plus grande catégorie, celle qui s'étend à tout le royaume, parce que dans presque toutes les provinces il y a des pols de cette espèce.

Après eux viennent les catégories suivantes :

Les *pols-pon-souille-kravanh* ou du cardamome qui habitent la province et les montagnes de Pursat, doivent chacun une redevance de cardamome ; mais en retour le trésor doit leur remettre dix mesures de paddy, soit cinq piculs ou 300 kilogrammes de paddy, ou bien, en argent, la valeur de ce paddy.

Les *pols-pon-souille-domrey* ou des éléphants devaient, par groupe, fournir chaque année un éléphant au roi ou dix ligatures (environ 1 p. 50 ou 5 francs) par *chef de maison*. On leur réclame aujourd'hui non plus l'éléphant qu'ils doivent mais 4 piastres *par homme valide* âgé de vingt et un à cinquante ans, et 2 piastres par homme valide de cinquante et un à soixante ans.

Les *pols-pon-souille-cramun* ou de la cire d'abeille, devaient fournir cinq doubles pains de cire ou 10 ligatures par chef de maison. On leur réclame maintenant 4 ou 2 piastres comme aux pols-domrey.

Les *pols-pon-souille-kantel* ou des nattes, devaient fournir chacun cinq nattes ou payer chacun dix ligatures. On leur réclame aujourd'hui comme aux précédents.

Les *pols-pon-souille-dec* ou du fer, devaient fournir vingt-cinq livres (15 kilogrammes) de fer par chef de maison ou payer 10 ligatures. On leur réclame aujourd'hui cinquante livres ou 4 et 2 piastres comme il est dit ci-dessus par homme valide.

Viennent ensuite : les *pols-pon-souille-melou* ou du bétel ; les *pols-pon-souille-rong* ou de la gomme jaune ; les *pols-pon-souille-léac* ou de la laque ; les *pols-pon-souille-maréac* qui devaient six marmites d'une espèce de laque noire ; les *pols-pon-souille-phchôl* ou des paillottes blanches ; les *pols-pon-souille-thmâ-kéo* ou des pierres précieuses ; les *pols-pon-souille-cram* ou pols du salpêtre, qu'ils doivent extraire des fientes des chauves-souris qu'ils vont ramasser dans les grottes naturelles et dans les ruines des anciens monuments ; les *pols-pon-souille-khchyung* qui doivent du charbon de bois ; les *pols-pon-souille-slek-chec* qui fournissent les feuilles de bananier pour les gâteaux faits à l'occasion de la fête du roi ; les *pols-pon-souille-dey-sa* ou de la craie ; les *pols-pon-souille-sral* ou des bateaux, etc., etc.

Tous ces pols sont tenus aujourd'hui d'acquitter l'impôt de quatre piastres par homme valide âgé de vingt et un à cinquante ans ou de 2 piastres par homme valide âgé de cinquante et un à soixante ans, ou de verser une redevance moitié plus élevée que par le passé.

La réforme de décembre 1892 qui a réglementé toutes les catégories de pols, de pols-comlas (pols-chol-ven et pols-pon-souille) de pols-pras, n'a pas été acceptée sans protestation par les intéressés. Des réclamations ont été portées aux résidents français. « Notre condition, disaient-ils, s'est aggravée depuis la nouvelle ordonnance royale, depuis que la condition des néac-prey s'est améliorée. Autrefois nous payions dix ligatures par chef de maison ou en nature pour dix ligatures des produits que nous récoltons; les néac-prey payaient 3 p. 10 d'impôt personnel. Aujourd'hui on nous réclame 4 piastres par homme valide et 2 piastres par vieillard, alors que les libres ne paient plus que 2 p. 50 d'impôt personnel. »

Les pols-chol-ven qui n'étaient pas appelés régulièrement, qui profitaient des défauts d'appel et qui payaient soit 2 piastres soit 3 piastres par homme, ou qui s'acquittaient en payant un impôt en nature comme les pols-pon-souille, réclamèrent aussi : « Notre condition s'est aggravée depuis que la condition des hommes libres a été améliorée, disaient-ils; on nous réclame maintenant, alors que nous n'avons pas refusé de nous rendre au palais, 12 piastres par an, soit 4 piastres pour chacun des mois de corvée que nous devons. C'est une grosse augmentation de charge pour nous qui avions souvent la bonne fortune de n'être pas appelés et de payer dix ligatures (1 p. 50) de redevance. Nous demandons à ne pas payer une redevance supérieure à l'impôt personnel que paient les hommes libres (2 p. 50) ou tout au moins à ne pas payer une redevance supérieure à celle qui est payée par les pols-pon-souille. »

Toutes ces réclamations si justes pourtant furent repoussées, mais, je veux le croire, pour un temps seulement, car il me parait impossible de permettre que la condition des esclaves d'Etat s'aggrave sous notre administration.

DEUXIÈME PARTIE

LES MOYENS DE GOUVERNEMENT

I

LA LOI

Le *Kampi-préa-thom-mséat* ou comme l'écrit M. Moura, le *Préa-thomma-sat*, est d'origine ancienne; il remonte à l'époque où les *prom* (1) étaient les seuls habitants de la terre, jouissaient encore de la faculté de s'élever dans les airs et de se transporter, par la seule puissance de leur vertu, à de grandes distances. Il fut composé, sous le règne du roi légendaire Préa-bat-somdach-préa-maha-sam-Nhutthireach, par un ancien ermite devenu grand juge puis revenu à la vie religieuse, au retour d'un voyage aérien qu'il fit au royaume de Chuk-Kravéat qui était alors le royaume du milieu du monde.

Le *Kampi-préa-thom-mséat* est vraiment la source, disent les textes, des *Lakkhana-aksar*, c'est-à-dire des lois écrites aujourd'hui en usage.

(1) Bienheureux.

Il ne fut peut-être à l'origine de la nation cambodgienne qu'une simple traduction en langue bali d'abord, en langue cambodgienne ensuite, du *Manova-dharma-sastra* des Indous. Mais les modifications nombreuses dans la forme et dans l'esprit que les législateurs cambodgiens ont, d'âge en âge, apportées au texte primitif en ont fait un code de législation bien différent de celui de Manou.

Les événements nombreux, en outre du temps qui fatalement amène avec lui des changements, ont dû motiver ces modifications. D'abord, l'introduction du bouddhisme, religion dans son principe tout aussi égalitaire que le christianisme primitif, qui venait détruire les castes et bouleverser toute l'ancienne société, dut être suivie d'une plus ou moins complète revision des lois; les invasions successives des Cambodgiens, puis des Khmers au sein d'un pays à demi-sauvage, durent obliger les premiers à introduire dans les textes législatifs qu'ils apportaient avec eux des changements importants motivés par le voisinage des peuplades qu'ils avaient vaincues, par l'asservissement de celles qu'ils avaient soumises; l'invasion des Khmers, qui paraissent s'être fondus dans le peuple cambodgien probablement vaincu par eux, dut amener aussi certaines modifications, certaines nouveautés de forme et de fond qui donnèrent aux lois du pays un caractère nouveau. Quoi qu'il en soit, les textes en usage maintenant, par suite des modifications nombreuses et successives qu'ils ont subies, représentent une œuvre bien originale, beaucoup plus laïque que le *Manova-dharma-sastra*.

Les Khmers paraissent avoir fait un effort considérable pour sortir de la période politico-religieuse où la loi civile était aussi la loi religieuse et pour créer une législation vraiment laïque. Le *Préa-thom-mséat* est beaucoup moins que le *Manova-dharma-sastra*, un code de morale, de juridiction et de politique; il est *la loi* comme nous la comprenons aujourd'hui en Europe, la loi dégagée de toute idée religieuse, la loi faite exclusivement pour le maintien de l'ordre social et le gouvernement des hommes.

Le *Kampi-préa-thom-mséat* n'est pas une Bible comme l'Ancien Testament des Hébreux ; il n'est pas la base même de la morale et de la loi civile et religieuse comme le ***Koran***, l'***Avesta*** et le ***Manova-dharma-sastra ;*** il est la loi, toute la loi, rien que la loi. A ce point de vue le Code khmer est beaucoup plus près de notre œuvre législative que le ***Koran***, l'***Avesta***, le ***Manova*** et la ***Bible,*** parce qu'il n'est pas le « livre » par excellence, l'œuvre divine et sacrée, immuable, révélée, à laquelle on ne doit jamais toucher.

Les lettrés khmers savent bien que les lois actuelles qui régissent la société khmère ont toutes été traduites du bali, — la langue sacrée que personne ne parle plus, mais dans laquelle on prie encore ; — cependant ils sont loin d'enseigner que le *Préa-thom-mséat* est une traduction du *Manova-dharma-sastra*, apporté de l'Inde au Cambodge par les aïeux ariens du peuple cambodgien. Pour eux et pour tout le peuple, — et c'est là le point important, — « la loi », c'est la sagesse des anciens khmers, leur œuvre au temps de la grandeur du royaume, l'héritage qu'ils ont laissé aux hommes d'aujourd'hui.

Et chez ce peuple khmer qui rend un culte constant à ses ancêtres, qui croit que les aïeux président aux cérémonies de la famille et veillent sur leur descendance, chez ce peuple si religieux, qui voit dans le passé sa grandeur disparue et qui appelle *Khmers thom* (khmers grands) les édificateurs d'Angkor, de Préa-Khan, etc., le *chhbap khmer,* « la loi » toute laïque qu'elle soit, est un dépôt sacré, une chose sainte entre toutes, parce qu'elle vient du passé, parce qu'elle est la grande œuvre des « grands khmers », des ancêtres. « On n'oublie plus, dit quelque part M. Aymonnier, quand on l'a entendu une fois, le ton pénétré que donne le Cambodgien à ces deux mots : « *chhbap khmer.* »

Le Cambodgien conçoit qu'on modifie la loi d'âge en âge, qu'on l'adapte aux besoins nouveaux, mais il croit que ces modifications doivent être lentement faites et qu'on ne doit toucher à la loi qu'avec la plus grande circonspection, sans jamais en violer l'esprit. Assurément il préférerait qu'on n'y touchât pas.

Le peuple connaît peu la loi écrite, mais il connaît la coutume et sait assez exactement ce que disent les textes; cependant il se méfie d'eux parce qu'il soupçonne des altérations graves apportées par des gens intéressés. Ces altérations criminelles ont été reconnues par Ang-Duong, lorsque ce roi a entrepris la revision des lois du royaume; il les a proclamées infâmes et l'œuvre de gens éhontés et lâches. La revision n'a pas eu lieu, le peuple le sait, et les textes en vertu desquels on le juge lui paraissent suspects au moins autant que les juges. Et pourtant, malgré lui, il éprouve un certain respect pour les satras en feuilles de palmier gravées qui contiennent la loi; il écoute respectueusement leur lecture.

Il admet que la loi soit modifiée par le prince, mais, à son sens, le prince avant de toucher à la loi doit s'entourer de ses conseillers, des chefs de la religion et des juges, prendre leur avis, puis prononcer avec prudence, car si le roi a mission d'améliorer la loi, de l'adapter aux besoins nouveaux, il a surtout mission de la conserver.

De plus, et cette notion est très ancienne, la loi doit être proclamée dans le palais devant tous ceux qui d'ordinaire l'habitent, y travaillent, puis portée à la connaissance des habitants de la capitale et des provinces par des envoyés royaux.

Le préambule de toutes les lois dit avec quelques variantes :

« En ce temps-là, le roi étant dans son palais, assisté des borohets, de ses ministres, des membres de la famille royale, des grands dignitaires, des chefs des bonzes, des astrologues, des juges, ***en présence des habitants***, a trouvé avec son cœur et son intelligence que les habitants étaient mal jugés et, afin qu'ils ne soient pas malheureux, il a promulgué cette loi qui est très ancienne, mais qu'on n'observait plus (1). »

De ces préambules, constamment les mêmes, — qu'ils datent de Préa-Chey-Ches-Sda qui régnait en 1617-1625 ou de Ang-Duong qui régnait en 1847-1859, — il ressort que le roi promulgue la loi, assisté de ses conseillers, des princes, des ministres, des chefs de la religion, en présence des habitants, et que toujours il présente la loi révisée, modifiée, comme étant la loi restaurée.

D'où, à mon sens, l'obligation actuelle pour le roi d'avoir l'assentiment des principaux de la nation pour modifier la loi, et, dans le passé éloigné, de la soumettre à l'acceptation du peuple. Cette promulgation dans le palais en présence des habitants du palais et peut-être de la capitale (2), de tous ceux enfin qui veulent y assister, me semble la forme dernière effacée de la consultation populaire.

Je la retrouve encore, cette forme dernière, dans l'usage où l'on est au Cambodge d'envoyer des ocnhaluong spéciaux porter les lois nouvelles aux provinces et en donner lecture solennelle dans la salle d'audience de la maison du gouverneur, tous ses mandarins étant présents, tous les habitants étant libres d'y venir. Je sais bien qu'il y a loin de cette proclamation publique au ***referendum*** que je crois apercevoir à l'origine du peuple

(1) « Depuis douze règnes », dit le préambule du *Crâm-Pohul-Tep* attribué à Préa-Chey-Ches-Sda.

(2) Je crois bien que, dans le principe, la capitale et le palais, la cour, étaient une seule et même chose.

khmer, et qu'aujourd'hui le peuple n'a pas la latitude de repousser la loi qu'on proclame solennellement devant lui. Cependant je ne vois pas très bien comment on pourrait, — chez ce peuple endormi, nonchalant, peu préoccupé des choses publiques, — expliquer cette coutume de l'appeler pour promulguer non seulement les lois nouvelles qu'on lui présente comme étant les anciennes lois restaurées, mais les ordonnances royales d'administration courante, si au fond de la conscience populaire il n'y avait cette notion presque éteinte qu'il faut que le peuple accepte la loi, reconnaisse la coutume, approuve les réformes. Je vois bien que cette notion est vague, mais elle m'apparaît non comme une notion qui commence à poindre, mais comme une notion de droit qui achève de se perdre.

Je trouve chez les Annamites une preuve indéniable et curieuse de l'immixtion du peuple, je ne dirai pas dans la confection des lois, mais dans l'application de la loi. Je tiens le fait d'un témoin oculaire : « Quand un homme est condamné à mort, on le conduit au supplice en le promenant au travers de la ville. Un héraut marche devant lui et, à chaque carrefour, proclame le crime qui est reproché au condamné, la peine que les juges ont prononcée, puis il termine en demandant : « Cet homme « a-t-il mérité la mort ? » La foule répond : « Oui ! » et le condamné est conduit au supplice au milieu d'une grande affluence. »

N'est-ce pas, dans toute sa rigueur, avec son caractère barbare, le *referendum* populaire en matière de peine de mort. Je ne vois rien de semblable au Cambodge, mais il m'a paru nécessaire de citer ici ce trait de mœurs judiciaires annamites pour montrer que le *referendum* en Indo-Chine n'est pas aussi contestable qu'on pourrait être tenté de le croire. Et d'ailleurs n'est-il pas démontré qu'à l'origine de toutes les sociétés, c'est la consultation populaire qui est la règle? l'absolutisme des chefs est un produit de la civilisation, qui s'accroît lentement, difficultueusement, s'étend toujours davantage jusqu'à la révolution finale qui remet tout aux mains du peuple.

Les annales kméres ont gardé la trace de deux revisions d'ensemble de deux restaurations de la loi; celle de Préa-Chey-Ches-Sda de 1618 à 1624 et celle de Somdach-Préa-Chey-Chetta-barommo-suren-réachéa-thiréach-réaméa, qui eut lieu en 1690 mais qui fut datée de l'an 1675, date à laquelle ce prince monta sur le trône.

De notre temps, en 1851, le roi Ang-Duong ayant reconnu que la loi avait été criminellement altérée par les gens intéressés à la modifier, résolut de la reviser et de la restaurer dans son texte ancien; il ordonna de rechercher dans la capitale et dans les provinces, chez les namœun et chez les réas (les mandarins et les hommes du peuple), les satras qui la contenaient. Au cours des dernières guerres, les satras du palais pris et repris par les Siamois et par les Annamites, avaient disparu, et ceux que le grand-juge avait rassemblés portaient des traces d'altérations graves. Les satras une fois rassemblés furent confiés à l'Oenha-moha-moni-chhay-thuppedey et le roi aidé de ce mandarin et de plusieurs autres juges, entreprit leur revision. Lorsqu'il mourut en 1859, le *Lakkhana-Bomnol*, ou « loi sur les dettes » était seul revisé. Les autres *Lakkhana* furent datés de l'année au cours de laquelle, le prince en avait ordonné la revision, on les corrigea quelque peu, mais on ne les publia point conformément à l'ordre royal. L'Oehna-moha-moni-chhay thuppedey mourut, et les satras qu'il avait en dépôt, plus l'œuvre du roi Ang-Duong, furent remis à l'Oenha-montrey-kottarach qui mourut en 1869; l'Oenha-pipphéac-Vini-chhay qui les reçut mourut quelques mois plus tard.

C'est alors que le roi Norodom prit la résolution de continuer l'œuvre de son père. Il nomma en 1870 une commission composée de dix-huit membres, en grande majorité choisis parmi les juges connus pour leur science du droit et les chargea de reviser toutes les lois contenues dans les satras rassemblés par son père. Il adjoignit à cette commission, pour restaurer les enseignements religieux qui sont en tête du *Préa-thom-mséat,* les deux chefs des prêtres. Cette seule partie fut menée à bien parce que les deux prêtres se mirent immédiatement à la besogne.

Elle fut imprimée au palais à soixante-cinq exemplaires sous le nom de *Chhbap-dœum,* c'est-à-dire « Loi antérieure » afin de bien marquer que la loi nouvellement imprimée était la loi ancienne restaurée.

Les soixante-cinq exemplaires imprimés revêtus de trois cachets royaux devaient être ainsi distribués ; un exemplaire qui devait demeurer dans la salle du trône ; un qui devait être laissé à l'imprimerie ; deux exemplaires qui devaient être placés dans la salle du tribunal royal (Sala-Louk-Koun) ; un qui devait être remis au tribunal de l'Obbaréach ; un qui devait être remis à l'Obbaréach lui-même ; un exemplaire qui devait être remis au tribunal de la reine-mère ; un exemplaire qui devait être remis à la reine-mère elle-même ; les autres devaient être envoyés aux gouverneurs des provinces.

Je n'ai pu savoir si cette distribution a eu lieu ; mais qu'elle ait eu lieu ou non, comme l'œuvre n'a point été achevée, cela ne présente aucun intérêt.

Le Protectorat a entrepris, en 1891-1893, l'impression en caractères et en langue khmère, des lois cambodgiennes, mais cette édition, inutile pour la plupart aux Européens, est fautive ; elle n'est pas la loi restaurée que voulait Ang-Duong, mais la loi confirmée dans les altérations criminelles qu'on lui a fait subir, la loi faussée par des « gens lâches et éhontés ».

C'est une publication à reprendre, qu'il faudra d'ailleurs compléter et accompagner d'une traduction en français.

II

LE RECENSEMENT

Le recensement au Cambodge est une opération absolument pratique ; aussi ne porte-t-elle que sur les hommes valides, sur ceux qui sont susceptibles de le devenir prochainement, sur ceux qui, étant malades, peuvent recouvrer la santé et reprendre leur place dans le rang des valides, et enfin sur les vieillards âgés de moins de soixante-dix ans. Les femmes, les enfants mâles au-dessous de seize ans et les vieillards qui ont au moins soixante-dix ans ne sont pas recensés.

Le recensement a quatre fins ; il a pour but l'établissement des listes qui doivent servir : 1° à la levée des impôts ; 2° à la levée des corvéables ; 3° à la levée des guerriers en cas de besoin ; 4° à l'organisation des clientèles.

Ces listes doivent être établies en triple expédition. L'une qui ne comprend que les recensés d'un ***sroc*** doit être laissée entre les mains du ***mé-sroc*** ; les deux autres qui doivent comprendre toutes les listes des recensements dressées dans la province, doivent être semblables ; l'une demeure entre les mains du gouverneur de la province et l'autre doit être remise au Préa-soryo-dey, grand mandarin de l'administration centrale chargé de la conservation des rôles du royaume.

Ce recensement est fait dans chaque province par un ***préa-réach-bomro***, envoyé royal, désigné par le haut dignitaire chargé de la haute surveillance de la province, par un *bomro-préa-sorio-dey*, envoyé du sorio-dey et nommé par lui, et par un *bomro-chauvai-sroc*, délégué désigné par le gouverneur de la province et choisi parmi les hommes sérieux et honnêtes.

Ces trois recenseurs sont munis, par le gouverneur, du rôle général dressé à la fin de la précédente opération et sont tenus de parcourir tous les villages de la province et de s'adresser au mé-sroc de chaque sroc avant de procéder au recensement de la population des villages *(poum)* placés sous sa direction.

S'ils rencontrent des sroc qui n'ont pas de *mé*, ils doivent en désigner un d'autorité et constituer le groupe des fonctionnaires du sroc. Si le sroc compte au moins cent contribuables, ils doivent nommer un mé-sroc et quatre *chum-top*; s'il compte de cent à cent vingt-cinq contribuables, ils doivent désigner un mé-sroc et cinq chum-top; s'il en compte cent cinquante, ils doivent nommer un mé-sroc et six chum-top. Si, d'autre part, ils trouvent un sroc qui compte moins de cent contribuables, ils doivent le réunir à un autre sroc et augmenter le nombre des chum-top du sroc dont le territoire et le nombre des contribuables a été augmenté de ce fait.

Dès l'arrivée dans le sroc des trois recenseurs, le mé-sroc doit prêter serment soit à la pagode, soit devant l'autel d'un génie redouté et affirmer qu'il a honnêtement dressé les listes du recensement, puis il doit publiquement remettre ces listes au délégué royal. Ces listes doivent porter les noms des recensés, ceux de leurs femmes quand ils sont mariés, leur condition de célibataire, de veuf ou de divorcé quand ils ne sont pas mariés, l'âge des recensés. Elles doivent être dressées par nationalité et par catégorie des recensés, c'est-à-dire qu'elles doivent distinguer : 1° les jeunes gens de dix-huit à vingt ans qui ne sont ni corvéables ni contribuables, mais qui sont recensés parce qu'ils seront l'un et l'autre avant peu d'années ; 2° les hommes valides (*banca*) qui sont corvéables et contribuables, et âgés de vingt et un à cinquante ans ; 3° les hommes invalides (*pi-ca*) par suite de maladie, et qui sont âgés de vingt et un à cinquante ans ; 4° les hommes âgés de cinquante et un à soixante ans qui ne sont pas corvéables mais qui doivent acquitter un impôt personnel réduit ; 5° les vieillards âgés de soixante et un à soixante-dix ans qui ne sont ni corvéables ni contribuables pour l'impôt personnel, qu'on ne peut appeler en temps de guerre mais qui ont droit de choisir un *mé-comlang*, c'est-à-dire un patron ou chef de clientèle.

Aussitôt munis des listes du mé-sroc, les recenseurs doivent parcourir les *poum* du sroc et convoquer tous les inscrits afin de contrôler la liste remise par le mé-sroc et d'inscrire en face de chaque nom de recensé le nom du patron qu'il a choisi comme son chef de clientèle. Je parlerai plus loin de ces clientèles que je suis obligé seulement d'énoncer ici en passant.

Si, le recensement des hommes du sroc terminé, les listes dressées par le mé-sroc sont trouvées fausses ou dressées négligemment, et qu'il soit démontré qu'il y a eu malversation de sa part, il est puni. La peine de la prison jusqu'au prochain recensement est la peine encourue s'il a inscrit parmi les invalides, ou les vieillards, ou les jeunes gens, des hommes qui devaient être inscrits au nombre des hommes valides ; si des invalides, des jeunes gens, ou des vieillards ont été inscrits au nombre des hommes valides, le mé-sroc sera condamné à faire le service au lieu et place des gens qu'il a faussement indiqués comme pouvant le faire. Toutes ces peines sont applicables aux délégués qui se rendent complices d'un mé-sroc. En outre, si un mé-sroc a inscrit comme esclaves d'Etat des gens libres, ces libres, qui cherchent au moment du recensement à se faire passer comme esclaves d'Etat ou esclaves de particuliers, peuvent être condamnés à faire le service des esclaves d'Etat jusqu'au prochain recensement.

Ces recenseurs étaient autrefois chargés de la naturalisation des étrangers, annamites ou chinois nés dans le pays, qui, ayant coupé leurs cheveux et les portant à la mode cambodgienne, déclaraient au moment du recensement qu'ils voulaient être définitivement considérés et traités comme les régnicoles ou comme les étrangers assimilés aux régnicoles. On verra plus tard qu'une circulaire du 20 juillet 1882 a, contrairement à une politique bien entendue et dans un intérêt purement fiscal, considérablement amoindri cette faculté de la naturalisation et qu'aujourd'hui il n'est pas si facile qu'autrefois à un métis chinois d'obtenir la naturalisation de fait.

III

LA CLIENTÈLE ET LE PATRONAT

J'ai déjà ailleurs parlé de cette institution (1), mais je suis obligé d'y revenir ici parce qu'elle fait partie de l'organisation politique, administrative et militaire du Sroc-Khmer. J'essayerai de ne pas me répéter et surtout d'éclairer d'un jour nouveau cette importante institution du passé cambodgien, qui s'en va, mais qui me parait avoir été autrefois un grand moyen d'action.

Je suis très porté à considérer le patronat au Cambodge comme ayant été jadis la clientèle naturelle, le groupe de vassaux ou de guerriers qu'un chef territorial et militaire trouvait sur ses terres.

A mon avis le patronat actuel des Khmers qui a pour base la ***personnalité*** ne serait que la forme moderne d'un patronat plus ancien qui avait pour base la ***territorialité***. Dans ce cas, le patronat khmer ancien serait plutôt le ***seniorat*** de la période franque de notre histoire, lequel reposait sur la notion de territorialité, que le ***patrocinium*** des romains qui avait pour base la personnalité et le choix du patron par le client.

La destruction de la forme ancienne serait, à mon avis, non seulement l'œuvre du temps, mais l'œuvre consciente de la royauté khmère travaillant sans relâche à la centralisation administrative et politique du pays. Les rois en accordant aux habitants le droit de choisir

(1) Voy. mon *Droit privé*, p. 18-27.

leur patron, leur chef de force, ***mé-comlang***, amoindrissaient et finalement détruisaient le seniorat, c'est-à-dire la puissance de celui qui commandait dans un territoire, et subdivisaient une force qui pouvait être dangereuse entre les mains de quelques seigneurs, de quelques hauts fonctionnaires, en la répartissant, dans un esprit d'apparence très libéral, entre un nombre infini de petits fonctionnaires difficiles à coaliser contre le pouvoir central.

Quoiqu'il en soit, le ***comlang***, — qui se traduit littéralement par ***force*** mais qui signifie la clientèle, la « force » dont peut disposer un chef, un mé-comlang, — n'est plus aujourd'hui un groupe naturel qui a obligatoirement pour chef le namœun qui administre le pays. Il est un groupe artificiellement constitué par le choix des ***menus-comlang*** ou hommes de la « force », qui peuvent choisir comme patron soit un mandarin de la province, soit un mandarin de Phnom-Penh, soit un prince, soit même une princesse, une femme du palais du roi, de l'Obbaréach ou de la reine-mère ou bien une femme de mandarin.

L'ordonnance royale ou ***tratang*** qui, tous les trois ans, ordonne le recensement de la population mâle du royaume depuis l'âge de dix-huit ans jusqu'à soixante-dix ans, affirme le droit de chacun de choisir son mé-comlang et indique quelles sont les personnes qui peuvent être choisies par les menus-comlang.

Ce sont : les princes frères du roi, les princes fils du roi, les princesses sœurs du roi ou femmes des frères du roi, les princesses filles ou brus du roi, tous les mandarins depuis dix ***sac*** jusqu'aux mandarins qui portent le titre de ***néay*** et qui ont au plus quatre ***sac***, c'est-à-dire quatre mille dignités, si toutefois ces derniers sont tenus de faire leur service au palais. Ce sont encore les femmes du roi qui sont ***préa-snom***, les femmes des fonctionnaires qui portent les titres de ***chum-téau, néac-oc, néac-jéai, chas-tum***. Ce sont aussi les ***ocnha-luong***, les gouverneurs des provinces, leurs ***kromokar*** et même les ***mé-sroc*** et les ***chum-top*** des villages.

Les fonctionnaires démissionnaires ou révoqués et qui ne sont pas rentrés au service du gouvernement, bien qu'ils continuent de porter le titre répondant aux fonctions qu'ils ont remplies en dernier lieu, ne sont plus des fonctionnaires, ils n'ont plus aucune dignité et ne peuvent être choisis comme mé-comlang (1).

Le *Somdach-préa-sang-kha-kréach* (2), le ***Louk-préa-sokkon***, qui sont les deux grands chefs des bonzes et les chefs des bonzeries ne peuvent pas être patrons parce qu'ils ne peuvent avoir personnellement ni clients, ni esclaves d'origine, ni esclaves pour dette et qu'ils ne peuvent être les chefs que des pols-préa ou esclaves sacrés appartenant à la pagode qu'ils desservent.

Les pols et toutes les autres catégories d'esclaves d'Etat, et les pols de pagode, ne peuvent pas choisir leurs patrons, parce qu'ils ne sont pas libres. Leurs mé-comlang sont les chefs qui les commandent d'ordinaire.

Les esclaves d'un particulier sont obligatoirement inscrits dans la « force » à laquelle appartient leur maitre.

Les ***Préa-Vongsa*** et les ***Rong-Chmar*** qui sont des membres de la famille royale à des degrés différents mais qui n'ont plus droit d'aspirer au trône ; les ***bakou*** ou ***préam*** dont j'ai déjà parlé ne peuvent choisir leur mé-comlang, parce qu'ils sont légalement soumis à des chefs de leur race.

(1) J'ai dit le contraire dans mon *Droit privé des Cambodgiens*. (Voir 1re partie, IV, les *Libres*, p. 18). Je me suis trompé et je suis heureux d'avoir ici l'occasion de rectifier mon erreur.

(2) Ou *Somdach-préa-Sang-Krey*.

Les catholiques peuvent choisir leur mé-comlang, mais ils sont tenus de le prendre parmi les dignitaires de la religion catholique.

Jusqu'à l'année 1889, les pères des *con-phlô* ou enfants jumeaux ne pouvaient pas choisir leurs patrons; ceux du somrap ek ou apanage royal étaient obligatoirement placés sous le patronage de l'Ocnha-Véang ou ministre des finances; ceux du somrap tou ou apanage de l'Obbajouréach appartenaient à l'Ocnha-srey-thoméa, un dignitaire de ce somrap; ceux du somrap trey ou apanage de l'Obbaréach relevaient de l'Ocnha-srey-sotupphu-Véang, le ministre des finances de cet apanage; ceux du somrap chetva ou apanage de la reine-mère étaient placés sous les ordres de l'Ocnha-Vongsa-akkha-réach. Depuis cette époque, les jumeaux, étant devenus libres ainsi que je l'ai dit ailleurs, leurs pères ne sont plus distingués des autres néac-prey ou hommes libres et peuvent en toute liberté choisir leur mé-comlang.

Les Chinois et les Annamites sont placés sous les ordres de leurs chefs, mais ces chefs ne sont pas des mé-comlang, parce que les hommes de ces nationalités, qui doivent acquitter l'impôt, ne sont ni corvéables ni susceptibles d'être appelés en temps de guerre. « Ils ne sont recensés, disent les ordonnances royales, que pour être connus ».

Les forgerons, les fondeurs, les bijoutiers, les constructeurs de pirogues de course ou de luxe, les dessinateurs, les sculpteurs sont libres de choisir leurs mé-comlang, mais ils ne peuvent les prendre que parmi les chefs de ces métiers qui habitent la capitale ou qui sont employés au palais.

Il en est de même pour les danseurs, pour les musiciens qui sont tenus de prendre leurs patrons parmi les chefs danseurs ou musiciens de la capitale.

D'autre part, comme les princes et princesses qui ont été choisis comme mé-comlang ne peuvent être tenus de désigner personnellement leurs « forces », leurs clients doivent être placés sous la direction et la protection de sous-chefs ; ces sous-chefs de « forces » sont, au texte des ordonnances royales, les *chang-véang* ou chefs des rôles, les *chau-krom*, les *balat-ven*, les *néay-ven* qui sont des sous-chefs de services placés sous les ordres des chau-krom qui, pour leur compte personnel, peuvent avoir une clientèle de gens qui les ont librement choisis. Seulement, tandis que leurs propres menus-comlang sont considérés comme des clients ordinaires, les menus-comlang des princes et princesses dont ils ont la direction sont considérés comme *moha-thloc*, c'est-à-dire comme pages ou serviteurs pouvant être attachés à la personne de leur mé-comlang.

J'ai dit, dans mon *Droit privé cambodgien*, quelles étaient les obligations des chefs de forces et quels avantages le client pouvait retirer de l'organisation de la clientèle, mais je n'ai pas suffisamment insisté sur les liens qui unissaient autrefois, bien plus que maintenant, le client au patron, et le patron au client, sur les obligations qui résultaient pour les deux parties contractantes de la constitution de la clientèle. C'est ce point spécial que je voudrais mettre en lumière, parce qu'il rappelle une époque déjà très éloignée de nous où, dans notre Europe féodale, les obligations du vassal envers le seigneur et les obligations du seigneur envers le vassal étaient la base même du régime social qui s'était établi.

Cette réciprocité de devoirs est surtout attestée par les textes des lois qui obligent le patron à représenter son client en justice, à l'assister dans sa défense, à le protéger contre l'administration quand celle-ci abuse de son autorité et à porter au palais les plaintes que le client lui remet quand il les trouve fondées (1). Elle est attestée d'autre part par les lois qui obligent le client à répondre à l'appel du patron soit pour les corvées d'Etat, soit, en temps de guerre, pour la formation des armées, par les coutumes qui obligent le client à travailler pour son patron quand celui-ci a besoin de ses services, et, quand il n'en abuse pas, à assister aux grandes fêtes de famille et à travailler pour les préparer quel qu'en soit le nombre et la cause (tonte du toupet ou fête de la puberté, *theu-thmeng* ou fête de la nubilité, mariages, *leuk-khmoch* ou incinération). Elle résulte surtout d'un texte de loi peu connu du *Lakkhana Bomnol* (2) ou loi sur les dettes qui statue : 1° que le client qui est appelé dans un lieu éloigné pour le service du roi et qui, avant de partir, a emprunté à son patron ne devra à son retour rembourser que le capital ; 2° que s'il laisse écouler plus d'une année depuis son retour sans rembourser le capital, le patron ne pourra lui réclamer que le capital et les intérêts pour l'année écoulée ; 3° que le client qui a prêté à son patron qui part pour un voyage ou pour le service du roi ne pourra exiger au retour que le capital prêté ; 4° que si le patron laisse écouler six mois depuis son retour sans rembourser à son client, il ne sera tenu de payer que le capital et les intérêts pour les six mois écoulés depuis le retour. J'ajouterai que les avantages de cette loi s'étendent au patron qui emprunte à un autre patron, à un client qui emprunte à un client de sa clientèle, afin d'avoir les moyens de répondre à l'appel du roi.

(1) Au Laos, qui a conservé certaines coutumes qui périclitent au Cambodge « un échange mutuel de services et de protection, dit M. Aymonnier, lie fortement les clients et les patrons. Ils prennent fait et cause les uns pour les autres. » — *Notes sur le Laos*, dans *Excursions et reconnaissances*, numéros de janvier-février, 1885, page 90.

(2) Article 25.

A mon sens, toutes ces dispositions anciennes, presque toujours méconnues aujourd'hui, sont d'origine féodale ; elles attestent dans le passé cambodgien une organisation sociale qui, par beaucoup de points, rappelle le régime social du moyen âge en Europe.

Ces « forces » ou comlang qui, aujourd'hui, ne sont que des clientèles impuissantes, pouvaient être autrefois des « forces » militaires considérables entre les mains des mandarins et des moyens d'action puissants à l'aide desquels un homme habile et hardi devait souvent pouvoir acquérir une grande influence dans l'Etat. C'est probablement pour cela que les lois les ont subdivisées puis si bien amoindries, qu'elles sont aujourd'hui presque détruites. Nous verrons plus tard, quand je parlerai des armées khmères comment un mé-comlang rassemblait ses forces pour les mener au lieu de rendez-vous et comment ces forces particulières concouraient à la formation d'un corps d'armée.

IV

LES OCNHA-LUONG ET LES BALAT-LUONG

Les *Ocnha-luong* et les *Balat-luong* sont des envoyés royaux, des *missi dominici,* au sens absolu du mot. Ils étaient chargés des missions les plus diverses; ils percevaient l'impôt, procédaient aux enquêtes, au recensement, aux arrestations importantes, car ils étaient, au premier chef, les agents de confiance du pouvoir central. Munis par lui de lettres royales les accréditant, ils étaient tenus de se présenter au gouverneur et aux autres fonctionnaires de la province où ils étaient envoyés, avant de procéder (1).

Une loi spéciale, le *Lakkhana* ou *Crâm-ocnha-luong* édicte des peines sévères contre ceux des ocnha-luong qui se rendront coupables de crimes, de malversations, de négligence, etc., et contre ceux qui entraveraient leur mission, etc.

Les derniers rois, et le roi actuel, les plaçaient quelquefois près des gouverneurs des provinces qui ne leur inspiraient pas de confiance, mais qu'ils ne voulaient pas remplacer avant d'être exactement renseignés sur leur manière d'administrer. Dans ce cas, les ocnha-luong ou les balat-luong s'établissaient soit chez les gouverneurs soit près d'eux et surveillaient leur conduite, les réprimandaient et quelquefois les dominaient.

(1) *Crâm-ocnha-luong*, p. 102 et 103 de l'édit. autographiée de 1891. Phnom-Penh.

Dans bien des circonstances ce délégué royal gênait l'administration, l'entravait et, désireux de supplanter celui qu'il venait surveiller, intriguait près du roi et dans la province, afin d'amener sa chute; beaucoup des plaintes qui parvenaient aux ministres étaient inspirées par lui et par ses agents, rédigées souvent par l'un d'eux avec une grande perfidie et avec une mauvaise foi habile. Dans bien des provinces, on voyait la population se partager entre le gouverneur et l'agent royal et deux partis ennemis se créer. J'ai, pour ma part, connu un ocnha-luong qui tenta de faire assassiner le gouverneur près duquel on l'avait placé.

Cette conduite des ocnha-luong ou des balat-luong était moins précise quand le roi les avait envoyés de la capitale, quand ils n'appartenaient point à la province où ils allaient exercer leur mission, parce qu'ils pouvaient moins espérer et moins compter sur les habitants. Elle était presque toujours ce que je viens de dire quand le pouvoir central avait la mauvaise inspiration de les choisir parmi les mandarins du pays et surtout, quand ce titre d'ocnha-luong ou de balat-luong était concédé à un personnage qui l'avait acheté ou auquel il avait été donné comme récompense ou afin de l'indemniser d'une fonction perdue et de le faire patienter dans l'attente d'une autre. Dans ce cas, l'ocnha-luong ou le balat-luong était le gouverneur futur, le *chauvai-sroc* en expectative, celui que les habitants regardaient comme le successeur du chauvai-sroc en fonctions; les intrigues étaient alors faciles et nombreuses ; les haines entre les deux fonctionnaires s'allumaient terribles et le ministère était assailli de plaintes de toutes sortes venant des deux camps.

Régulièrement, en l'absence du chauvai-sroc, l'ocnha-luong devait administrer la province, expédier les affaires, remplacer en un mot le gouverneur, mais celui-ci, méfiant, désignait presque toujours un autre mandarin, l'un de ses balat, un de ses juges à cette fonction et paraissait ignorer la présence de l'envoyé royal que le gouvernement avait placé près de lui. L'ocnha-luong réclamait alors à Phnom-Penh, mais les ministres tenaient rarement compte de ses réclamations et, quand ils répondaient, ils l'invitaient à se renfermer dans ses attributions de haut surveillant. C'est, dans ce cas, que le gouverneur était au palais aussi fortement soutenu que l'ocnha-luong, c'est que les présents qu'il envoyait aux ministres étaient plus riches que ceux adressés par son rival.

En somme, ces envoyés royaux à titre perpétuel étaient ce que le pouvoir central, ce que les circonstances, ce que le caractère des deux personnages, — le surveillant et le surveillé, — voulaient qu'ils fussent. Il arrivait quelquefois que l'ocnha-luong prenait absolument la place du chauvai-sroc et qu'il administrait la province sous ses yeux, et pour son compte, sans que le pauvre gouverneur osât réclamer ou protester près du pouvoir central.

Les ocnha-luong me paraissent avoir été, dans le passé, les agents actifs de la royauté dans l'œuvre de la centralisation, et avoir joué au bénéfice des rois du Cambodge le rôle que jouent au Laos les kha-luong siamois au profit du roi de Siam. Ces derniers, envoyés de la cour de Bangkok pour la représenter à la cour des princes laotiens, pour les surveiller, ont si bien su manœuvrer que, aujourd'hui, vivement soutenus par les ministres et par le roi, ils dominent absolument les chau-muong laotiens et les tiennent dans un état de suggestion véritablement extraordinaire. Ils sont les agents du pouvoir central chargés de ruiner l'influence des princes indigènes et de se substituer lentement à eux. Les habitants résistent d'ordinaire et se serrent autour de leurs princes légitimes, parce que ces princes représentent tout à la fois la nationalité et le passé respecté ; malheureusement ceux-ci sont presque toujours impuissants à les protéger, à les défendre ; ils sont, par les kha-luong actifs et ambitieux, de plus en plus réduits au rôle de chau-muong fainéants.

Eh bien, les ocnha-luong cambodgiens me paraissent avoir joué ce rôle dans le passé ; c'est à eux, je crois, c'est à leur activité, à leur action constante, que les rois doivent l'unité nationale actuelle, la centralisation administrative qui fait que tout le royaume obéit aujourd'hui aux ordres des ministres et que rien ne peut se faire sans leur assentiment, à leur insu tout au moins.

Tout d'abord, ces *missi dominici* ne furent pas nommés dans une province à titre perpétuel ils passaient avec une mission précise comme passent aujourd'hui les ocnha-luong, chargés de percevoir les impôts, ils recueillaient les plaintes des habitants et faisaient leur rapport soit au roi, soit aux ministres ; ce n'est que plus tard, à mon avis, que le pouvoir central, étant devenu plus puissant, osa les envoyer résider dans les états feudataires, dans les principautés soumises, avec la mission connue d'y représenter le roi, et la mission secrète de surveiller les princes souverains et de travailler à la ruine de leur autorité, à l'œuvre de la centralisation. Plus tard encore, quand les princes eurent perdu leur influence, quand les ocnha-luong, travaillant pour le compte du roi du Cambodge, eurent assis la leur et affirmé leur autorité, fait en un mot ce que les kha-luong ont fait des chau-muong laotiens, le pouvoir central osa davantage et il augmenta le nombre de ses agents. Les ocnha-luong placés près des sdach-tranh eurent sous leurs ordres des balat-luong placés près des chau-muong, c'est-à-dire des ocnha-luong, résidant au chef-lieu du dey, près du prince souverain ou du haut fonctionnaire qui en tenait lieu, et des balat-luong qui résidaient au chef-lieu des districts du dey, près des chau-muong, qui les administraient.

Voilà, à mon avis, ce que fut l'œuvre des ocnha-luong dans le passé du peuple khmer. Je sais bien que rien dans les chroniques royales ne justifie cette hypothèse, mais il y a des traces, des traditions populaires mal retenues, mal comprises, démembrées, qui viennent l'appuyer, et surtout, il y a l'œuvre que les kha-luong siamois accomplissent sous nos yeux au Laos. Or, comme les kha-luong siamois ne sont pas autre chose que ce que sont les ocnha-luong cambodgiens, des agents dévoués et stylés du pouvoir central, ses *missi dominici*, on peut, par analogie, juger de ce que furent dans le passé les agents des rois cambodgiens par ce que sont dans le présent les agents du roi siamois.

Quoi qu'il en soit, les ocnha-luong et les balat-luong à demeure fixe ont vécu.

Déjà officiellement supprimés en 1877 par l'ordonnance royale du 15 janvier, les ministres ne tardèrent pas à en nommer de nouveaux et les luttes que le roi avait, d'accord avec nous, voulu supprimer, recommencèrent. La nouvelle organisation de 1892, moins connue du public, parce qu'elle n'a pas fait l'objet d'une ordonnance royale aussi détaillée que celle de 1877, les a définitivement supprimés. Aucun traitement n'a été prévu pour eux et ceux qui existaient encore ont été rappelés.

V

L'EAU DU SERMENT

Tous les fonctionnaires du royaume, quand ils tiennent leurs pouvoirs du roi (1), sont tenus de venir à Phnom-Penh, deux fois par an, — dans la première quinzaine de Chet (premier mois) et dans la première quinzaine de Photrebot (sixième mois), — boire l'eau du serment *(phoc-teuk-sâmbât)*, c'est-à-dire prêter serment de fidélité au monarque. Cette coutume très ancienne n'est pas particulière au peuple khmer, elle est pratiquée au Siam, en Birmanie, au Laos, dans tous les États, dans la presqu'île de Malacca et dans tous les États malais.

Dans son ***Voiage aux Indes orientales depuis 1658 jusqu'à l'an 1665***, Gautier Schouten l'a observée chez les Malais, mais ne l'a que très brièvement décrite : « La manière de prêter serment, dit-il, est en trempant la pointe de leur poignard dans l'eau, et en s'en laissant tomber des gouttes sur la langue. En même temps, ils désirent de bouche que s'ils ne font pas les choses à quoi ils s'engagent, leur fidélité ne demeure pas impunie (2) ». Schouten ne dit point que cette eau du serment était au

(1) Ceux qui tiennent leur pouvoir d'un apanagiste boivent, au palais de l'apanagiste, l'eau consacrée par ses armes.

(2) Traduction du hollandais, 3e édition corrigée, 1724, tome II, page 311.

préalable consacrée et quelles paroles les prestataires prononçaient.

M. Moura, dans son *Royaume du Cambodge*, a décrit toute cette cérémonie avec beaucoup de soin, et je ne puis mieux faire que de copier ici ce qu'il en dit. « En avril et septembre, les mandarins, les différents fermiers, quelle que soit leur origine, sont tenus de se rendre à la capitale pour y prêter le serment d'usage. Ceux dont l'absence est remarquée, ou bien ceux qui ne sont qu'en retard, devraient être destitués et enchaînés, si on s'en tenait à la rigueur des lois ; mais on est de nos jours moins sévère et on se contente d'infliger une amende, qui est de quinze francs (1) environ par degré de la dignité du mandarin pris en défaut. Ces amendes sont remises en totalité aux deux chambellans : le *moha-tep* et le *moha-montrey* (2).

« L'eau consacrée (3) est contenue dans une quinzaine de jarres, disposées autour d'un dais de soie sous lequel prennent place (4) les idoles des principales divinités brahmaniques, et où sont déposés aussi les insignes de la royauté, des amulettes que le roi porte à la guerre, de petits reliquaires renfermant des ossements de saints... L'eau destinée aux dames de la cour est dans un grand bassin en cuivre et celle préparée (5) pour les princes est contenue dans de grandes gargoulettes en or à dessins repoussés.

« Les brahmes (6) qui ont la direction de la cérémonie, commencent par offrir des aliments aux dieux, aux

(1) 5 piastres. — Ils devaient autrefois être décapités (*Crâm-Monti-Robal*, art. 122-123).

(2) Au *Louk-moha-tep* pour les mandarins de la gauche ; au *Louk-moha-montrey* pour les mandarins de la droite.

(3) Il faut lire ici : « L'eau à consacrer... »

(4) Il faut lire : « sont placées... »

(5) Il faut lire : « à préparer ».

(6) Ou bakous.

anges, aux ancêtres, afin de les disposer à honorer de leur présence la prestation du serment. Le roi s'assied près du dais (1) sur un riche tapis, ayant à sa droite les princes placés suivant leur rang et tous prosternés. Les mandarins prennent place dans la première moitié de la salle, les plus gradés en avant. »

J'ajouterai que les prestataires du serment doivent être à jeun, et n'avoir sur eux aucun bijou d'or ou d'argent.

« Dès leur entrée dans la salle, les mandarins allument chacun une bougie, la collent sur les rebords des jarres, se prosternent devant le dais et regagnent leurs places. Ils sont tous revêtus, ce jour-là, de leur longue robe blanche de cérémonie (2).

« Enfin le chef des bakous s'avance et prononce le discours suivant : « Les cinq bakous les plus élevés en « grade ont reçu directement du roi l'ordre de prendre « à témoin du serment que l'on va prêter, les dieux, les « anges de la terre et des cieux, Siva, Vichnou, la déesse « Kali, les esprits des mers, des forêts, des fleuves, des « iles, des montagnes..., les diables qui sont puissants, « les damnés, les yeac (yakchas), le soleil, la lune, le « feu, l'eau, le vent, la terre. »

« Après cet exorde, les brahmes trempent dans l'eau les armes du roi, ainsi que celles de sa garde, des boulets, des biscaïens, des balles estropées avec des cordages en rotin. Ces projectiles sont ceux qui doivent entrer dans le corps des parjures s'il s'en produit.

« Cela fait, les lettrés se présentent, un livre à la main ; ils vont se placer en face des princes, des mandarins et, après les avoir salués, il leur lisent la formule suivante

(1) Le roi n'assiste plus depuis longtemps à cette cérémonie.

(2) *Sampot-than-sâ*, c'est-à-dire sampot dont la partie centrale est blanche. En fait, c'est une longue et large pièce d'étoffe en soie blanche avec une bordure de couleur. Ce n'est pas une robe.

du serment que ces messieurs (1) répètent phrase par phrase.

« Sire, moi, un tel, placé sous la poussière de vos « pieds sacrés, je jure d'être zélé dans le service de « l'Etat et celui de votre Majesté. Je promets de ne servir « que vous de très bon cœur et sans arrière-pensée, de « vous être fidèle, de ne pas méconnaitre votre autorité « et de ne pas favoriser les entreprises des souverains « étrangers contre le royaume. Je m'engage, au con- « traire, à dénoncer et à poursuivre sans pitié les fomen- « tateurs d'intrigues et de troubles. Si des ennemis « faisaient des tentatives contre le royaume, et si je « n'accourais pas pour le défendre; si, dans un cas « pareil, je me cachais, et si, par mon exemple, je « faisais naitre parmi le peuple des sentiment de crainte, « de terreur, je ne serais plus digne d'être votre servi- « teur. Je jure de ne jamais manquer au devoir, à la « justice, à la fidélité envers le souverain ; et si je dois « y faillir un jour, qu'il m'arrive alors tous les malheurs « qui frappent les parjures. J'invite les anges des villages, « ceux des arbres, les esprits bons ou mauvais, les « génies de l'air et du vent, les régents des quatre « points cardinaux, la déesse de la terre, tous les diables « et les démons..., à m'ôter la vie si je deviens jamais « infidèle. Si je manque à mes serments, que je renaisse « dans une condition misérable et que, dans ce monde, « je sois foudroyé par le feu du ciel, mordu par les « caïmans et les autres animaux voraces, que je sois « percé par la corne du bœuf, du buffle ou la défense « de l'éléphant, que je sois écrasé sous le poids énorme « de cette dernière bête et que je meurs malheureux et « sans funérailles, ou qu'enfin je sois tué par vos armes, « sire, et que l'on me plonge ensuite dans les enfers où je « resterai cent mille siècles. »

« Le serment que les dames de la cour prêtent est à

peu près analogue au précédent, sauf les différences que voici :

« Je jure d'être fidèle au roi, de ne pas divulguer les « choses que les souverains étrangers doivent ignorer, « de remplir mes devoirs d'épouse (de servante, dan- « seuse, etc., selon le cas), de ne jamais écouter les « propos amoureux qui me seraient adressés et de « dénoncer, au besoin, celles de ces dames, qui seraient « devenues infidèles au roi. »

« Dès que la lecture du serment est terminée, les bakous offrent l'eau que les mandarins avalent et le serment est définitivement prêté (1).

« Dès le lendemain de la cérémonie, des délégués vont dans les provinces, avec une certaine quantité d'eau consacrée, afin de recevoir le serment de ceux que la maladie ou les exigences du service ont empêchés de se rendre dans la capitale le jour prescrit. » Ces fonctionnaires peuvent aussi envoyer leurs kromokar chercher l'eau du serment qu'ils boivent chez eux cérémonieusement.

Au Laos, les mandarins siamois et les mandarins laotiens vont, deux fois par an, boire l'eau du serment non à Bangkok, qui est trop éloigné, mais dans une pagode du chef-lieu. Le kha-luong ou *missi dominici* remplace le roi et reçoit le serment en son lieu et place. Cette cérémonie se fait avec le plus de faste possible afin de frapper l'imagination de ceux qui y assistent et d'inspirer une grande terreur à ceux qui boivent l'eau du serment.

Cette coutume de tremper les armes du chef dans l'eau et de distribuer cette eau à ses fidèles est très ancienne;

(1) Ils doivent vider la petite tasse entièrement, renverser dans leur main les quelques gouttes qui y demeurent et se passer la main sur la tête.

elle est aujourd'hui devenue coutume royale et particulière, mais j'ai quelques raisons de croire que tous les feudataires autrefois, tous les représentants du roi dans les provinces, tous les princes, tous les chefs faisaient ainsi boire l'eau du serment à leurs guerriers, à leurs fonctionnaires, et que c'était le mode général de prêter serment dans le passé. Aujourd'hui encore, les rebelles prêtent serment de la même manière entre les mains du chef qui les mène au combat ou dont ils ont résolu de suivre la fortune; le chef trempe ses armes dans l'eau d'un vase et la distribue à ses compagnons qui la boivent après avoir prononcé un serment plus substantiel que celui que prêtent les mandarins royaux, mais non moins énergique. Boire l'eau du serment, c'est donc s'engager envers un chef, c'est jurer fidélité et se vouer, en cas de trahison, aux malheurs horribles, à la mort cruelle et aux feux de l'enfer.

C'est ainsi que les Indo-Chinois et les Malais ont imaginé une cérémonie de serment qui remplace l'hommage que les vassaux du moyen âge rendaient en Europe, à leur suzerain. Le mode malais est plus guerrier et convenait bien à ce peuple de pirates toujours occupés à organiser une expédition ou à exécuter un projet de pillage, mais le mode cambodgien est plus civil, plus pacifique; il convient mieux à ce peuple aux mœurs calmes, artiste et peu porté aux exploits militaires. Cependant, on ne peut s'empêcher de constater que cette cérémonie est toute brahmanique, que les bonzes n'y assistent point et que c'est par la vertu des armes du prince qu'on prête serment de fidélité. On croit fermement, bien que cent exemples contraires à cette croyance soient connus, que celui qui prêterait ce serment avec une arrière-pensée et boirait l'eau consacrée par les armes du prince, ayant le projet de trahir, périrait sur l'heure ou dans un avenir prochain par un accident.

Cette superstition, qui rappelle celle que nos aïeux nourrissaient à l'égard du serment, donne à cette cérémonie antique un caractère bizarre qui ne laisse pas de troubler les consciences des mandarins. On en a vu, dit-on, qui sur le point d'entrer en rébellion, trouvaient un motif pour n'y point participer. De là les pénalités graves, — l'arrestation, la chaine et la destitution, — qui frappaient les absents subitement devenus suspects. Aujourd'hui, la foi dans l'efficacité de l'eau du serment, la terreur qu'inspire un parjure, sont moins grandes et les lois de l'antiquité ne sont plus que rarement appliquées; c'est que le manquement, l'absence du mandarin moins profondément ému par le serment, ne sont plus aux yeux de l'État khmer un motif sérieux de suspicion; on punit d'une amende ceux qui ne se présentent pas, et souvent même on admet pour bon le motif d'absence qu'ils donnent, si peu valable qu'il soit. J'ai connu un gouverneur qui quatre fois de suite n'est pas venu boire l'eau du serment et qui s'en est tiré avec une centaine de piastres qu'il a données au *Louk-moha-montrey*, chambellan de droite.

VI

LES PHNÉAK-NGÉAR

Les *Phnéak-ngéar* provinciaux ont été supprimés en 1892, après la nouvelle organisation proposée par le Protectorat et acceptée par le roi. Ils étaient les agents d'un certain nombre de mandarins qui habitent Phnom-Penh; ils dépendaient autrefois du *Préa-nokor-bal* et formaient probablement son krom. A une époque que je ne saurais déterminer, ils sont parvenus à sortir de la dépendance du préfet de police et à rentrer sous celle des ministres. Il serait peut-être plus prudent de dire que ces mandarins avaient acheté des titres et des fonctions, et qu'ils les portaient ou les exerçaient pour leur compte personnel et sous leur responsabilité. En principe, c'était peut-être cela; en fait leur responsabilité était nulle. Pour retrouver le prix de leur charge et en tirer des revenus, ils vendaient à d'autres agents qu'ils nommaient ce qu'ils avaient acheté, et les envoyaient dans les provinces exercer leurs fonctions et percevoir les droits qu'on leur avait concédés. Quelques-uns demeuraient en relations avec leurs agents provinciaux, mais la plupart ne s'occupaient guère des affaires relevant de leurs fonctions, et les laissaient traiter par leurs agents avec les gouverneurs des provinces où ils étaient chargés de rechercher les criminels et les délinquants.

Ces mandarins fainéants étaient autrefois les phnéak-ngéar du Préa-nokor-bal (1); leurs agents étaient les phnéak-ngéar provinciaux. C'est surtout de ces derniers que j'ai à parler ici, car ils sont dans les provinces de véritables officiers de police judiciaire.

M. Aymonnier a donné, dans une notice sur le Cambodge, la liste des phnéak-ngéar de la province de Bati en 1873. Je m'en servirai en la rectifiant pour énumérer tous ces agents et déterminer leurs fonctions.

1° Le *menou* était un agent du ministre de la justice, chargé de poursuivre les voleurs, les meurtriers, les assassins, les querelleurs, les batailleurs dont les querelles ou les rixes ont entraîné des blessures graves ou des meurtres. Il touchait une part de l'amende infligée pour ces crimes ou délits.

2° Le phnéak-ngéar nommé par le *Maha-montrey* était chargé de veiller sur les héritages des mandarins qui mouraient sans héritiers, et de confisquer leurs biens au profit du trésor royal. Si ces mandarins laissaient des veuves, leur héritage appelé dans ce cas *méardak,* était divisé en trois parties égales : une appartenait aux femmes, une autre devait être dépensée en bonnes œuvres au nom du défunt, et la troisième partie devait être versée au trésor du roi. Quand il n'y avait pas de femmes, le partage se faisait par moitié; une part était pour le roi et l'autre part devait être dépensée en bonnes œuvres. Ce phnéak-ngéar était chargé en outre de poursuivre

(1) Ils étaient probablement tout d'abord les lieutenants du Préa-nokor-bal, puis on leur vendit une partie des attributions de celui-ci; plus tard ces offices, ces attributions passèrent des anciens agents à demi émancipés, à des mandarins qui n'étaient plus sous sa dépendance et qui faisaient partie de différents kroms. Ces offices furent alors achetés ou donnés par le monarque pour services rendus. En somme, cette mesure qui avait pour but de fournir des revenus au roi ou de satisfaire l'appétit des mandarins de son entourage, produisit l'émiettement des pouvoirs du Préa-nokor-bal entre une vingtaine de mandarins mal préparés.

tous ceux qui commettaient des crimes ou des délits à propos de ces biens, soit en essayant de tromper les mandarins sur leur importance, soit en dérobant une partie de ces mêmes biens, soit en ne consacrant pas aux bonnes œuvres la partie laissée à leur discrétion.

3° Les trois phnéak-ngéar nommés par le *Saupléa-thuppedey*, le *Montrey-kotdarach*, le *Piphéak-vinichey*, qui étaient chargés de poursuivre les femmes qui ont convolé à des secondes noces avant d'avoir brûlé les ossements de leurs maris défunts. Ils étaient chargés de faire restituer, par ces femmes infidèles à la mémoire de leur mari, la part des biens de la communauté (*trâp-sômbach*) qu'elles avaient reçue et à laquelle elles n'avaient plus droit par suite de leur infidélité.

4° Le phnéak-ngéar nommé par le *Yuthéa-sang-kream-thuppedey* était le chef des pols; on l'avait chargé de délivrer en son nom une seconde lettre d'affranchissement aux esclaves héréditaires affranchis par leurs maîtres, à ceux qui étaient parvenus à se racheter et qui étaient déjà munis d'une première lettre délivrée par leur maitre. Comme officier de la police judiciaire, tous les pols du roi soumis à sa surveillance et placés sous ses ordres lui devaient obéissance.

5° Le phnéak-ngéar nommé par le *Piphéak-tup-réa-chéa-chang-véang* était chargé d'apposer son cachet au bas de la lettre d'affranchissement dont il vient d'être parlé, puis d'aider son collègue à découvrir les crimes commis par les pols ou les néak-ngéar.

6° Le phnéak-ngéar nommé par le *Vongsa-thuppedey* était chargé de poursuivre ceux qui se dérobent à l'impôt et de vendre au besoin ces délinquants.

7° Le phnéak-ngéar nommé par le *Pohul-tep* était chargé de poursuivre et de vendre au besoin les voleurs de buffles. Les buffles trouvés devaient lui être remis.

8° Deux phnéak-ngéar nommés l'un par le *Rôt-séna*,

l'autre par le *Luong-pipheák* étaient chargés de poursuivre les voleurs de bœufs et de recevoir les bœufs perdus ou égarés.

9° Le phnéak-ngéar nommé par l'*Ocnha-thom-séna-thuppedey* était chargé de poursuivre ceux qui se rendent coupables d'incestes, etc.

10° Un menou nommé par l'*Ocnha-anten*, chargé de poursuivre en justice les hommes et les femmes qui prennent la fuite ensemble, etc. Il recevait sept domlongs par condamnation prononcée pour ce motif et réclamait quelques piastres à tous les gens que le tribunal provincial avait condamnés à l'amende et qui l'avaient payée.

11° Un phnéak-ngéar nommé par le *Chomnit-essoréach* (trésorier) était chargé de recevoir du gouverneur la part des amendes revenant au roi et de poursuivre tous ceux qui, soit en ne payant pas l'amende encourue, soit en n'appliquant pas la peine prévue, portaient préjudice au trésor du roi.

A ces quatorze phnéak-ngéar, qui tous exerçaient dans la seule province de Bati, M. Aymonnier en joint d'autres qui, ne figurant pas dans cette liste, procédaient dans la province de Saang, qui, plus heureuse, n'avait que six phnéak-ngéar. Ce sont :

12° Les deux phnéak-ngéar, nommés par le *Sauphéa-thuppedey* et qui étaient chargés de poursuivre devant les tribunaux les adultères, les filles enceintes et leurs séducteurs ou amants.

13° Un phnéak-ngéar nommé par le *Préa-sang-krey* et qui était chargé de poursuivre ceux qui insultent leurs ainés, leurs parents ou leurs alliés, les bonzes qui, défroqués, prennent des femmes habitant près de la pagode à laquelle ils appartenaient ou qui leur faisaient habituellement l'aumône.

Et ce n'est pas tout. Chaque crime, chaque délit, pouvait être séparé des autres et vendu ainsi à des agents provinciaux qui trouvaient le moyen de se créer des revenus avec leur charge, touchaient des parts d'amende, des frais d'arrestation et ne négligeaient pas de garnir leur bourse en ayant l'apparence de poursuivre les crimes et les délits conformément aux lois. Ils vendaient leur silence, leur indulgence, et fermaient les yeux sur les fautes des gens généreux.

Des crimes demeuraient ainsi impunis parce qu'ils ne parvenaient pas à découvrir les coupables ou parce qu'ils les laissaient volontairement échapper de leurs mains.

Ils étaient très mal vus en général par les gouverneurs dont ils se partageaient une grande partie des attributions et dont ils diminuaient les revenus.

Placés sous leurs ordres et ne pouvant envoyer à Pnhom-Penh une seule pièce si elle n'était revêtue du cachet et de la signature du gouverneur, ils paraissaient tout devoir subordonner à ses ordres ; en fait, ils agissaient souvent malgré lui, lui forçaient la main et le poussaient à des poursuites souvent injustes, ou bien à rendre des ordonnances de non-lieu imméritées.

C'étaient eux que le gouverneur chargeait des enquêtes et de l'instruction des affaires qu'ils lui dénonçaient et lui amenaient. Ils rédigeaient ou faisaient rédiger les procès-verbaux d'interrogatoire, des dépositions de témoins sous leurs yeux, puis en assumaient la responsabilité.

Depuis quelques années déjà ils étaient devenus inutiles et les gouverneurs avaient réussi à leur substituer les ***kromokar***. On les a supprimés et cette suppression a été approuvée par tous les mandarins non intéressés à leur existence et par le peuple cambodgien tout entier, car moins il y a d'agents moins le peuple est dépouillé.

VII

LES ARMÉES CAMBODGIENNES

Le régime militaire au Cambodge paraît avoir été de tout temps celui de la levée en masse, mais il est probable qu'il y avait toujours, près du souverain et près des chefs des grandes provinces, un noyau d'hommes armés, de braves, *téahéan*, comme disent les Khmers, ou de *néac-chambang*, de guerriers, qui formaient la garde du prince et qui pouvaient encadrer les troupes provenant des levées hâtivement faites.

Tout homme valide, en état de porter les armes, doit le service militaire au roi ; plus anciennement il le devait aux sdach-tranh et à son mé-comlang quand celui-ci était appelé. De plus, si j'en crois une tradition, quand cet homme valide possédait des éléphants, des chevaux, des voitures, des bœufs, des buffles, des bateaux, il devait, sur premier ordre, les amener soit au *rung-téahéan* (camp d'armée) soit au *kompong* (rivage) qui lui était désigné, ou bien les y faire conduire par des hommes à lui et à ses frais. La réquisition s'étendait aux moyens de transport appartenant aux invalides, aux femmes veuves ou vieilles, aux enfants, même aux princes, aux princesses et aux mandarins petits et grands.

Aujourd'hui, les levées d'hommes sont faites par le mé-sroc qui rassemble tous les hommes valides de son village inscrits sur les listes du recensement et qui les conduit au camp. Autrefois, si considérables qu'elles fussent, alors même qu'elles s'étendaient, dans les circonstances critiques, à tout le territoire du royaume, la levée en masse n'était pas une levée d'individus faite par un chef de village ; elle était la levée de tous les mé-comlang qui rassemblaient leurs « forces » et venaient se mettre à la disposition du général en chef nommé par le roi.

Il est probable que, tout d'abord, le mé-comlang commandait sa clientèle, sa « force », et la conduisait lui-même au combat, mais, en dernier lieu, les « forces » étaient confondues, je dirai même brisées, désagrégées, et les individus qui les composaient étaient répartis d'après leur armement dans les compagnies qui formaient le corps d'armée. Cependant, il était d'usage de former les compagnies avec les gens du même pays, « afin, me dit un vieux Cambodgien, que, se connaissant mieux, ils soient plus portés à se secourir, à s'entr'aider pendant le combat ».

Une armée était généralement commandée par le roi, — les Varmans paraissent avoir été surtout des rois guerriers, — ou par un prince ou par un ministre, ou même par un sdach-tranh qui prenait alors le titre militaire de *mé-top*, chef de l'armée, ou de *mékang-thom*, grand commandant ou commandant en chef.

Elle comprenait toujours deux corps principaux placés sous les ordres de sous-chefs ; un corps d'armée qui prenait le nom de *top-sdam*, armée de droite et qu'un *mékang-sdam*, commandant de droite, commandait ; un corps d'armée qui prenait le nom de *top-chhveng*, armée de gauche, et qu'un *mékang-chhveng* (1) commandant de gauche, conduisait.

En avant, il y avait un corps d'avant-garde, le *top-muk*

(1) On dit aussi depuis une cinquantaine d'années : *balat-top-sdam*, *balat-top-chhveng*.

(troupe de devant, de la face) composé de quelques compagnies ; il était chargé d'ouvrir la route aux armées qui le suivaient et de prendre contact avec l'ennemi quand il l'avait découvert, et, enfin, d'indiquer les positions de celui-ci au général en chef ; le corps d'avant-garde était commandé par un *mékang-top-muk.*

Entre les deux corps d'armée principaux, un peu en arrière, le plus souvent à peu de distance et en vue de l'un d'eux, soit en avant, soit en arrière, entouré de ses guerriers de profession et de vocation, bien armés, se tenait le mé-top ou mé-kang-thom, c'est-à-dire le général en chef, ordinairement monté sur un éléphant richement harnaché. Près de lui se tenait le porte-étendard qui, pendant la bataille, devait servir de point de ralliement. Il avait pour lieutenant et pour sous-lieutenant ou plus exactement pour aides de camp, un *balat-top* et un *jokobat-top*, qui, pour son compte, étaient chargés de la haute surveillance de l'armée et d'envoyer sur les points menacés, les troupes qui leur étaient demandées (1). Quand le roi conduisait lui-même l'armée, les bakous l'accompagnaient afin de pouvoir, la bataille terminée, purifier avec de l'eau lustrale le monarque vainqueur ou vaincu. Un roi khmer, qui est en même temps un chef suprême de la religion, ne doit point demeurer souillé de sang humain ou même des émanations provenant du sang répandu.

En avant de chaque corps d'armée, souvent de chaque fraction, un *séna* ou héraut marchait « sans peur » et provoquait bravement les ennemis au combat. Choisi parmi les plus courageux et les plus éloquents, cet officier ne devait jamais, sans un ordre, reculer devant l'ennemi, alors même que les traits d'arbalètes et les

(1) S'ils ne fournissaient pas le nombre d'hommes demandé, ils étaient, si leur négligence était prouvée, passibles de la peine de mort (*Crâm-khbat-sek*, article 21).

balles sifflaient autour de lui et abattaient quelques-uns de ceux qui le suivaient. La fuite d'un séna pouvait amener la déroute de l'armée ; elle était généralement punie de mort.

Un corps d'armée se composait de compagnies de cent hommes commandées par des *mé-roy* ou *néay-roy* (chefs de cent); ces compagnies étaient formées d'hommes uniformément armés. La compagnie ou *top-roy* se divisait en deux sections de chacune cinquante hommes (*top-ha-sop*); ces sections étaient commandées par des *mé-ha-sop*, c'est-à-dire par des chefs de cinquante. La section comprenait cinq dizaines commandées chacune par un *mé-tondap* ou chef des hommes, dizainier. On appelait *néay-pol* et *néay-rê* les chefs qui commandaient les compagnies formées avec des pols ou esclaves d'Etat.

Dix compagnies formaient un *top-pahn*, quelque chose comme un régiment, elles obéissaient à un *mé-kang-pahn* ; dix régiments formaient un *top-meun*, quelque chose comme une cohorte qui obéissait à un *mékang-meun* ; dix cohortes formaient un *top-sen* ou armée de 100.000 hommes qui avait pour chef un *mékang-sen* (1).

En tête et en queue de chaque corps d'armée et de l'avant-garde, il y avait un étendard et souvent chaque compagnie en avait un. Les hommes portaient autour de la tête ou dans leur ceinture mais cachés dans les plis des morceaux d'étoffes couverts de dessins, de lettres et de chiffres qui, croyait-on, avaient la propriété de rendre invulnérables ; ils portaient aussi des amulettes dans le même but et buvaient ou mangeaient l'eau préparée ou les compositions mystérieuses que leurs chefs leur donnaient ou que des sorciers leur vendaient.

(1) *Pahn* veut dire mille, *meun* signifie dix mille et *sen* cent mille.

Les chefs de corps d'armée montaient le plus souvent des éléphants, mais quelquefois, soit que le terrain fut impropre, soit par préférence, ils étaient à cheval. Les centeniers ou mé-roy pouvaient être montés, mais les chefs placés sous leurs ordres, quand ils ne commandaient pas des hommes à cheval, étaient tenus d'aller à pied.

Les hommes à cheval étaient peu nombreux, ils formaient des petits groupes qui pouvaient être chargés d'explorer le pays d'aller porter des ordres dans les villages voisins, mais on les employait rarement à combattre. Les Khmers, ni les Siamois, ni les Laotiens ne paraissent avoir compris le parti qu'on peut tirer de la cavalerie au cours d'une bataille. En retour, il y avait quelquefois des compagnies montées à éléphants et des armées qui présentaient à l'ennemi jusqu'à 800 éléphants montés par des guerriers qui combattaient avec l'arc et la lance (1). Un grand nombre d'éléphants était une condition de succès, parce que ces bêtes puissantes et guerrières qui s'avançaient au milieu des combattants, souvent malgré vingt dards qui leur perçaient les flancs, impressionnaient vivement l'ennemi.

Une armée khmère étant toujours tumultueuse, on appréciait beaucoup les généraux et les chefs placés sous leurs ordres qui savaient maintenir un peu d'ordre et obliger les compagnies à garder leurs places. « Bien des batailles ont été perdues par les Khmers, me dit un ancien séna, parce qu'ils ne savaient pas garder leur

(1) En 1581, une armée Siamoise de 100.000 hommes ayant 800 éléphants et 1.850 chevaux pénétra au Cambodge. Les annales annamites parlent d'une armée chame qui en 436 de notre ère, grâce à ses nombreux éléphants, défit une armée chinoise et qui fut défaite à son tour par suite d'un stratagème d'un général chinois qui imagina de faire construire des animaux énormes en carton qui lançaient des fusées par la bouche. Les éléphants des Chams prirent peur, s'enfuirent et l'armée fut vaincue. *Truong-Vinh-Ky, Cours d'histoire annamite*, t. I, pages 28-29.

place pendant la bataille et surtout parce que leurs chefs ne savaient ni obéir aux ordres qu'ils recevaient ni se faire obéir de leurs hommes, indisciplinés par nature. » Des peines graves pouvaient cependant être infligées au chef qui ne savait pas occuper avec sa troupe la place qu'on lui avait désignée (1). On poussait les soldats au combat, on les frappait à coups de bâton, de sabre, pour les obliger à avancer (2).

Les guerres avaient généralement lieu pendant la saison sèche, après la moisson, quand les greniers étaient encore pleins de grains, afin que les armées pussent plus facilement trouver des vivres. Cette saison correspond aussi aux mois les moins chauds de l'année. Elle offre encore cet avantage que les routes sont sèches, que les fleuves, rentrés dans leur lit, laissent le pays accessible partout. En retour, l'eau manquait souvent, mais un général qui connaissait bien le pays où il agissait, savait toujours conduire son armée au bord des rivières qui avaient conservé de l'eau et y établir ses camps et ses haltes.

Quand le roi commandait l'armée ou l'accompagnait, le campement était désigné par son *hora* (astrologue), qui passait pour être seul en puissance d'éviter les endroits néfastes. Si une épidémie grave survenait, si un malheur arrivait au campement, le hora était sévèrement puni, soit qu'on le soupçonnât de trahison, soit qu'il fût accusé de négligence.

Quand les chefs s'étaient réunis pour délibérer et avaient décidé d'attaquer une forteresse ennemie, soit le jour, soit la nuit, le hora indiquait l'heure précise de l'attaque, « l'heure favorable ».

Quand un corps d'armée était formé, s'il partait de la

(1) *Crâm-khbat-sek*, art. 19.

(2) *Ibid*, art. 17.

capitale, le Véang ou ministre du palais chargé des finances et des magasins de vivres vidait les greniers du roi et remettait aux guerriers quelques rations de riz, du poisson salé, du bétel, des noix d'arec, du tabac, afin de leur ôter toute raison de réquisitionner aux alentours de la capitale, dans la province où elle était située, ce qui eût pu mal disposer les habitants et compromettre la sûreté du roi et celle de sa maison. Les provisions ne duraient que deux ou trois jours, mais elles étaient suffisantes pour permettre à l'armée de quitter le pays qu'on voulait préserver. Quand elles étaient épuisées, les troupes devaient vivre sur le pays qu'elles traversaient ou qu'elles occupaient. Aucun convoi de vivres ne les suivait; cependant l'ordre était donné aux autorités des provinces voisines de la route suivie par l'armée, de diriger des provisions sur les camps qu'elle avait établis, ou bien à des points désignés d'avance. Quelquefois cet ordre s'étendait à un vaste territoire, et toutes les femmes, déjà privées de leurs maris partis pour l'armée, étaient réquisitionnées, invitées à décortiquer tout le paddy de leurs greniers et à travailler pour l'armée. Alors de longs convois formés de femmes et d'enfants, la tête chargée de riz, de poisson sec, de fruits, s'acheminaient péniblement vers les camps sous la conduite des mandarins. Toutes les voitures, tous les bœufs, tous les buffles étaient réquisitionnés et chargés de denrées. Ces réquisitions ruinaient le pays, souvent plus que le pillage, parce que, méthodiquement faites par les fonctionnaires du pays à l'aide des listes du recensement, elles s'étendaient à toutes les maisons et les vidaient, tandis que le pillage ne touchait que le plus grand nombre et souvent que quelques milliers de maisons voisines des routes suivies par l'armée. Ces réquisitions soulevaient quelquefois les provinces qui les subissaient et mettaient ainsi les troupes nationales entre l'ennemi de l'extérieur et les insurgés de l'intérieur (1).

Les armées indo-chinoises étaient quelquefois très grandes. Je vois, en 1534, une armée de 90,000 hommes qui descend du Siam au Cambodge et qui se fait battre par une armée cambodgienne ayant probablement un nombre de combattants plus considérable. En 1561, deux armées laotiennes paraissent au Cambodge ; l'une compte 50,000 hommes et descend le grand fleuve en pirogues ; l'autre, de 70,000 hommes, suit la rive droite ; elles sont battues par deux corps d'armée cambodgiens. En 1581, une armée siamoise forte de 150,000 hommes, 800 éléphants et 1,800 chevaux, pénètre au Cambodge, etc., etc.

Quand on voulait attaquer un pays voisin, lui prendre quelque territoire, on rassemblait à la hâte une armée aussi nombreuse que possible et, avant que l'ennemi fût prévenu ou ait eu le temps de rassembler des troupes, on portait la guerre dans les provinces convoitées.

Quand le pays était attaqué, c'était rarement à la frontière que se portaient les corps d'armée qu'on voulait opposer à l'ennemi, parce qu'on n'avait guère le temps de les former et de les y conduire. On faisait évacuer les provinces menacées, on détruisait les maisons ; les provisions qu'elles contenaient étaient emmenées ou brûlées quand on pouvait l'obtenir des habitants. Puis on envoyait quelques compagnies pour tenir le pays et surveiller l'ennemi, et on concentrait bien en arrière de la frontière, à trois jours et même huit jours de marche

(1) En 1778, les hommes levés dans la province de Kompong-Soai, à la nouvelle que leurs femmes avaient été réquisitionnées pour décortiquer le paddy pour les troupes et que leurs greniers avaient été vidés, quittèrent l'armée, rentrèrent dans leur pays et tuèrent l'envoyé royal chargé des réquisitions. Ce fut là l'origine de l'insurrection de tout le nord du Cambodge qui compromit la dynastie et amena, par la suite, la défection des provinces d'Angkor et de Battambang.

les forces qu'on pouvait rassembler. Alors, tous les gouverneurs du domaine royal, tous les sdach-tranh recevaient des ordres et accouraient avec leurs troupes au secours du pays menacé.

On ne savait guère ce que c'était qu'une bonne position, mais on savait cependant utiliser les rivières comme défense et surtout les forêts comme refuge. Les marches à travers les forêts étaient pratiquées; elles permettaient de s'approcher de l'ennemi sans être reconnu par lui. On savait mal se garder et surtout mal surveiller l'adversaire; les surprises étaient fréquentes. Cependant les peines édictées contre les coupables étaient sévères: la sentinelle qui se laissait surprendre par l'ennemi qui pénétrait dans la place ou qui incendiait la forteresse, était condamnée à la peine *a cros*, promenade ignominieuse autour du camp pendant laquelle elle devait elle-même proclamer sa faute, puis on lui tranchait la tête et cette tête était exposée sur un pieu devant toute l'armée. La sentinelle qui abandonnait son poste pour s'aller coucher, pour aller jouer, pour aller s'enivrer, ou celle qu'une ronde trouvait endormie, était condamnée à la peine de mort par la lance (1).

On faisait ce qu'on pouvait faire pour tromper l'ennemi sur l'importance des troupes qu'on lui opposait (2) et même pour tromper les troupes qu'on commandait, sur les forces ennemies et sur les secours qu'on attendait, sur l'importance des armées formées et qui combattaient ou parcouraient le pays.

On punissait sévèrement les mandarins coupables de forfaiture, de négligence, de lâcheté. Ceux qui « trahissaient la terre », *khbat-penh-dey*, soit en introduisant

(1) *Crâm-Khbat-sek*, art. 23 et 24.

(2) Voyez l'anecdote historique : *Le Déchou-Kraham-Kâ et le Déchou-Yât*, dont les statues ornent l'autel de la pagode de Kompong-Thom, dans la province de Kompong-Soai.

l'ennemi dans le royaume, soit en passant la frontière pour se joindre à lui, soit en prenant du service dans une armée ennemie étaient condamnés, s'ils étaient arrêtés, à subir l'une des vingt et une peines de la mort lente.

Le gouverneur qui, sachant que l'ennemi avait passé la frontière ou se proposait de la passer, n'organisait pas sa province pour la défendre, laissait la population exposée aux attaques de l'ennemi, ne prévenait pas le roi par un rapport spécial et pressé, ne faisait pas surveiller les mouvements de l'ennemi, était passible de la peine de mort. Les gens qui recevaient des espions chez eux ou les renseignaient, étaient condamnés à avoir le corps tailladé jusqu'à ce que mort s'ensuive, et tous leurs biens étaient confisqués au profit du trésor royal. Les espions qui faisaient de faux rapports ou qui s'enfuyaient, s'ils étaient repris, étaient condamnés à la peine de la décapitation. Les gens qui fournissaient des vivres à l'ennemi étaient punis de mort s'ils n'étaient pas venus prévenir le roi. Le mandarin qui, au lieu de combattre, s'enfuyait avec sa famille, se cachait, était condamé avec toute sa famille (sa femme, ses enfants, ses neveux, ses cousins jusqu'au septième degré de cousinage, *pram-pil-sandean)* à la peine de mort et à la confiscation des biens. Le soldat qui reculait devant l'ennemi, qui refusait d'aller au secours de ses camarades déjà aux prises, qui cherchait à se mettre au dernier rang, était passible de la peine de mort, etc., etc (1).

Dans certains cas, un poltron pouvait être grâcié de la peine portée contre lui, sous la condition qu'il marcherait courageusement à l'ennemi et ferait une action d'éclat, sous la condition qu'il reprendrait ses camarades faits prisonniers, qu'il ferait des prisonniers. Si sa

(1) *Crâm-khbat-sek,* art. 10, 12, 14, 34, etc.

conduite ultérieure justifiait la sentence prononcée, elle lui était appliquée dans toute sa rigueur (1).

On récompensait les bons services en donnant aux soldats des grades qui ne les sortaient pas du rang; ils devenaient alors *kantop ek, kantop tou, kantop trey, kantop chetva,* c'est-à-dire soldats de 1re, 2e, 3e et 4e classe. Les chefs étaient tenus de remarquer et de signaler par un rapport, après la bataille, ceux qui s'étaient comportés avec bravoure, ceux qui avaient fait des prisonniers de marque ou autres, ceux qui avaient pris à l'ennemi ses biens, ses provisions, des armes, des éléphants, des chevaux, etc., etc. Alors des récompenses nombreuses étaient distribuées par le roi ou promises quand il n'avait pas dans ses bagages les objets qu'il accordait. Ces objets consistaient en chapeaux en or, en *phtal-méas* (vases en or), en *phtal-prac* (vase en argent), en *tomlap-méas* (petites boîtes en or dans lesquelles on met la pommade pour les lèvres), en *sampot-hôl* (étoffes en soie à fleurs brochées). Cela remplaçait les sabres et les fusils d'honneur que nous avons connus en France. On gagnait aussi des grades militaires élevés sur le champ de bataille, des titres et des fonctions civiles, le gouvernement d'une province et le droit de faire porter au-dessus de soi un parasol rouge à franges d'or et à manche doré (2).

Si quelquefois, un traitre, un lâche, perdait sa liberté et était, pour son crime et par sentence, mis en prison jusqu'à la fin du règne ou placé lui et sa famille au nombre des esclaves du roi, des pols, il arrivait souvent qu'un esclave du roi recouvrait sa liberté, qu'un esclave de particulier était racheté avec l'argent du roi, lui, sa femme et ses enfants, qu'un débiteur du roi recevait acquit de la somme due, que toute la famille d'un

(1) *Ibid.*, art. 18, 33.
(2) *Ibid.*, art. 27.

guerrier courageux mort au champ d'honneur était entretenue par le roi (1).

En somme on punissait avec sévérité, mais on récompensait avec une grande débonnaireté des actions qui étaient à peine des actions d'éclat.

Les juges qui connaissaient des fautes et des crimes commis à l'armée étaient : les petits chefs, neay-roy, neay-ha-sop, neay-pol, neay-rê, le neay-tondap pour les fautes passibles du rotin; le balat-top et jokobat-top pour les fautes plus graves; le mékang-top ou le roi pour les fautes très graves (2).

Les forteresses ou *bounteay* étaient des enceintes enfermées dans des fossés et dans des parapets faits avec de la terre extraite de ces fossés. Elles mesuraient un hectare, quelquefois deux, et avaient toujours la forme d'un carré. Les parapets de ces forteresses étaient souvent garnis de palanques énormes et solidement enfoncées dans le sol; des bambous aiguisés très fin étaient enfoncés dans la terre tout autour et dissimulés dans l'herbe. Sur les routes qui approchaient de cette forteresse, quand on y attendait l'ennemi, on semait des épines de bambou et de *krasaing* qui déchiraient les pieds des envahisseurs.

Une forteresse renfermait presque toujours une mare de bonne eau et quelques paillottes (3).

(1) *Ibid.*, art. 22, 27, etc.

(2) *Ibid.*, 18.

(3) Les sauvages Stieng de l'Est du Cambodge (les Moïs des Annamites) construisent des villages fortifiés avec des troncs d'arbres coupés et jetés « les uns sur les autres dans l'ordre qui donnera le plus grand désordre ; les uns coupés à ras de terre, croisés et entrelacés ; les autres à un ou deux mètres de haut au moins, mais ordinairement coupés seulement à demi pour qu'ils se conservent verts longtemps, les grands arbres d'abord couchés les premiers, puis les arbustes et les bambous renversés par dessus, toute la cime en dehors et le tronc vers l'enceinte du village. » (Le P. Azémar, *Les Stiengs de Brôlam*, dans *Excurs. et Reconn.*, t. XII, n° de mai-juin 1886, p. 157). Ces fortifications primitives rappellent beaucoup celles des Gaulois de l'origine et des Avares.

Mais autrefois, du temps des Varmans et sous les premiers rois khmers, le Cambodge possédait des forteresses en pierre, faciles à défendre et devant lesquelles les armées ennemies devaient souvent échouer ou faire de longs sièges. Angkor-thom était une de ces forteresses royales ; entourée de murailles épaisses et hautes, d'un fossé large et profond où des crocodiles féroces étaient mal nourris ; cette capitale était redoutable et, disent les traditions, imprenable autrement que par trahison ou par volonté divine.

Les batailles étaient moins sanglantes qu'on est porté à le croire, mais les suites en étaient cruelles. Pendant le combat, un petit nombre d'hommes était tué, mais après, au cours de la poursuite, quand l'armée victorieuse avait pris toutes ses précautions pour empêcher l'ennemi de lui échapper, le massacre commençait. On tuait tout ce qu'on ne pouvait pas garder et emmener, tout ce qui résistait, tout ce qui fuyait. Les habitants des villages traversés par les fuyards ennemis se soulevaient alors, parcouraient le pays et massacraient tous ceux qu'ils rencontraient. Les prisonniers *(robop* ou *lobop)* qu'on faisait, toujours peu nombreux relativement au nombre de ceux qu'on avait massacrés, étaient réduits en esclavage, soit en qualité de pols ou esclaves d'Etat, soit donnés aux mandarins du royaume ou aux guerriers. Celui qui faisait individuellement un prisonnier de guerre pouvait le garder ou le vendre ; il était sa chose. Cependant une femme ennemie faite prisonnière, si elle pouvait être prise pour épouse par celui qui l'avait capturée, ne pouvait être par lui livrée aux soldats.

Pour emmener leurs prisonniers et empêcher les évasions au cours des longs voyages qu'ils leur imposaient, les Siamois leurs liaient les bras derrière le dos et leurs perçaient les oreilles, puis ils les enfilaient par centaines. Pour reconnaître ceux qu'ils soupçonnaient de vouloir s'enfuir quand ils étaient arrivés à destination et répartis dans le pays, ils leur coupaient le nez.

Une défaite de l'armée nationale n'était pas seulement redoutable pour ceux qui la formaient ; elle était terrible encore pour le pays où cette défaite avait eu lieu.

L'ennemi en se retirant, afin de repeupler ses provinces, de nuire à l'adversaire, entraînait tous les habitants dont il pouvait s'emparer ; une armée victorieuse, si elle abandonnait le territoire conquis, faisait de même. Des pays furent ainsi successivement dépeuplés par les vaincus et par les vainqueurs. D'autres fois, pour vaincre la résistance des habitants hostiles, tous les habitants d'une province conquise étaient échangés contre les habitants d'une autre province prise à l'ennemi (1).

Ces migrations forcées étaient épouvantables, car ces immenses troupeaux humains, composés d'hommes, de femmes, d'enfants, de vieillards, étaient rudement entraînés ; ils n'avaient souvent d'autres vivres que ceux dont ils pouvaient s'emparer. Les routes étaient jonchées des cadavres des gens morts de faim ou des gens qu'on avait tués parce qu'ils ne pouvaient plus avancer ou parce qu'ils résistaient.

En 1357, les Siamois entrainent ainsi avec eux 90,000 Cambodgiens des provinces du Nord jusqu'à Korat ; mais poursuivis, ces malheureux leur sont repris par une armée khmère. En 1373, les Cambodgiens, en se retirant, emmènent 8,000 habitants des provinces

(1) Ainsi procédaient les Francs avec les Saxons, les Babyloniens avec les Juifs, qu'ils transportaient sur les rives du Tigre, les Perses avec les Chalcidiens, qu'ils menaient au bord du golfe Persique, Probus avec les Francs et les Frisons, qu'il avait entraînés jusque sur les rivages du Pont-Euxin. — C'est peut-être à ces migrations forcées qu'il faut attribuer l'ignorance des indigènes en ce qui concerne les monuments près desquels ils habitent et dont ils ignorent souvent le nom. Les habitants qui savaient leur histoire ou leur nom ont été emmenés, puis remplacés par d'autres qui, venus de loin, ignoraient l'une et l'autre.

de Chantaboun et de Cholo-Borey. Vingt ans plus tard, les Siamois, ne pouvant reprendre ces provinces aux Cambodgiens qui les administrent, enlèvent un grand nombre de leurs habitants, si bien que ce territoire se trouve à la fois dépeuplé par les vainqueurs et par les vaincus. En 1510, 10,000 habitants du Siam sont entraînés à Poursat par les Cambodgiens vainqueurs et répartis dans les villages de cette province dépeuplée par les dernières guerres. En 1557, les provinces de Chantaboun, Royond, Chac-Chhung-Sau et Narung sont de nouveau dépeuplées par les Cambodgiens qui leur enlèvent 70,000 habitants, etc.

En outre, une armée ennemie détruisait tout ce qu'elle rencontrait, pillait les maisons, puis les incendiait, coupait les arbres fruitiers, démolissait les temples, ruinait à plaisir les monuments. Les Siamois ont ainsi détruit des centaines de pagodes en pierres, brisé des milliers de statues et d'inscriptions gravées sur la pierre, et ruiné avec rage des villes et des palais splendides. Les terres de Poursat, de Kompong-Soai, de Battambang et d'Angkor sont couvertes des ruines qu'ils ont faites; le Laos compte plus de dix villes, plus de cent temples détruits par eux. Vien-Chan, dans le Laos central, capitale d'un État puissant, pleine de temples aux murailles couvertes de sculptures, de statues artistement exécutées, n'existe plus; prise par les Siamois vers 1827, ses habitants ont été passés froidement au fil de l'épée; ses satras, ses manuscrits qui renfermaient son histoire, toute sa littérature, ont été par ordres précis réduits en cendres, anéantis. Les habitants de ses campagnes ont été transportés dans le bas Laos et jusque sur le territoire siamois. La rive gauche du grand fleuve a été ainsi dépeuplée par eux au profit de la rive droite, et des millions d'habitants sont tombés leurs victimes.

Voilà ce qu'étaient, dans la péninsule indo-chinoise,

au Laos, au Siam et au Cambodge, en Birmanie et au Pégou, les guerres et leurs conséquences terribles. Des provinces autrefois très peuplées, couvertes de villages importants et de grandes villes, sont aujourd'hui presque dépourvues d'habitants; les trente grandes cités de 10,000 habitants que Christoval de Jaque a trouvées au Cambodge au XVIIe siècle, ont disparu sans laisser aucune trace; les provinces d'Angkor et de Kompong-Soai, qui, au XVIIe siècle, fournissaient un corps d'armée de 20,000 hommes, ne pourraient pas aujourd'hui en donner un de 2,000.

— Le Cambodge, le Siam et le Laos, ont eu leurs flottes maritimes et fluviales, mais tandis que les flottes fluviales livraient bataille, il semble que les flottes maritimes étaient exclusivement des flottes de transports destinés à permettre l'envahissement des provinces du littoral.

C'est ainsi que 5.000 hommes sont débarqués, en 1534, par les Siamois aux environs de Kompot qui est au sud-ouest, pendant qu'une armée de 90.000 hommes envahit le Cambodge par le nord ; — en 1577, une armée navale cambodgienne s'empare des provinces siamoises de Royong et de Chantaboun (1) pendant que deux corps d'armée de chacun 10.000 hommes envahissent les deux provinces situées au nord-est de celles-là; — en 1583, un corps de débarquement est embarqué par les Siamois sur 150 jonques et s'empare de la terre de Bounteay-Méas, qui s'étendait alors jusqu'à la mer, pendant que 100.000 hommes levés à Korat s'embarquent à Angkor sur 250 pirogues, descendent le Grand-Lac, le grand fleuve et s'emparent de plusieurs provinces au nord et au sud.

(1) Cambodgiennes, mais à cette époque déjà occupées par le Siam.

Les flottes fluviales étaient beaucoup plus importantantes et composées de pirogues aménagées pour le combat. Ces pirogues appartenaient à trois modèles à peu près invariables et d'un maniement facile. Voici ce que dit M. Moura (1) de ces barques de guerre qu'il a pu observer sur les vestiges qui existaient encore à Phnom-Penh à l'époque où il y représentait le Protectorat, mais qui ont disparu depuis.

« Le *touk-hai,* forte barque, effilée et armée de deux pièces mises en batterie sous le pont, une en chasse qui tire par un trou ovale pratiqué dans l'étrave et l'autre placée en retraite, faisant feu par un sabord s'ouvrant dans le tableau. L'équipage est dans la batterie, protégé par le pont, de manière à pouvoir nager sans crainte pendant le combat. Les hommes d'abordage et de mousqueterie sont sur le pont, prêts à tout événement; ils sont armés d'arcs, d'arbalètes, de lances, de sabres, de poignards, de bâtons, et, enfin de quelques fusils. Les côtés de ces barques sont blindés de peaux de buffles qui les préservent assez efficacement des balles et de la petite mitraille. Ces barques comportent en moyenne quarante avirons.

« Le *touk-kéo* est une longue barque de même forme que la précédente, de moindre échantillon et non pontée. Elle est armée de plusieurs pièces de faible calibre pouvant tirer par dessus les fargues. En dehors des canonniers, il n'y a pas d'autres combattants à bord que les nageurs qui laissent aller leurs avirons et s'arment pour l'abordage ou pour faire feu sur une barque ennemie qui passe à bonne portée. Cette barque porte de vingt à trente avirons.

« Enfin, le *touk-khvai,* barque de dix avirons au maximum, portant généralement un pierrier à l'avant.

(1) *Le Royaume du Cambodge*, t. I, pages 263-264.

Ce sont des barques légères, maniables, rapides, qui sont très utiles dans une armée navale ; elles ont la vitesse des pirogues dont elles ont aussi un peu les formes ; on les emploie pour porter des ordres, faire des reconnaissances, des gardes en avant du corps principal, et on s'en sert même quelquefois comme force défensive en les réunissant en grand nombre sur le point de la ligne de bataille le plus menacé.

« L'ordre de marche de ces flotilles, ajoute M. Moura, est celui dit *en colonne*; l'avant-garde se compose de cinq *khvai* naviguant de front plusieurs milles en avant. L'armée est formée en colonne sur plusieurs lignes parallèles : la première a, au centre, trois ou quatre touk-hais, flanqués de plusieurs touk-kéo et d'un nombre plus considérable de khvais groupés sur les ailes. Les autres lignes sont formées, en arrière, exactement de la même façon.

« Le commandant en chef a son pavillon sur un des touk-hai de la dernière ligne.

« Le convoi est plus en arrière ; on le désigne sous le nom de *tap-bay* (gardien du riz).

« Arrivée en présence de l'ennemi, cette armée se déploie en bataille sur deux ou trois lignes, les barques légères occupant toujours les ailes et celles placées en arrière tirant par les intervalles laissés libres par celles qui sont en première ligne.

« Lorsque le combat a lieu sur le fleuve, en un point un peu rétréci, l'adversaire qui peut mettre à terre un corps de débarquement pourvu d'artillerie, s'assure le succès, parce qu'alors il peut faire attaquer l'ennemi sur les flancs et les derrières, tandis qu'il l'occupe de front avec sa flotte. L'avantage, dans ce cas est d'autant plus considérable que le fleuve est maigre et les berges élevées. »

Pour arrêter une flotille, les Cambodgiens barraient

les rivières avec des abattis d'arbres, les fleuves avec des barrages de bambous bien liés ensemble avec des rotins. Ils construisaient ces obstacles avec une grande rapidité, en un seul jour, quelquefois en une seule nuit, même aux endroits du fleuve le plus large. C'est ainsi que devant Phnom-Penh, en juin 1644, ils ont barré le fleuve aux vaisseaux hollandais de la Compagnie des Indes dont ils redoutaient les attaques (1). Pour réunir ces barrages, pour les détruire, pour incendier un vaisseau ennemi, ils savaient employer les brûlots ; c'étaient des radeaux de bois, d'herbe et de broussailles sur lesquels on avait répandu de la résine et de l'huile que le vent ou la rame poussaient jusque sur les ouvrages ou sur les bateaux ennemis.

Ces flottes étaient considérables quelquefois et les pirogues qui les composaient devaient couvrir le fleuve sur une grande étendue. L'armée laotienne qui, en 1561, descendit le fleuve sous les ordres d'un Obbaréach comptait en effet 50.000 hommes (2). A 100 hommes par pirogue, cela fait 500 pirogues que le Laos avait dû fournir et qui, après avoir franchi les rapides de Khonh, ceux de Préa-Tapéang et ceux de Samboc-Sambau, pénétraient au Cambodge en descendant le fleuve. Cette armée fut battue par une armée navale cambodgienne et le corps de 70.000 hommes qui manœuvrait de concert sur la rive droite fut complètement détruit par une armée khmère.

J'ai vu les longues pirogues laotiennes qui, en 1891, sont venues au Cambodge, au nombre de 500 environ,

(1) *Les relations de la Hollande avec le Cambodge et la Cochinchine au XVIIe siècle*, dans *Excur. et Reconn.* numéro 12, 1882, page 497.

(2) Les annales parlent encore d'une armée de 300.000 hommes qui commandée par le même Obbaréach serait descendue en bateaux jusqu'à 18 milles de Phnom-Penh et se serait fait battre, mais ce chiffre est trop élevé pour ne me paraître pas douteux.

chercher le riz que, dans cette année de disette, le Laos n'avait point produit et j'ai compris comment des armées considérables pouvaient être transportées par elles. Un jour qu'elles passaient cinquante à la fois, j'ai cru voir défiler ces flottes guerrières qui envahissaient le Cambodge il y a trois siècles, que les Kmers d'aujourd'hui ont oubliées, mais que les annales ont heureusement enregistrées. J'avoue que ces flottes ne manquent pas de provoquer la surprise et que le tableau qu'elles offrent est assez grandiose pour qu'on ne l'oublie pas quand on l'a vu une fois.

Il est difficile de dire quelles étaient les lois de la guerre ; cependant la retenue par un belligérant d'un ambassadeur ou d'un simple envoyé chargé de faire des propositions de paix était considérée comme une trahison, comme contraire aux usages. D'autre part, certaines ruses de guerre, par exemple simuler une soumission, la reddition d'une place, pour mieux surprendre l'ennemi et le détruire étaient considérées comme de bonne guerre.

Des échanges de prisonniers faits au cours de la guerre avaient quelquefois lieu, et alors ces prisonniers devaient être reconduits à la frontière et remis aux autorités du pays voisin, mais aucune coutume, aucune convention ne s'opposait à ce que les prisonniers fussent tués, à ce que les blessés fussent achevés.

La guerre ne respectait ni les femmes, ni les enfants, ni les vieillards, ni les invalides. Les scènes de carnage et de viol qui quelquefois suivaient les batailles, accompagnaient l'invasion d'un territoire, étaient terribles. Les Siamois étaient particulièrement cruels et luxurieux (1). Ils violaient les femmes et les filles, puis les

(1) Les Siamois ont laissé au Cambodge des souvenirs qui ne s'effaceront pas de la mémoire du peuple. Une vieille femme m'a raconté à ce sujet des choses inouïes dont elle fut le témoin au temps de sa première

massacraient; ils éventraient les femmes enceintes et portaient les fœtus à la pointe de leur lance. Les annales siamoises prétendent qu'un roi de Siam a lavé ses pieds dans le sang d'un roi khmer vaincu, fait prisonnier puis égorgé (1). Quelquefois, quand la bataille avait été rude,

jeunesse. — Un jeu guerrier encore pratiqué chez les sauvages Couïlles, — qui habitent les territoires situés au nord du Cambodge — m'a paru la représentation innocente d'un droit de guerre ancien. Quelquefois un village, à l'occasion d'une fête, envoie ses jeunes hommes provoquer à un combat singulier les jeunes hommes d'un autre village. Ceux-ci acceptent le défi et les deux groupes d'adversaires se rencontrent armés de rotins, et cachés sous d'énormes boucliers en feuilles de palmier qui leur couvrent la tête, les épaules et le dos, dans une clairière située à peu près à mi-chemin des deux villages. Ils combattent avec des faisceaux de rotin. Les hommes du groupe vaincu reculent, regagnent leur village, où pénètrent les hommes du groupe vainqueur. Les femmes se placent devant la porte de leur maison et les vainqueurs, chacun avec une baguette au bout de laquelle est suspendue une banane ou une fleur, vont à la « pêche aux femmes ». Les femmes font leur choix parmi les vainqueurs en saisissant la banane ou la fleur qu'on leur présente et deviennent pendant quelques instants chacune la propriété de l'homme choisi; celui-ci la saisit alors, l'attire à lui, puis il lui caresse avec la main les bras, les seins et la gorge sans que le mari puisse intervenir. Qui ne verra dans ce jeu bénévole et grivois d'aujourd'hui, l'image des violences terribles d'un autre âge ?

(1) Ce fait est controuvé. Le roi Somdach-préa-baromom-hentac-réachéa, que les Siamois prétendent avoir fait prisonnier à Lovec en 1583 et tué, est mort l'année suivante à Sambau où il s'était réfugié. J'ai découvert son tombeau, celui de son fils aîné, et un four où il faisait fondre le métal dont on faisait les statues du Bouddha. Mais le fait que les Siamois prétendent que leur roi s'est lavé les pieds dans le sang d'un roi cambodgien égorgé, nous permet de juger les mœurs d'alors, peu différentes des mœurs actuelles. — Quoi qu'il en soit, la civilisation indienne, d'où est sortie la civilisation khmère, réprouvait un acte pareil. Je n'en veux donner pour preuve, que les deux passages suivants du *Mahabharata* : « ... Que dans l'intérêt d'un ami, d'une veuve, d'un père spirituel, on ne frappe jamais avec ses armes ni une vache, ni un brahmane, ni un roi, ni une femme, ni un ennemi privé de sentiment, insensé, aveugle, endormi, interdit par la crainte, se levant pour se défendre, ivre, hors de lui, privé de raison! tel est l'enseignement que les précepteurs spirituels ont toujours donné aux hommes. » — (*Saoptikaparva*, trad. Pavie, VI, p. 305.) — « Non, ce n'est pas lui, le prince Dhanamdjaya (Ardjouna), qui tuerait un ennemi endormi, hors de lui, mettant bas

un chef, ses soldats, dévoraient le foie de leurs ennemis éventrés ; ces actes d'antropophagie avaient surtout lieu au cours des guerres civiles, toujours plus terribles que la guerre avec l'étranger, parce qu'aux haines politiques venaient se joindre des rancunes personnelles.

En retour, une règle générale adoptée par les Cambodgiens, les Siamois et les Laotiens, les Birmans et les Pégouans, et qui pourrait bien être considérée comme une loi de la guerre, c'est l'obligation pour le vainqueur de procéder aux funérailles des rois ou des membres de la famille royale vaincue qui sont tombés sur le champ de bataille ou qui meurent entre ses mains, puis de rendre, quand on les leur réclame, les os ou les cendres à leurs parents.

L'arme primitive des Cambodgiens paraît être le *dombang*, bâton, qui mesure 1 m. 80 de longueur et qui porte un diamètre constant d'environ quatre centimètres. Il provient d'une essence noire, le *dom-kranhung*, très dure, peu flexible, et qui peut recevoir des chocs répétés et puissants sans se casser. C'est une arme lourde difficile à manier, mais dont certains Cambodgiens savent cependant se servir avec une grande adresse. J'en ai vu un qui, tout en paraissant se défendre, portait avec son bâton des coups terribles qui, en une seule fois, brisaient un arbre aussi gros que l'arme dont il se servait. « On est en garde avec le dombang, dit M. Moura (1) lorsqu'on a un des genoux ployé en avant et l'autre jambe tendue en arrière, le bâton maintenu solidement avec les deux mains dans une position verticale en avant

les armes, joignant les mains ou déliant ses cheveux (en signe de reddition), ou fuyant devant lui ! Ce sont les Rakchas aux œuvres cruelles, qui ont porté ce carnage au milieu de vous. » (*Ibid.*, VIII, p. 325.) — Voy. aussi le *Manova-Dharma-Sastra*, VII, 90-93.

(1) *Le Royaume du Cambodge*, t. I, p. 262.

du corps. On pare en faisant mouvoir le dombang de droite à gauche, ou en l'élevant, en lui faisant prendre une position horizontale pour protéger la tête lorsqu'elle est menacée. » Le plus souvent, on ne porte avec cette arme que des coups droits qui défoncent la poitrine ou qui brisent la tête, mais on l'emploie aussi pour assommer.

Cette arme, toute primitive qu'elle soit, ne paraît point être la première dont se soient servis les habitants du territoire aujourd'hui occupé par les Khmers; les statues trouvées dans les monuments nous montrent souvent des hommes armés de massues; les fouilles faites à Samrong-Sen, dans la province de Kompong-Leng, nous ont mis en présence de pierres taillées en forme de haches et que probablement ceux qui les ont taillées encastraient dans des racines de bambous comme le font encore aujourd'hui, pour leurs couteaux, certains sauvages de l'Indo-Chine.

A côté du dombang ou grand bâton, il y avait aussi les *dombang-kounh* qui sont deux bâtons longs de 70 centimètres chacun, forts et lourds. On se sert de l'un pour attaquer et de l'autre pour se garantir des coups que porte l'adversaire. On avance le corps très penché, le bâton que tient la main gauche à hauteur et devant la tête qu'il doit garder et le bâton de la main droite levé au-dessus de la tête prêt à s'abattre.

Puis vient le sabre à poignée ronde, sans garde, long de 70 centimètres environ à la lame et de 35 centimètres à la poignée. Il est large de 3 à 4 centimètres et pointu.

Le *combet* de guerre ou couteau est une sorte de couperet large et très tranchant dont savent admirablement se servir les Cambodgiens en temps de paix et qui rendent terribles en temps de guerre leurs attaques à l'arme blanche. Ils manœuvrent cette arme qui est aussi leur outil avec une dextérité vraiment surprenante. Les hommes armés de cette arme sont porteurs de boucliers ronds en rotin et passés au bras gauche. Ces boucliers primitifs sont quelquefois recouverts d'une peau de buffle qui les consolide beaucoup; j'en ai vu un admirablement fait qui était recouvert d'une peau d'éléphant bien tendue et d'une résistance incroyable.

Les lances sont de plusieurs modèles. Il y en a qui sont pointues et carrées comme une broche, et emmanchées au bout d'un dombang; il y en a d'autres qui ont la forme des couteaux cambodgiens, qui sont fixées au bout d'un dombang comme les précédentes; — d'autres encore sont hautes d'un mètre environ et terminées en fer de lance; ceux qui en sont armés sont aussi porteurs de boucliers; cette arme est légère et très facile à manier.

Il y avait aussi une autre lance semblable à la précédente, sauf en ce point que la pointe une fois entrée dans la chair n'en pouvait plus sortir; les chefs en étaient armés et ne s'en servaient que lorsque leur vie était exposée; c'était une arme de jet qui laissait désarmé celui qui s'en servait.

Les hallebardes sont nombreuses comme forme; mais toutes paraissent plus décoratives que guerrières. Cependant, certaines compagnies en étaient armées. C'est à ces hallebardes qu'on fixait d'ordinaire les étendards.

Puis vient l'arc de guerre fait d'un bois peu flexible, dur, que traverse une poignée longue d'environ 70 centimètres, au milieu de laquelle une rainure est destinée à recevoir et à conduire la flèche à pointe de fer que la corde retenue par une gâchette doit violemment chasser. Cette arme, dont font encore usage les sauvages et beaucoup de Cambodgiens des campagnes, envoie une flèche à 50 et même à 100 mètres. A 50 mètres, une flèche bien faite et bien lancée par un bon arc peut pénétrer de 35 à 40 centimètres dans le ventre d'un éléphant. Les barbes de la flèche sont faites avec un morceau de feuille de bananier, mais j'en ai vu qui portaient une simple feuille d'arbre et qui n'en volaient pas moins bien.

Les armes à feu sont d'origine européenne; on trouve des fusils à pierre, à mèche et des fusils à capsules, de toutes provenances, quelques petits canons longs d'un mètre, etc., toutes armes peu dangereuses.

VIII

LE CLERGÉ CAMBODGIEN

Il n'est pas de pays en Europe où le clergé tienne moins de place dans l'Etat, jouisse de moins d'influence que le clergé bouddhiste au Cambodge. Ce corps constitué est moins que partout ailleurs un pouvoir dans l'Etat, et — conformément à la doctrine du Bouddha, conformément à l'enseignement de tous les conciles tenus par les Pères de l'Eglise bouddhiste, — ceux qui le composent se tiennent autant qu'ils le peuvent éloignés des choses de la terre, que ces choses soient de l'Etat, de la province ou de la commune. Ils ne prétendent point au gouvernement des hommes. Ils vivent, retirés du monde, dans leurs *kôt* ou bonzerie, qui sont des monastères et se considèrent non comme les maitres du *vouat*, de la pagode, mais comme ses gardiens et ses religieux. Ils ne prétendent pas plus à la propriété du temple qu'ils ne prétendent au gouvernement des hommes; ils estiment que la bonzerie elle-même, que leur *kedey* ou cellules ne leur appartiennent point et qu'ils sont et doivent être dénués de tout, pauvres, les *mendiants* selon le maitre.

Il est bien évident que les religieux bouddhistes ont, sur ce point, des idées et des principes absolument opposés à ceux des brahmanes, qui prétendaient dominer même les rois, s'élevaient orgueilleusement au-dessus des peuples, se disaient d'une essence supérieure et « deux fois nés ». Les religieux selon le Bouddha se sont humiliés ; ils se sont écartés des puissants, n'ont pas voulu entendre parler du gouvernement des hommes et des choses de la terre, pour se confiner dans la recherche du bonheur suprême par la méditation et la pratique des vertus religieuses recommandées par le Bouddha comme étant la « voie droite » qu'il faut suivre pour parvenir au Nippéan, c'est-à-dire au Nirvana. Leur royaume n'est pas de ce monde ; il est une fin dernière vers laquelle ils aspirent, qu'ils entrevoient vaguement comme étant le but suprême de leurs efforts dans la pratique de toutes les vertus religieuses et de l'extinction en eux de tous les désirs humains qui sont les sources intarissables des péchés.

Le bonze, le religieux bouddhiste est une *personne* sacrée, non un *personnage*, devant lequel on s'incline, non parce qu'il est un homme portant un costume religieux, mais parce qu'on le suppose, parce qu'on le croit un saint marchant dans la « voie directe ». On lui fait l'aumône afin d'acquérir des mérites en pratiquant la vertu de charité ; on le salue à genoux parce qu'on le considère comme un sage, comme un lettré, comme un disciple du Bouddha, gardien de sa doctrine. Mais ces marques de respect, l'humilité bouddhiste n'autorise pas le bonze à les demander, il les reçoit sans orgueil ; l'aumône sainte qu'il réçoit, il ne peut la provoquer même par un simple regard.

Son autorité est nulle en tant que civile ; envisagée au point de vue religieux, elle est puissante sur les consciences parce qu'elle est toute morale ; sur les hommes, s'occupant des choses de la terre, si religieux qu'ils soient, elle est nulle. Il ne fréquente pas les grands de la terre et demeure indifférent, aux choses du monde. C'est par suite de cette règle absolue de conduite que le bonze a pu demeurer ce qu'il est : un religieux respectable et toujours universellement respecté.

Comme nos moines du moyen âge, les religieux bouddhistes pratiquent la charité envers les voyageurs et les enfants.

Leur monastère est toujours ouvert aux voyageurs; dans chaque bonzerie, il y a une *sala*, c'est-à-dire un caravansérail ouvert à tous ceux qui passent; ils n'attendent point qu'on leur demande l'autorisation d'y pénétrer parce qu'il ne prétendent point accorder l'hospitalité; ils n'espèrent ni remerciements ni reconnaissance de la part de ceux qui ont trouvé un abri dans leur monastère, parce qu'ils ne croient pas les avoir mérités.

Ils enseignent les enfants et tiennent l'école ouverte pour tous; ils ne font aucune distinction entre les fils des mandarins et les fils des gens du peuple parce qu'à leurs yeux tous sont des enfants, c'est-à-dire des élèves. Le fils du roi, élève bonze du monastère royal, n'a point droit à plus d'égards, à plus de soins que le fils de l'esclave que son maître a autorisé à entrer en religion; ils sont égaux aux yeux des religieux bouddhistes, parce que tous les deux ont le même sentier à parcourir, les mêmes vertus à pratiquer, le même but à atteindre.

Tout en haut du clergé, pour le surveiller, le maintenir dans la pratique de toutes les vertus, il y a le roi, maître suprême de la religion, le grand-prêtre extérieur, le chef de tous les religieux, personnage sacré, que l'onction sainte avec les huiles a consacré, le gardien de la doctrine qu'il a juré de maintenir en ses Etats.

Au-dessous de lui, il y a les deux chefs des prêtres, — le *Somdach-préa-Sang-krey* et le *Louk-préa-Sokkon*, — qui habitent la capitale, près du palais royal, et chacun une bonzerie, et qui ont dans leur attribution la surveillance de toutes les bonzeries établies dans le royaume; le premier, qui est le plus élevé dans la hiérarchie religieuse, est chargé de la surveillance des monastères établis dans les provinces de *droite*, et le second est chargé de la surveillance des bonzeries établies dans les provinces de *gauche*. Ils sont nommés par le roi et peuvent être révoqués par lui ; ils sont quelquefois ses conseillers, mais quand il s'adresse à eux.

Dans l'ordre absolument religieux, à côté du roi qui les a nommés et qui est le *garde* de la doctrine bouddhique au Cambodge, ils en sont les *maîtres*, car il est admis que le roi ne doit exercer aucune autorité religieuse sur les religieux et que les choses de la conscience et de l'esprit ne peuvent relever que d'un bonze. C'est en vertu de ce principe qui consacre la séparation des attributions religieuses entre le pouvoir civil et l'autorité morale, le clergé, que le roi se repose, de tout ce qui concerne les bonzeries et la doctrine proprement dite, sur les deux grands chefs qu'il a donnés aux religieux, et qu'il leur abandonne toute l'autorité religieuse nécessaire à l'indépendance réelle du clergé.

Indépendants du roi pour tout ce qui touche à la religion, à la discipline religieuse, les deux chefs des bonzes sont naturellement indépendants l'un de l'autre. Chacun d'eux administre à sa guise la bonzerie dont il est le chef, dirige à sa manière l'enseignement qu'on y donne. L'un n'intervient point chez l'autre. Une seule chose pourrait motiver l'intervention de l'un des grands prêtres dans l'œuvre, dans le monastère de l'autre, ce serait, — non sans l'autorisation du roi, — l'indignité d'un grand prêtre ou son impuissance à maintenir l'ordre matériel et moral parmi les bonzes de sa circonscription religieuse, de son monastère.

J'ai dit que ces deux grands chefs des prêtres étaient les conseillers du roi quand le roi les appelle près de lui pour s'inspirer de leur sagesse. Dans ce cas, ils interviennent dans les choses du monde, non parce qu'ils ont le droit de conseiller les rois, mais parce qu'on leur ordonne de donner leur avis, parce qu'en le donnant ils font œuvre d'humilité. Les préambules des lois enseignent que ces deux religieux prennent toujours part à la confection des lois et qu'ils travaillent à l'œuvre législative avec les bakous, avec les ministres, avec les lettrés et les juges désignés par le roi. Je les trouve remplissant cette mission de confiance sous le roi Préa-Chey-Ches-Sda au XVIIe siècle, et je les retrouve au XIXe jouant le même rôle sous le roi Ang-Duong et sous le roi Norodom son fils. D'où vient cela, sinon de ce que leur science, leur respectabilité, leur sainteté, la justesse de leur esprit détaché des choses de ce monde et leur impartialité d'homme pour ainsi dire extra-terrestre, leur sagesse en un mot, les a désignés comme étant dignes de concourir, avec les spécialistes de la loi, avec les représentants du pouvoir, à une œuvre législative et de justice humaine. Mais, dans ce cas, je le répète, leur intervention est demandée, commandée.

Dans un autre cas, les chefs des bonzes ont le droit d'intervenir de leur propre initiative près du roi et de lui faire des remontrances : c'est quand, oubliant les services rendus dans le passé par un haut fonctionnaire, par un haut dignitaire devenu coupable, le prince semble disposé à laisser exécuter la sentence de mort qu'un tribunal ou lui-même a prononcée (1). Un haut fonctionnaire que j'ai consulté à ce sujet va plus loin que la loi qui prévoit le cas ci-dessus et légitime l'intervention des deux chefs des bonzes; il pense que ces religieux ont le droit d'intervenir près du roi chaque fois qu'ils le croient sur le point de commettre un crime, une action mauvaise et dangereuse pour le royaume ou pour lui-même, afin de l'amener à la réflexion, de le rappeler à la sagesse et de le remettre dans la voie droite. Mais, dans tous ces

(1) *Crâm-khbat-sek*, art. 36.

cas, l'intervention des deux religieux, des deux chefs de la religion, doit être modeste, toute d'humilité, car ils sont comme hommes les sujets du roi et comme bonzes les *mendiants* selon le Bouddha. « Un religieux, me dit un vieux bonze, ne peut pas parler avec orgueil, avec autorité, avec irrévérence, avec menaces des peines de l'enfer, même à un simple homme du peuple, sans compromettre son caractère de bonze et sans pécher. »

Au-dessous des deux chefs des bonzes, il y a les *oppa-chéa* ou *obba-chéa*, qui sont les chefs religieux d'une circonscription religieuse, d'un diocèse bouddhiste et tout à la fois les chefs des bonzeries qu'ils habitent. L'oppa-chéa est matériellement indépendant de celui des chefs des bonzes sous la surveillance duquel il est placé, puisqu'une fois nommé, il ne reçoit pas un ordre de lui et n'est point obligé par la règle de le tenir au courant des choses de son diocèse.

Au-dessous des oppa-chéa il y a les *mé-vouat* qui sont les chefs de bonzeries, quelque chose comme les prieurs des monastères bouddhistes. Ces mé-vouat sont indépendants de l'oppa-chéa, leur évêque qui les nomme; ils administrent leurs monastères comme bon leur semble, sans être tenus, sans prendre soin d'informer le chef du diocèse de leurs actes, des choses qui surviennent dans leur bonzerie, parmi les religieux qu'ils dirigent dans la « voie directe ». Cependant, l'oppa-chéa est le seul ordinant de la circonscription religieuse, le seul bonze du diocèse qui puisse consacrer un religieux, un élève bonze, au service du Bouddha; c'est, d'ailleurs, à peu près par l'ordination et par la nomination des mé-vouat que s'affirme sa suprématie d'évêque.

Au-dessous du mé-vouat ou chef de la bonzerie, du *louk-crou* (seigneur professeur) comme on l'appelle familièrement, il y a le *louk-crou-sot* qui est un professeur, puis les *phic* ou *phiccac* (1) qui sont les bonzes, puis les *nen* qui sont les novices ou élèves bonzes, toujours âgés de moins de vingt et un ans.

Le mé-vouat est le chef de la bonzerie, le prieur du monastère, comme nous dirions, et le conservateur de la pagode ou temple. Tous les bonzes et les élèves bonzes lui sont subordonnés et lui doivent obéissance, alors que des laïques, il ne peut espérer, il ne peut attendre que le respect et l'aumône.

Le mé-vouat n'exerce aucune autorité dans le village où sa bonzerie est établie ; dans la bonzerie même son autorité est partagée ; et sur les choses de la pagode dont il est cependant le conservateur, le *mé*, le chef comme le porte son titre, il n'a aucun droit, si ce n'est celui d'améliorer, de conserver, d'augmenter. Il ne peut rien distraire, rien détruire, rien échanger, rien vendre, rien donner sans le consentement de ses religieux et sans le consentement des habitants auxquels la pagode, la bonzerie appartiennent « eût-il, me dit un vieillard très religieux, créé lui-même cette bonzerie, élevé cette pagode avec ses propres deniers, avec ses seuls efforts, car un bonze ne doit rien posséder, ne peut faire en aucun cas acte d'autorité civile ou privée ». Les choses de la pagode, les choses de la bonzerie sont donc les choses du village ; elles sont administrées par le mé-vouat sous la surveillance du mé-sroc ou maire et du chum-top ou adjoint, qui sont les représentants des fidèles.

Ce fait qu'un chef de bonzerie ne peut aliéner un bien de pagode n'est pas nouveau ; une inscription trouvée à Angkor-Vouat et qui date de l'an 643 de notre ère, nous montre un chef de bonzerie réunissant un conseil des religieux pour leur « proposer l'affranchissement de deux pols-préa, le père et le fils », et, après la mort du

(1) Du sanscrit *bhikchou,* vertueux et pauvres.

mé-vouat, ces mêmes religieux se réunissant de nouveau « avec les laïques qui avaient connu et *approuvé* » le premier affranchissement pour « compléter l'œuvre » du chef en affranchissant la femme et les enfants du pol affranchi par lui (1).

De même que les mandarins, de même que les deux chefs des bonzes, qui portent des titres qui sont transmis à ceux qui succèdent dans leurs fonctions, les oppa-chéa ou évêques et les mé-vouat ou prieurs portent des titres qui appartiennent à la bonzerie dont ils sont les directeurs et les chefs. J'ai constaté que tel titre qui était celui d'un chef de telle bonzerie il y a plusieurs siècles était, encore aujourd'hui, le titre du chef de la même pagode. J'observerai même que ces titres sont demeurés immuables alors que beaucoup de titres laïques subissaient des changements importants et souvent injustifiables.

Quand j'aurai dit que le clergé cambodgien n'a jamais songé à réclamer une juridiction spéciale, n'a jamais prétendu ne pouvoir relever que d'un tribunal ecclésiastique, ne pouvoir être jugé que par des religieux; quand j'aurai dit que les fonctionnaires ordinaires du sroc et certains censeurs laïques spéciaux préposés à la conservation des bonnes mœurs et de la discipline religieuse sont chargés de surveiller les bonzes et de les traduire devant les tribunaux ordinaires, on conviendra qu'il n'y a point en Europe, ainsi que je l'ai dit en tête de ce chapitre, de pays où le clergé tienne moins de place dans l'Etat que le clergé bouddhiste au Cambodge. J'ajouterai qu'il n'y a guère moyen de concevoir une séparation plus absolue de l'Etat et de l'Eglise, dans une société religieuse, au sein d'un peuple dévot aux choses de la religion.

(1) Moura, *Le Royaume du Cambodge*. t. II, p. 346.

TROISIÈME PARTIE

L'ORGANISATION TERRITORIALE

I

LES APANAGES

De ce qui précède, il résulte qu'il y a actuellement au Cambodge, à côté du territoire royal, deux apanages, celui de l'Obbaréach et celui de la reine-mère, mais qu'il y en avait autrefois trois : les deux apanages ci-dessus dits et celui de l'Obbajouréach..., ou bien quatre et même cinq : l'apanage du Préa-ang-Keu-Féa et l'apanage du Somdach-Préa-ang-Keu, deux hauts dignitaires dont j'ai parlé plus haut.

Il est bien difficilè, sinon impossible de savoir de quelles provinces se composaient autrefois ces apanages, mais on connait le nom des provinces qui les formaient sous le dernier roi. C'étaient :

Pour l'apanage de l'Obbajouréach alors entre les mains de l'Obbaréach, les provinces Phnom-Srouck, Soai-Romiet et Sitho-Paréang qui, depuis ont été réunies en une seule province, Sitho-Kandal et Kompong-Leng.

Pour l'apanage de l'Obbaréach alors entre les mains du Préa-ang-Keu-Féa, les provinces de Lovéa-Em, Khsach-Kandal, Péarang, Ka-Thom et Kong-Pisey.

Pour l'apanage de la reine-mère, les provinces de Muhk-Kompul, de Prey-Kedey et d'An-long-Réach.

Pour l'apanage de Somdach-Préa-ang-Keu, la province de Chhung-Prey.

Une observation curieuse à faire c'est que les provinces d'un apanage sont loin, au Cambodge, de former un territoire unique; elles sont au contraire répandues au travers du royaume, quelquefois groupées par deux ou trois, mais le plus souvent isolées et, par conséquent, difficiles à administrer.

Il est probable que les provinces qui composaient ces apanages étaient, dans le passé, absolument indépendantes de l'autorité royale et exclusivement administrées au nom de celui qui les avait obtenues et par des agents nommés par lui. Les revenus entiers qu'on en tirait appartenaient alors aux grands personnages qui en étaient les seigneurs. Chacun d'eux avait une cour calquée sur celle du roi, des ministres et des fonctionnaires nommés par eux. Je trouve encore, à la tête des krom du somrap trey et du somrap chetva, des ministres des transports par terre et par eau chargés de la guerre et de la marine, des ministres des finances et du palais, des ministres de la justice, c'est-à-dire toute une administration capable d'assurer le gouvernement et la défense de l'apanage.

Mais, avec le temps, l'esprit de centralisation qui domine toutes les monarchies, ces apanages ne se transmettant pas par voie d'héritage naturel mais par un système de succession qui remet fréquemment entre les mains du roi les apanages formés avec quelques-unes des provinces du royaume, et les lui laisse souvent quand il n'y a pas d'Obbajouréach, d'Obbaréach, de reine-mère ou grand-mère, de Préa-ang-Keu-Féa et de Somdach-Préa-ahg-Keu, ces apanages durent cesser d'être des gouvernements aussi absolument indépendants.

Tout d'abord, je trouve que, depuis une époque indéterminée, mais déjà éloignée de nous, les ministres chargés de l'administration des apanages sont nommés par le roi. C'est tout à la fois, je l'ai déjà dit, une mesure de haute politique et de bonne suzeraineté; par là le royaume acquiert plus de consistance et un commencement d'unité; par là le roi peut savoir très exactement les projets des grands feudataires et, au besoin, gouverner leur conseil.

Une autre réforme qui a dû suivre de près est celle qui a supprimé dans les apanages, les Préa-nokor-bal, sorte de préfets de police qui étaient chargés de la police du pays, et qui a mis la police du royaume tout entier sous les ordres du Préa-nokor-bal du roi. L'existence des Préa-nokor-bal des apanages est attestée par le code des lois modifiés sous Préa-Chey-Ches-Sda, en 1624 (1). Aujourd'hui, il n'y a plus qu'un seul Préa-nokor-bal et qu'un seul haut tribunal; les apanages ont conservé seulement la petite police et le droit de juger les petites affaires qui relèvent des tribunaux provinciaux.

Sous le règne du roi actuel, la tendance à l'unité administrative s'est encore affirmée, et les fermes de l'opium (2), de l'alcool, de l'abattage des porcs et des jeux sont concédés pour tout le royaume.

On tient, tout d'abord, et conformément à la convention de 10 septembre 1883, compte à l'Obbaréach et à la reine-mère de leur part des sommes qu'on tirait de ces monopoles; mais, aujourd'hui que les budgets du royaume et du Protectorat sont fusionnés, on a supprimé

(1) *De la manière de recevoir les accusations et les dénonciations*, articles 9 et 10.

(2) La vente de l'opium est en régie depuis 1892.

cette indemnité et remplacé par des dotations budgétaires les revenus que les feudataires tiraient des provinces qui constituaient leur apanage respectif.

En somme l'avant-dernier pas a été fait; tous les revenus des apanages ou à peu près (1) viennent grossir le budget du royaume géré par le Protectorat et l'administration française et royale a la haute main sur l'administration des apanages. Quand, et cela ne peut tarder, les dignitaires des somrap trey et chetva ne seront plus des fonctionnaires placés sous les ordres de l'Obbaréach ou de la reine-mère, quand ils seront devenus les fonctionnaires du roi, le dernier pas sera fait et les apanages auront vécu. Le royaume sera devenu *un* entre les mains de l'administration du roi des Khmers dirigée par le représentant de la France et par ses agents.

Les gouverneurs des provinces qui composent les apanages sont encore nommés par les tenanciers, ils boivent l'eau du serment consacrée par leurs armes, mais déjà ces nominations ne peuvent plus avoir lieu sans le consentement du roi et sans celui du Protectorat; il en est de même pour tous les délégués chargés de percevoir les impôts ou de s'assurer de l'exécution des lois.

Quand j'aurai dit que les apanages sont en principe, supprimés depuis la convention du 15 janvier 1877, et que les provinces qui les composent doivent faire retour au royaume à la mort des titulaires actuels, on comprendra que l'œuvre est très avancée et l'unité bien près d'être réalisée.

(1) La reine-mère continue encore aujourd'hui d'administrer les provinces de son apanage.

II

LE DEY

Le royaume actuel du Cambodge est divisé non seulement en ***khêt*** ou provinces, mais en ***dey*** ou terres, qui comprennent chacun un certain nombre de provinces. Mais aujourd'hui, le khêt est devenu l'unité administrative, le dey n'est plus guère qu'une ancienne division territoriale dont on a gardé le souvenir; il n'est plus une division administrative.

Qu'est-ce donc que le dey? Le dey me paraît être l'ancienne unité administrative et, plus loin dans le passé, le fief cédé par la couronne à des dignitaires puissants qui, par là, devenaient sinon indépendants, du moins en moyens de le devenir; plus loin encore, il a peut-être été quelque royaume tributaire de l'empire des Varmans, vaincu et soumis à l'hégémonie cambodgienne. On sait, par ce qui s'est passé en Europe, combien les anciennes divisions territoriales sont durables, combien de révolutions il faut pour les briser, et que les populations en gardent encore le souvenir alors même que le brisement est déjà ancien.

Si je ne me trompe, les dey seraient donc des anciens royaumes indépendants — vaincus par les Cambodgiens, soumis à leur hégémonie, tributaires d'abord, — puis annexés et cédés en fiefs à des seigneurs puissants, à des princes du sang, — puis repris par le roi et remis à des hauts fonctionnaires chargés de les administrer pour le compte de la couronne et sous la surveillance des ministres, — et enfin, brisés en provinces et n'existant plus dans le présent qu'à l'état de souvenir.

Ces dey, qui sont aujourd'hui au nombre de cinq, — Thbaung-Khmoum, Ba-Phnom, Kompong-Soai, Poursat et Tréang, — étaient beaucoup plus nombreux autrefois lorsque le royaume était plus vaste. Tout d'abord, les seize provinces centrales que M. Aymonnier (1) désigne sous le nom de *provinces de Chado-Muhk* ou des « quatre bras » devaient bien former deux ou trois *terres*. La grande province de Battambang, qui comprend plusieurs districts aujourd'hui siamois, devait en former une; la province d'Angkor, la terre de Korat, la terre de Chantaboun et la Cochinchine devaient bien en former cinq ou six autres.

Quoi qu'il en soit, voici les dey et les khêt que chacun d'eux comprenait encore en 1875, d'après M. Aymonnier:

Dey de Thbaung-Khmoum. — Sambau, Samboc, Kratié, Kanchor, Chalhung (Chhlang), Thbaung-Khmoum et Totung-Thngay, soit sept provinces alors placées sous la direction du Véang.

Dey Ba-Phnom. — Prey-Veng, Péam-Chor, Ba-Phnom, Svai-Tep, Romduol et Lœuk-Dék, soit six provinces qui obéissaient au Kralahom.

Dey Kompong-Svai. — Chi-Krêng, Staung, Kompong-Svai, Prey-Kedey, Baray, Stung-Trang, Kompong-Siém et Chœung-Prey, soit huit provinces qui, sauf la province de Prey-Kedey, recevaient les ordres du Chauvéa.

Dey Poursat. — Poursat, Kreko, Krang (Kresa), Babaur, Roléa-Pier, Thpong, Kompong-Som, soit sept provinces soumises au Chakrey.

(1) *Géographie du Cambodge*, 1876, p. 47.

Dey Tréang. — Krang-Samré, Phnom-Srouck, Kong-Pisey, Kompot, Kandal-Stung, Bati, Tréang, Bountéay-Méas, Péam, Saang, Ka-Thom, Prey-Krebas, soit douze provinces qui, sauf Kompot, Phnom-Srouck, Kandal-Stung et Kong-Pisey, obéissaient au Youmréach (1).

Toutes les provinces de ces dey qui obéissaient aux ministres du roi, leurs Chauvai-komnan-khêt (2) comme les appellent les Cambodgiens, faisaient partie du domaine royal; les autres obéissaient soit aux ministres de l'Obbaréach, soit à ceux de la reine-mère et faisaient partie des apanages de ces hauts dignitaires.

J'estime que ces dey, tout en se perpétuant à travers les siècles, ont dû souvent changer de frontières et qu'il faut considérer les renseignements que donne M. Aymonnier comme définissant seulement les dey en 1875.

(1) Cette attribution des dey a aussi varié avec le temps ; au XVIIe siècle, les terres étaient ainsi réparties : le Chakrey avait le dey Ba-Phnom ; le Kralahom avait celui de Thbaung-Khmoum ; le Youmréach celui de Tréang, qu'il a encore ; le Véang celui de Poursat et le Chauvéa celui de Kompong-Svai qu'il administre encore aujourd'hui.

(2) Gouverneur suzerain des provinces.

III

LES SDACH-TRANH

Les *sdach-tranh* (1) sont les hauts fonctionnaires, chargés de surveiller les gouverneurs des dey qui leur sont confiés. Ils sont presque toujours en même temps gouverneurs de la province qui a donné son nom au dey. En temps ordinaire ils n'ont aucune autorité sur les gouverneurs des provinces de leur terre et ne peuvent que signaler leur conduite, quand elle est mauvaise, aux ministres dont ils dépendent. Encore, ne sont-ils guère crus sur parole et sont-ils peu écoutés. En temps de guerre ou de révolte, ils peuvent être appelés à prendre la direction des opérations militaires, à lever les troupes, à veiller à la sécurité du pays, mais, la paix ou l'ordre rétabli, ils doivent licencier tout leur monde et reprendre leur place au rang des autres gouverneurs.

Il n'en était pas ainsi autrefois : le sdach-tranh était le gouverneur héréditaire du dey et les gouverneurs des provinces actuelles étaient ses lieutenants ; sous ses ordres et sous le nom de *chau-muong* ceux-ci administraient les *muong* qui n'étaient que des districts du dey.

Ces muong étaient à peu près ce que sont les khêt ou provinces actuelles. Alors l'autorité du sdach-tranh s'étendait sur tout le territoire où il a le droit aujourd'hui d'exercer sa surveillance, et c'était à lui que devaient s'adresser les sous-gouverneurs de son dey. C'était de

(1) Souverain d'un grand territoire. Le mot *sdach*, quand il est seul, se traduit généralement par *roi*. Il est alors synonyme de *luong*.

lui qu'ils tenaient leurs fonctions et leurs cachets; il pouvait les casser, les remplacer ou les maintenir (1).

Une tradition enseigne que, dans le passé, les dey étaient gouvernés par des princes de la famille royale, mais qu'il fallut, par la suite, les confier à des madarins moins puissants, et moins capables de soulever contre l'autorité royale les peuples qu'ils commandaient. « Ils étaient alors, me dit un vieux lettré, souvent en guerre entre eux et toujours en révolte ou sur le point de se révolter contre le roi. »

C'est probablement à la suite de la dépossession de ces princes, qu'on crut devoir restreindre l'indépendance des sdach-tranh qui les remplacèrent ; ceux-ci conservèrent cependant, jusqu'à il y a trente-cinq ans, l'administration complète de leur terre. Ils continuèrent même de percevoir pour leur compte l'impôt sur les produits de la terre (*pon-srou* et *pon-chom-car*); ils furent seulement tenus de verser au roi, le grand justicier, le tiers des recettes de justice (2). Cependant, une modification d'une certaine importance fut apportée dans les usages : l'eau du serment que buvaient les fonctionnaires nommés par le sdach-tranh, ne fut plus consacrée par les armes du chef du dey, elle fut consacrée par les armes du roi, et apportée dans les dey par les sdach-tranh qui la présentaient à leurs fonctionnaires. Le serment de fidélité

(1) Précédemment, je crois que la fonction de chau-muong était héréditaire dans la même famille et qu'il était choisi par les kromokar du muong, mais que ceux-ci avaient le droit de choisir dans cette famille celui qui leur paraissait le plus digne ou qui leur convenait le mieux. En 1883, le chef de la province de Tonlé-Repou, une province cambodgienne du Laos, fut choisi par les kromokar de la province, parmi les neveux du décédé, et ce fut le deuxième neveu qui fut élu. Le chau de Bassac, duquel dépend cette province, ratifia l'élection. (Le chau de Bassac est le sdach-tranh du chau-muong de Tonlé-Repou).

(2) Les revenus du roi provenaient alors surtout des provinces qui n'étaient pas soumises aux sdach-tranh et qu'il faisait administrer par des chau-muong nommés par lui.

ainsi prêté n'était plus prêté au sdach-tranh, mais au roi entre les mains des sdach-tranh.

C'est ainsi que les sdach-tranh furent peu à peu dépouillés de leurs attributions et virent entre leurs mains diminuer leur autorité; nommés par le roi, lui devant tout, obligés de défendre leur situation toujours menacée par les appétits des autres mandarins, ils ne surent pas défendre leur autonomie administrative, et, quand l'autorité royale, afin de parfaire l'œuvre de centralisation poursuivie depuis des siècles, transforma les anciens districts en provinces royales, ils ne purent que s'incliner et ratifier l'usurpation du pouvoir central. Les chau-muong, tout en demeurant sous les ordres des sdach-tranh, furent nommés par le roi et furent tenus de venir deux fois par an boire l'eau du serment, non plus à la forteresse du sdach-tranh qui ne les nommait plus, mais au palais du roi dont ils tenaient leurs fonctions.

Les sdach-tranh conservèrent cependant, encore quelques années, le signe visible de leur puissance passée, l'attribution qui la caractérisait le mieux, c'est-à-dire le droit de haute justice; leurs tribunaux, comme ceux du roi, pouvaient condamner à mort, tandis que les tribunaux des provinces ne pouvaient juger que les petites affaires. Ils ont, il y a vingt-cinq ans environ, sous le roi actuel, perdu cette dernière bribe de leur autorité, et les grands crimes ne peuvent plus être jugés par eux; tout d'abord, ils relevèrent du chau-krom-sala ou tribunal royal, ils relèvent maintenant du conseil des ministres dont l'ordonnance royale d'octobre 1890 a maladroitement fait un tribunal de première instance. Sauf en ce point que les sdach-tranh sont les seuls fonctionnaires provinciaux qui comptent dix sac, ils sont à peu de chose près ce que sont les gouverneurs des provinces placées sous leur surveillance et qui comptent sept, huit et neuf sac.

Je ne crois pas que la dépossession des princes sdach-tranh se soit faite tout d'un coup et définitivement; il y a certainement eu des résistances, des retours en arrière; plusieurs fois peut-être, la royauté a été obligée de rendre à des princes les dey qu'elle avait confiés à des mandarins royaux. Je trouve une trace de ces reculs dans un passage de Christoval de Jaque : « Les procès sont jugés par les seigneurs du pays..., qui rendent très bien la justice parce qu'ils sont désintéressés... Autrefois leurs fonctions étaient confiées à des gens de la classe moyenne, mais on leur a enlevé ce droit parce qu'ils se laissaient gagner par des présents. »

Avant l'époque que Christoval de Jaque désigne par cette expression « autrefois », les princes ou seigneurs du pays gouvernaient les provinces; puis on leur avait retiré leur gouvernement, et leurs fonctions furent confiées à des gens de la classe moyenne ; mais cela n'avait duré qu'un temps et la royauté avait dû les investir de nouveau ; il est probable qu'alors les nouveaux feudataires étaient des princes de la famille royale et non plus, comme par le passé, des descendants des anciens seigneurs du pays, qui peut-être, se transmettaient le pouvoir par voie d'hérédité. Comme ces nouveaux chefs des dey devinrent ce que les anciens avaient été, la cause des troubles qui compromettaient la royauté, celle-ci les déposséda de leurs terres et en confia le gouvernement à la classe moyenne qui l'avait déjà eu et perdu.

Les choses ont certainement dû se passer ainsi (1),

(1) C'est en effet ainsi que les choses se sont passées. Depuis que ceci est écrit j'ai eu connaissance d'une tradition qui enseigne que les sdach-tranh ont été créés après la mort de Préa-Chey-Ches-Sda, sous son successeur, le roi Préa-Srey-Thommo-Réach, qui régna de 1627 à 1635. Avant cette réforme, les princes royaux avaient le gouvernement des dey et menaient un grand train de maison. Comme ils étaient turbulents et ambitieux, peu soumis aux ordres du roi, on crut devoir les remplacer par les sdach-tranh pris parmi les mandarins.

mais comment, à la suite de quels événements? Voilà ce qu'il est difficile de dire. Ce qui est certain ou tout au moins ce qui me paraît hors de doute, c'est que le gouvernement des dey a passé des seigneurs aux princes royaux, et des mains de ceux-ci aux mains des agents du roi, le plus souvent pris dans la classe moyenne et plus dévoués au roi que les princes, parce qu'ils tenaient tout de lui, leur condition sociale et leur situation.

Quoi qu'il en soit les sdach-tranh sont les seuls gouverneurs des provinces qui aient droit aux insignes quasi-royaux, et qui puissent s'abriter sous le parosol rouge à franges d'or que les chauvai-sroc ordinaires ne peuvent arborer. Seuls de tous les hauts dignitaires de l'extérieur, c'est-à-dire des provinces, ils ont droit de *faire porter* derrière eux la boîte à bétel *en or* quand ils assistent aux cérémonies ou aux fêtes. Il y a dix ans à peine, quand le roi les nommait, il leur faisait encore présent, conformément aux coutumes anciennes, d'une veste en étoffe rouge qui constituait leur uniforme et indiquait leur haute dignité; c'était avec cette veste rouge, leur parasol rouge à franges d'or, leur boîte à bétel en or travaillé, qu'ils se présentaient au palais, prenaient place dans les cortèges royaux, assistaient aux cérémonies du palais, venaient boire l'eau du serment, recevaient les ordonnances royales, les délégués du pouvoir central et assistaient aux grandes fêtes religieuses qui s'organisaient dans leur province. Quand ils parcouraient leurs dey ils étaient accompagnés de cinquante hommes armés de fusils et de lances, de sabres indigènes et suivis de leurs porteurs d'insignes.

Leur cachet était aussi et est encore différent du cachet des gouverneurs des provinces placées sous leur surveillance. Comme les ministres du royaume ils ont droit de placer entre deux cercles concentriques une guirlande de fleurs et de mettre au centre du cachet l'éléphant blanc, marque de la souveraineté. Par une exception qui ne s'explique, m'a-t-on dit, que par le rang supérieur du sdach-tranh du dey Kompong-Soai, qui était autrefois un personnage très considérable, le cachet de ce mandarin porte l'image de Hanuman, à six bras, prince des singes et guerrier fameux.

Il y a soixante et quelques années, ils affirmaient encore leur droit de vie et de mort en faisant sacrifier, aux *néac-ta* et aux *arac* de leur province, quand ils prenaient possession de leurs fonctions, un homme condamné par un tribunal ou qu'on arrêtait parmi ceux qui étaient connus comme mauvais sujets.

Cette cérémonie barbare avait lieu devant une grande partie de la population, et avec une certaine solennité et aux sons de la musique. Deux cents hommes vêtus de rouge escortaient la victime ; de nombreux éléphants portaient le sdach-tranh et ses mandarins. Ce dernier, abrité sous le parasol rouge à franges d'or, signe visible de sa puissance, était suivi des pages de sa maison qui portaient la boite à bétel en or, qu'il avait seul dans le dey le droit de faire porter.

Le sacrifice avait lieu devant l'autel des néac-ta. Un homme égorgeait la victime près d'une fosse creusée tout exprès et dix autres étaient chargés de l'enterrer.

Dans la province de Kompong-Soai, la victime humaine est actuellement remplacée par un veau ; dans la province de Thbaung-Khmoum, le sdach-tranh nouvellement nommé fait égorger un buffle.

Le sdach-tranh du dey Kompong-Soai avait le pas sur les autres ; il pouvait prendre place à côté du kralahom, le ministre de la guerre, qui, dans le passé, au temps des grandes luttes avec le Siam, était le premier des ministres. Comme le Somdach-Préa-ang-Keu, il était *khnang-pos*, dos de serpent, ce qui est un titre aussi élevé qu'ancien. Quand il se rendait à la capitale, le roi, se conformant à l'usage ancien, envoyait au devant de lui, à plus d'une journée du palais, les éléphants royaux et tout une escorte de mandarins et de guerriers.

Les sdach-tranh sont actuellement bien déchus, ils ne sont plus guère que des gouverneurs ordinaires; cependant ils ont su toujours inspirer assez de respect aux gouverneurs des provinces de leur dey, pour les obliger à leur en donner des marques publiques et pour conserver un prestige ancien que rien ne justifie plus guère, aujourd'hui que leur surveillance est nulle et que la paix est rétablie, qu'il n'y a plus ni les Siamois, ni les Annamites à combattre, plus de rebellions redoutables possibles. Mais ils ont dix sac et le souvenir de leur puissance d'autrefois vit dans la conscience des peuples et maintient le respect. Ils sont, pour cette nation presque sans histoire, le passé aussi mystérieux que l'avenir, le passé qu'il faut respecter comme il faut respecter les ancêtres et tout ce qui vient de l'antiquité.

IV

LES PROVINCES

Le nombre des provinces du Cambodge a nécessairement varié avec l'étendue du royaume. Les légendes parlent de cent et un rois vassaux qui payaient le tribut aux anciens rois du Campouchéa ; il est évident qu'il s'agit là des princes feudataires, des gouverneurs nommés par le roi, des chefs des tribus sauvages et des souverains des états soumis par les armes.

Au temps où la puissance cambodgienne s'étendait à tout le Laos, au Siam, à la presqu'ile de Malacca, à la Cochinchine entière et peut-être aussi aux îles de Java et de Sumatra, le nombre des provinces ou états qui avaient accepté ou qui subissaient la domination de la nation établie sur les deux rives du Mékong et du Grand-Lac pouvaient bien s'élever à une centaine.

Sans remonter jusqu'à Préa-Ket-Méaléa, jusqu'aux Varmans, princes encore perdus dans les brumes du passé, en ne tenant compte que des territoires formant actuellement le royaume du Cambodge et de ceux que nous savons pertinemment avoir fait partie de l'empire khmer, depuis le XIIIe siècle on trouve que le nombre des muong a pu s'élever à un chiffre beaucoup plus élevé que celui des khét d'aujourd'hui : la Cochinchine française avant sa conquête par les Annamites devait former une dizaine de provinces au moins ; la province d'Ang-Kor, la terre de Battambang, les provinces de Stung-Treng, Melou-Prey, Véal-Kantel, Tonlé-Repou, Kou-Kan qui appartenaient encore au Cambodge au XVIIIe siècle, formaient au moins une vingtaine de provinces administrées par des gouverneurs nommés par le roi.

Depuis, au XIXe siècle, sur le territoire même du Cambodge actuel, le nombre des provinces a sensiblement varié. L'ancien roi Ang-Duong l'avait fixé à cinquante khêt ou provinces : les provinces de Chi-Kreng et de Staung n'en formaient plus qu'une avec celle de Kompong-Soai ; les provinces de Sambau et de Samboc étaient réunies sous le nom de Samboc ; celles de Kratié et de Kanchor sous celui de Kratié ; les provinces de Srey-Santhor et de Soai-Romiet étaient réunies sous le nom de la première ; et les provinces de Phnom-Srouck et de Krang-Samré n'en formaient plus qu'une sous le nom de Phnom-Srouck.

Au commencement du règne de Norodom, le nombre des provinces fut porté à cinquante-six et quelques khêt que l'ancien roi avait réunis furent séparés.

On en compte cinquante-sept aujourd'hui, parce que le roi a cru devoir diviser en deux la province de Srey-Santor-Chhveng et former une nouvelle province à laquelle on a donné le nom d'un ancien muong, Sithor-Paréang. La partie de Srey-Santhor-Chhveng qui forma la province de Srey-Santhor, — et qui faisait partie de l'apanage de l'Obbaréach, — fut versée au domaine de la couronne et la province de Sithor-Paréang continua de faire partie des possessions de l'Obbaréach.

Cependant on ne tarda pas à reconnaître le danger qu'il y avait à augmenter le nombre des provinces et, par suite, celui des administrateurs ; une ordonnance royale datée du 15 janvier 1877, — que le représentant du gouvernement français obtint du roi Norodom, et qui devait avoir la valeur et le caractère d'une convention passée entre la puissance protectrice et la nation protégée, — statua que « le nombre des provinces du royaume serait ramené à ce qu'il était à la mort du dernier roi ». Malheureusement, les nombreux, trop nombreux changements survenus dans le personnel du Protectorat, l'absence d'esprit de suite dont ont fait preuve tous les agents de la République, n'ont pas été favorables à cette réforme; comme beaucoup d'autres obtenues à grand'peine, inscrites sur le papier, insérées à l'*Officiel de la Cochinchine*, elle a été négligée, abandonnée, puis oubliée.

Sur ces cinquante-sept provinces, quarante-trois sont placées sous la haute direction de cinq ministres, et six sont confiées à la surveillance de six grands dignitaires; cela fait quarante-neuf provinces qui forment ce que j'appelle le domaine royal. Les huit dernières forment l'apanage de l'Obbaréach qui compte cinq provinces, et celui de la reine-mère qui en a trois; ces huit provinces sont confiées aux hauts mandarins qui, près de l'Obbaréach et de la Préa-Voréach-Chini, remplissent les fonctions de ministres. Je vais successivement donner le classement de toutes ces provinces.

Domaine royal. — Les neuf provinces qui sont placées sous la haute direction du Chauvéa ou premier ministre sont les khêt : Kompong-Siem, Chœung-Prey, Baraï, Kompong-Soai, Staung, Chi-Kreng, Promp-Tep, San-Touk et Stung-Trang, soit un territoire limité par la frontière septentrionale, par le grand fleuve, par le Grand-Lac et par les provinces de Kompong-Leng, An-long-Réach et Muhk-Kompul, qui bordent le bras du Grand-Lac.

Les cinq provinces qui obéissent au Youmréach ou ministre de la justice sont les khêt : Tréang, Prey-Krébas, Bâti, Péam et Bountéay-Méas qui forment un territoire limité par la partie méridionale et cambodgienne du bras de Chaudoc, par la frontière cochinchinoise, par le golfe de Siam et la frontière Sud-Est des provinces de Kompot, Phnom-Srouck et Kandal-Stung.

Les douze provinces qui reçoivent les ordres du Kralahom ou ministre de la guerre sont les khêt : Ba-Phnom, Romdoul, Soai-Téap, Roméas-Ek, Sithor-Kandal, Prey-Veng et Srey-Santhor soit sept provinces qui forment un territoire limité par la frontière cochinchinoise, le grand fleuve et les territoires des sauvages indépendants de l'Est; puis Lœuk-Dek et Péam-Chor qui sont situées dans Ka-Thom, cette grande île que forme les deux grands bras du Mékong; plus le khêt Kompot qui est situé sur le golfe de Siam ; le khêt Ka-Sutin qui est situé dans une île du grand fleuve au Nord-Est de Phnom-Penh, en face de la provine de Sithor-Kandal ; plus le khêt Ponhéa-Lu qui est au Nord-Ouest de la province de Phnom-Penh sur le bras d'Oudong ou du Grand-Lac.

Les quatre provinces que commande l'Ocnha-Thoméa-Nika, l'un des mandarins faisant fonctions de Véang sont les khêt : Phnom-Penh, qui est isolé, Chhlong, Thbaung-Khmoum et Totung-Thngay qui sont situés au Nord des sept provinces qui obéissent au Kralahom.

Les cinq provinces qui obéissent à l'Ocnha-Monti-Roban, haut fonctionnaire qui avec le précédent remplit les fonctions de Véang, sont les khêt: Kompong-Leng qui est isolé au Nord du bras du Grand-Lac, Sambau, Samboc, Kratié et Kanchor qui forment un territoire limité par la frontière laotienne, par le haut Mékong cambodgien et les grandes forêts inexplorées de l'Est. — S'il y avait, comme il y a quelques années, un Ocnha-Véang, au lieu de deux fonctionnaires pour remplir ces fonctions, ces neuf provinces recevraient ses ordres.

Les huit provinces que commande le haut mandarin qui remplit les fonctions de Chakrey sont les khêt : Roléa-Païr, Phnom-Srouck, Kompong-Som, Thpong, Poursat, Kréko, Krang et Babor, soit un territoire limité par la frontière du royaume au Nord, et, à l'Ouest, par le golfe de Siam et par le Grand-Lac.

Les six provinces qui sont placées sous la direction des six hauts mandarins dont j'ai parlé plus haut sont : les khêt Samrong-Thong et Lovêk qui sont situés au Nord des provinces de Ponhéa-Lu et de Kong-Pisey ; les khêt Kandal-Stung et Saang qui sont au Sud de la province de Phnom-Penh ; le khêt Kien-Soai qui est au Nord de Ka-Thom, et le khêt Kang-Méas qui est au Sud de la province de Kompong-Siem, sur le grand fleuve.

Apanage de l'Obbaréach. — Cet apanage est composé des khêt Lovéa-Em, Khsach-Kandal, Paréang qui sont à l'Ouest de Phnom-Penh sur la rive gauche du grand fleuve ; du khêt Ka-Thom, dans la grande île, et du khêt Kong-Pisey qui est au Sud-Ouest de Phom-Penh.

Apanage de la reine-mère. — Cet apanage est composé de trois provinces : Muhk-Kompul qui est au Nord de Phnom-Penh, entre le grand fleuve et le bras du Grand-Lac ; Prey-Kedey qui est au Nord du Cambodge et enfermée dans la province de Kompong-Soai ; An-long-Réach qui est au Nord de Muhk-Kompul, sur le bras du Grand-Lac.

Divisions territoriales françaises. — A la suite du coup d'Etat et de la convention du 17 juin 1884, qui fut si maladroitement obtenue du roi Norodom et qui souleva tout le royaume contre nous, le Cambodge fut, subitement et par un trait de plume, divisé en huit provinces et trente-deux arrondissements.

Chaque province devait être administrée par un résident français avec l'aide d'un *chef de province* indigène, de *chefs d'arrondissements*, de *chefs de cantons*, de *maires* et de six *notables* par *commune*. On le voit, c'était toute la machine administrative de Cochinchine transportée au Cambodge, à l'aveuglette, au milieu d'une population qui ne pouvait guère comprendre ce qu'on prétendait innover.

Ces huit grandes provinces étaient : *Phnom-Penh* qui devait avoir cinq arrondissemennts formés avec onze anciens khêt; — *Kompot* qui comprenait quatre arrondissements formés avec sept anciennes provinces; — *Poursat* qui se composait de trois arrondissements réunissant cinq anciens khêt; — *Kompong-Chhnang* qui devait avoir cinq arrondissements formés avec six anciennes provinces; — *Kratié* qui se divisait en deux arrondissements faits de cinq anciennes provinces; — *Kompong-Thom* qui avait quatre arrondissements formés avec sept anciens khêt; — *Banam* qui avait quatre arrondissements comprenant huit anciennes provinces; — et *Kompong-Cham* qui devait avoir cinq arrondissements formés avec huit anciennes provinces.

Les chefs-lieux de ces huit grandes provinces étaient situés: un à Phnom-Penh, capitale du royaume; — un à Kompot, sur le golfe de Siam; — un à Poursat, au Sud-Ouest du Grand-Lac, à cinquante kilomètres environ de la frontière siamoise; — un à Kompong-Chhnang sur la rive Ouest du bras du Grand-Lac; — un à Kompong-Thom à l'Ouest du Grand-Lac, dans la terre de Kompong-Soai; — un à Banam, au Sud-Est de Phnom-Penh; — un à Kompong-Cham; — et un à Kratié sur le haut Mékong cambodgien.

Cette organisation ne dura pas, et, en 1887, le Protectorat crut devoir ramener le nombre des résidences à cinq: Phnom-Penh, Kompot, Poursat, Kompong-Thom et Kratié. En 1890, la résidence de Kratié fut transportée à Sambau et deux sous-résidences furent créées: une à la pointe Sa-Mit, à l'extrémité Nord-Ouest de la province de Kompong-Som, sur le golfe de Siam, pour mettre une barrière aux empiètements des Siamois; et l'autre à Soai-Rien (1), à l'extrémité Sud-Ouest du royaume, dans l'enclave que forme la frontière de Cochinchine. Kratié demeura un poste administratif

(1) Devenue résidence en 1893.

sous la direction du résident de Sambau ; la sous-résidence de la pointe Sa-Mit fut placée sous les ordres du résident de Kompot, et celle de Soai-Rien, bien que dépendant du résident de Phnom-Penh, reçut les ordres du résident supérieur. En 1894, la résidence de Sambau fut supprimée, et celle de Kratié fut rétablie.

V

L'ORGANISATION DE LA PROVINCE

Il est encore impossible de savoir quels étaient dans le passé du peuple cambodgien, les titres et les attributions des fonctionnaires qui, sous les ordres des princes souverains ou feudataires, administraient les divisions territoriales des principautés (1). Tout ce qu'on sait, c'est que, sous les *sdach-tranh*, hauts gouverneurs nommés par le roi, les fonctionnaires chargés d'administrer les districts du dey étaient les *chau-muong* (2) ou chefs des *muong*; le muong était divisé en *snang* placés sous les ordres de fonctionnaires appelés *chau-snang* ou plus simplement *snang*.

Tous les fonctionnaires du dey et peut-être leurs agents inférieurs formaient ce qu'on appelait alors le *kromokar-dey* (3). Tous les fonctionnaires du muong formaient le *kromokar-muong* du chau-muong ou sous-gouverneur (4).

(1) Voy. précédemment, 3e partie, chap. III, p. 189, la note concernant les Sdach-tranh.

(2) Chez les Siamois et les Laotiens, le mot *chaau* (prononcez *tchiao*) signifie *seigneur*, *roi*; le mot *mœung* veut dire royaume, district, ville.

(3) Il comprenait un *snang* ou sous-sdach-tranh; deux *kray* (un de droite et un de gauche) chargés de surveiller chacun un certain nombre de chau-muong; un *smien-tra* ou garde des sceaux; deux *suos-dey* ou secrétaires-archivistes; deux *sauphéa* ou juges. Tous ces fonctionnaires étaient nommés par le sdach-tranh.

(4) Il comprenait deux *snang* (un de droite et un de gauche), chargés de chacun un district du chau-muong; ou deux *chau-ban* ou agents; un *sauphéa*, un *suos-dey*. Ils étaient nommés par le sdach-tranh et plus anciennement par le chau-muong.

Aujourd'hui la province, le khêt, formée avec le muong ancien est, à peu de chose près, organisée de la même manière, mais les chauvai-sroc ou gouverneurs des khêt, qui, quand ils portaient le nom de chau-muong, relevaient des sdach-tranh, relèvent aujourd'hui du roi lui-même et de ses ministres. La réforme date du roi Ang-Duong qui s'attacha à rendre purement honorifique la suprématie des sdach-tranh, afin de ramener leur autorité à celle des gouverneurs ordinaires. Pour mieux y parvenir, il changea les dénominations des divisions territoriales, les muong devinrent les khêt, et les chau-muong furent les chauvai-khêt ou gouverneurs des khêt (1). Les sdach-tranh conservèrent leur titre, une autorité nominale, et devinrent en fait les gouverneurs, les chauvai-khêt de la province centrale de l'ancien dey.

Le dey continua de subsister, et le sdach-tranh fut encore considéré comme en étant le chef, mais il ne trouva plus guère l'occasion d'affirmer ou d'exercer son autorité, parce que les khêt et les chauvai-sroc étaient directement placés sous les ordres du pouvoir central (2).

(1) Le peuple les nomme *chauvai-sroc*, c'est-à-dire gouverneurs du sroc, du pays, c'est-à-dire de la province.

(2) Cette réforme n'a pas été favorable au pays, parce que la centralisation de tous les pouvoirs dans les mains du roi chez un peuple à demi barbare ne peut produire que des effets mauvais et renforcer le despotisme du gouvernement central. Quand les sdach-tranh étaient les chefs des véritables dey, ils étaient souverains subordonnés au roi, mais leurs revenus étaient considérables et leur puissance était réelle. Ils avaient leur cour et menaient un grand train de maison ; ils faisaient leurs tournées avec cinquante hommes armés et toujours accompagnés d'une partie de leurs fonctionnaires. Leur haute situation leur créait des devoirs et leur constituait des charges ; ils se devaient aux populations plus que les gouverneurs d'aujourd'hui parce qu'ils étaient plus indépendants qu'eux, plus puissants. Ils construisaient des pagodes, creusaient des canaux, construisaient des routes, faisaient des distributions de riz pendant les années de disette. Partout, on trouve la preuve de leur activité et de leur bonne administration. Sous leur gouvernement, la plus grande partie des revenus du dey était dépensée dans le dey ; leur chef-lieu était toujours un gros village, un grand marché dont ils

Etant parvenu à faire faire au pays ce nouveau pas vers la centralisation administrative au profit de l'autorité royale, Ang-Duong entreprit de constituer le kromokar-chauvai-sroc ou kromokar-chauvai-khêt (1), c'est-à-dire de donner aux gouverneurs des khêt une « suite » de fonctionnaires en sous-ordres destinés à les aider dans leurs fonctions.

C'est alors qu'il emprunta à la langue siamoise un titre que la langue khmère n'avait pas et qu'il créa les *balat* (2) ou *balat-khêt* et qu'il les plaça sous les ordres du chauvai-sroc comme étant ses lieutenants.

Les snang qui, sous l'ancienne organisation, avaient été les snang du chau-muong et qui portaient un titre d'origine khmère ne furent plus que des sous-balat chargés d'une circonscription qu'un fonctionnaire autrefois placé sous leurs ordres avait administrée.

s'efforçaient d'accroître l'importance. Aujourd'hui ces villages tendent à décroître, parce que, le pouvoir étant centralisé, les provinces ne sont plus administrées ; tous les revenus du pays sont dirigés sur la capitale et dépensés autour du monarque, sans profit pour les populations éloignées qui paient et qui ne voient plus dépenser parmi elles les grosses sommes qu'elles ont payées. La centralisation, qui peut être bonne dans un pays d'administration réelle, est déplorable dans une nation qui n'est que gouvernée. Elle ruine le pays en renforçant le pouvoir royal, en augmentant ses revenus. Des provinces entières au Cambodge ont été ruinées par les effets lents de la réforme de Ang-Duong et le roi Norodom, pas plus que le Protectorat, n'a su maintenir, en les administrant, la vie sociale qui s'éloignait de ces provinces ; le royaume est exploité à la barbare, il n'est pas administré ; les provinces ne connaissent l'administration que par les charges qu'elle leur impose.

(1) Cet appellation de kromokar est ancienne ; elle me paraît d'origine cambodgienne, mais on la trouve également au Laos avec une petite variante, *kromakar*, où elle désigne, comme au Cambodge, la réunion de tous les fonctionnaires d'une province. Le mot *krom* au Siam, comme au Laos et comme au Cambodge, signifie *ministère, service*.

(2) *Balat* (*palat* en siamois) corruption du mot *oppahat* qui veut dire vice-roi ; ce mot *oppahat* a donné Obbaréach qui, au Cambodge, au Siam et dans l'ancien Laos, désignait le prince héritier du trône indiqué par le monarque, mais que les mandarins pouvaient écarter. *Oppahat* est lui-même la corruption du mot sanscrit *upa-raja* qui veut dire *vice-roi*.

Les *kralapéas*, qui avaient été des agents du chaumuong au deuxième degré, placés sous les ordres du snang, se trouvèrent n'être plus que les agents de troisième ordre du chauvai-sroc.

Puis, à ces trois fonctionnaires, il ajouta le *yokebat* (1), dignité inconnue des Cambodgiens. Ce titre, au Siam, désigne le fonctionnaire qui remplit les fonctions de snang; au Cambodge, il désigna le secrétaire principal, le lettré du chauvai-sroc.

Ce sont ces quatre agents, puis les juges ou sauphéa qui forment ce qu'on appelle le kromokar-chauvai-sroc.

Cette organisation ne s'est pas maintenue sans variations jusqu'à nous, mais la base même a été respectée; les dénominations des fonctionnaires ont été conservées. Malheureusement, les districts du khêt où ils doivent exercer leurs fonctions n'ont pas été délimités et rien n'est venu les obliger à habiter leur circonscription.

Voici quels sont aujourd'hui les fonctionnaires composant le personnel administratif d'une province :

En haut, le ministre ou le haut mandarin, le chauvai-komnan-khêt, qui en a la haute surveillance. Sous lui une série de fonctionnaires subordonnés les uns aux autres et qui sont tenus d'habiter la province. Ce sont :

Le chauvai-sroc ou chauvai-khét (2), ou gouverneur, personnage nommé par le roi sur la présentation du ministre ou du grand mandarin dont la province relève;

Les balat, sorte de lieutenants ou de sous-gouverneurs nommés par le roi de la même manière que les gouverneurs, mais, si on obéissait aux anciens usages, sur la présentation de ceux-ci; ces balat sont quelquefois deux ou quatre : deux dans les provinces qui sont divisées en

(1) *Yokrabat*, en siamois.

(2) *Chauvai-khét* est le titre officiel; *chauvai-sroc* le titre populaire.

deux parties, la gauche (*chhvein*) et la droite (*sdam*), ou le devant (*muhk*) et le derrière (*croy*), quatre dans les provinces qui sont divisées en quatre parties qui portent les noms ci-dessus.

Le yokebat, qui est un fonctionnaire d'un rang inférieur au balat choisi par le gouverneur, mais nommé par le roi et dont la fonction régulière consiste à remplacer le balat absent; il n'y a qu'un yokebat par province.

Le snang qui est un sous-balat chargé d'aider et de suppléer celui-ci ; il devrait habiter près du balat, être le premier mandarin de son entourage; il y a un snang par balat.

Les kralapéas, qui sont des fonctionnaires d'un ordre inférieur aux snang, placés à côté de ceux-ci, sous les ordres des balat; ils reçoivent les ordres du snang, mais le balat est leur chef réel; il y a autant de kralapéas que le gouverneur de la province qui les nomme le juge à propos; il y en a même qui sont attachés au gouverneur.

Les chau-muong qui existent dans certaines provinces sont des fonctionnaires d'un grade moins élevé que les kralapéas; ils sont les chefs des nationaux étrangers à la province et des peunong; le gouverneur les nomme et les révoque; ils restent près de lui et il les emploie comme agents. Il n'en était pas ainsi autrefois.

Quand les sdach-tranh étaient les gouverneurs des dey, les chau-muong, on l'a vu plus haut, étaient leurs lieutenants et avaient l'administration des districts qui, plus tard, devinrent les provinces actuelles. J'ai quelques raisons de croire que les chau-muong, avant d'être gouverneurs de districts, étaient les chefs du dey. Au Laos, le chau-muong est le maitre du muong, c'est-à-dire le chef de la principaute du royaume qu'il gouverne. Il est le seigneur souverain. Dans ce cas, le titre de sdach-tranh serait plus moderne et celui que les rois donnèrent à leurs agents quand, d'oenha-luong, ils furent devenus de véritables gouverneurs. Mais il peut se faire aussi que le titre sdach-tranh soit le titre cambodgien, le titre ancien, et que celui de chau-muong ne soit qu'un titre emprunté aux Laotiens, aux Siamois, et importé au Cambodge; alors on l'aurait donné aux lieutenants des chefs de dey; il aurait ainsi perdu son sens de grand dignitaire et n'aurait plus désigné qu'un fonctionnaire en sous-ordre, une sorte de sous-préfet.

Je dois avouer qu'entre ces deux hypothèses, la première me paraît mieux assise; le mot *chau*, qui veut dire chef, est siamois et laotien, mais il est également cambodgien et pur cambodgien; il entre dans la composition des mots *chauvai-sroc*, gouverneur du pays; *chau-crom*, chef juge; le mot *muong* me semble tout à la fois cambodgien, siamois et laotien, et j'ajouterai qu'il désigne chez les sauvages de l'Ouest du Tonkin, dans leur langue, les divisions territoriales du pays qu'ils occupent (1).

Quoi qu'il en soit de ces deux hypothèses, les chau-muong qui, avant le règne d'Ang-Duong, étaient les lieutenants des sdach-tranh, des gouverneurs en sous-ordre, ne sont plus aujourd'hui que de très petits mandarins, dont les attributions varient avec les provinces où ils sont nommés. Ici ils sont chargés de surveiller les mé-sroc et là de surveiller les peunong ou les étrangers à la province; ils sont inférieurs aux balat, aux snang et même aux kralapéas et aux yokebat; ils sont mandarins à trois sac.

Sur certains points cependant, ils ont conservé, jusqu'à ces temps derniers, les anciennes attributions des chau-muong, chefs de district. Par exemple, il y avait encore

(1) C'est donc par suite d'une erreur que les Annamites et nous, d'après eux, désignons ces populations sous le nom de *Muong*. Le nom qu'elles se donnent est celui de *Chos* ou *Pu-thaï* (*thaï* de la montagne). Voy. Frédéric Garcin, *Un an chez les Muongs*, 1891, p. 13.

en 1891, dans la province de Thbaung-Khmoum, un chau-muong chargé d'administrer, sous les ordres du gouverneur, sept villages un peu écartés, placés à l'extrémité orientale; c'était le chau-muong-Trabec du nom du village chef-lieu de ce petit district. En 1889, il y avait encore au Nord de la province de Kompot un chau-muong qui prenait le titre de Ocnha-montrey-Sang-Krien, à six sac, chargé d'administrer le district de Tang-Ksach qui comptait deux villages, — Poum-Trapeang-Plan et Takenne, — et treize hameaux; ce district avait été formé avec une partie de la province de Krang-Samré en 1860. En 1892, il y avait encore des chau-muong dans la province de Kompong-Soai; en 1893, on en a fait des mé-sroc, mais ils continuent de porter leur ancien titre et sont en fait plus que des mé-sroc ordinaires.

Au-dessous de ce mandarin, le dernier du groupe administratif, il y a, dans le sroc ou canton, le mé-sroc ou chef du pays, qui est une sorte de maire. Mais nous retrouverons ce petit mandarin plus loin quand je parlerai de l'organisation communale.

En outre de ces fonctionnaires qui forment série, il y a, près du gouverneur, le *smien-tra* ou secrétaire du cachet, sorte de garde des sceaux; les *smien* ou secrétaires qui sont deux, trois ou quatre. Ce sont généralement des jeunes gens instruits que leurs parents confient au gouverneur et qui se destinent à la carrière administrative; ce dernier les prend avec lui et les traite comme ses fils ou plus exactement, pour employer l'expression cambodgienne, comme ses « neveux »; aussi leur donne-t-on familièrement le nom de *con-khmouy* (1) *chauvai-sroc* (neveux du gouverneur).

(1) On appelait ainsi autrefois tous les ouvriers attachés à une maison; ainsi nos valets de ferme, nos employés de commerce, aux yeux des Cambodgiens, seraient des *con-khmouy*, des neveux.

Autrefois, au commencement de la décadence, au commencement de ce siècle encore, mais plus partout déjà, tous ces fonctionnaires menaient un certain train de maison, possédaient un grand nombre d'esclaves et déployaient une activité plus grande. Ils ne sont plus aujourd'hui que l'ombre de leurs devanciers ; on ne les distingue guère, par leur tenue et le train de leur maison, des autres habitants du royaume.

On a vu ci-dessus quelle était, en 1884, l'organisation de la province adoptée par le Protectorat et que cette nouvelle division du territoire dura peu. Ce qu'il convient d'ajouter ici, c'est que, si le nombre des fonctionnaires placés sous les ordres du gouverneur fut réduit, leurs fonctions ne furent pas supprimées ; on conserva généralement par arrondissement deux balat, deux snang et deux kralapéas.

VI

LES GOUVERNEURS

« Autrefois, me disait un jour le gouverneur de Kompot, le nombre des provinces du royaume était moins grand qu'aujourd'hui et leur territoire était beaucoup plus étendu (1). Les gouverneurs des principales provinces étaient généralement choisis parmi les princes du sang et parmi les hommes déjà puissants et connus pour leur bravoure et leurs aptitudes militaires et administratives (2). On a changé cela parce que les princes, gouverneurs des provinces, bien que toujours nommés par le roi, profitaient souvent de l'autorité que leur donnait leur rang et de la puissance qu'ils tiraient de leur gouvernement pour se révolter contre leur souverain et entraîner les habitants dans leur rébellion. »

Cette tradition ne semble pas d'accord avec les chroniques royales, ou, tout au moins, celles-ci, qui parlent souvent des révoltes des princes, ne disent pas que ces princes fussent alors gouverneurs de provinces. Mais je serais mal venu assurément de repousser, étant donnée l'insuffisance des chroniques, une tradition aussi claire, aussi nette, aussi précise que celle que m'a rapportée le gouverneur de Kompot.

Quoi qu'il en soit, les gouverneurs des cinquante-sept provinces du Cambodge ne sont plus aujourd'hui choisis parmi les princes du sang; le roi, qui n'a qu'une médiocre confiance dans ses fils, ses frères et ses neveux, — qui connaît l'histoire du Cambodge et sait que la plupart

(1) C'étaient les dey.

(2) C'étaient les sdach-tranh dont j'ai parlé plus haut.

des révoltes qui ont concouru à la ruine du pays ont été fomentées par des princes rebelles qui aspiraient au trône, — le roi semble, au contraire, avoir pris à tâche de les éloigner des grandes charges du royaume et de les confiner le plus possible dans une vie de simples particuliers besogneux et sans aucune influence.

Le nombre des « hommes déjà puissants et connus pour leur bravoure et leurs aptitudes militaires et administratives », pour parler comme le gouverneur de Kompot, a considérablement diminué, peut-être même n'y en a-t-il plus; aussi les gouverneurs ne sont-ils point exclusivement choisis parmi les grands mandarins. Je dirai même qu'ils ne sont plus *choisis* du tout et que le gouvernement des provinces, même sous notre Protectorat, est confié à ceux qui savent et peuvent les acheter. Le premier petit mandarin venu, s'il a pu amasser quelques barres d'argent, s'il a pu trouver un prêteur pour lui avancer cent, cent cinquante ou deux cents barres d'argent, peut devenir gouverneur d'une province (1). Son prédécesseur est cassé sous un prétexte quelconque et le nouveau gouverneur prend sa place. Pour retrouver la grosse somme qu'il avait économisée, on ne sait jamais comment, ou empruntée, et qu'il a versée au roi et au mandarin puissant qui l'a fait nommer, ou bien pour rembourser son créancier, toujours très pressé de rentrer dans ses fonds, le nouveau chef de province commettra toutes sortes d'exactions, laissera trainer le plus qu'il pourra les affaires qu'il devra juger, augmentera les frais de chaine, de citation, de justice, etc., recevra des présents secrets des deux parties et finalement condamnera celle qui aura, la première, épuisé ses ressources.

Il est rare aujourd'hui qu'une province soit confiée à

(1) C'est ainsi qu'un simple mé-sroc de la province de Tréang a pu devenir gouverneur à dix sac de cette province, en 1892.

un homme de quelque mérite, ou soit la récompense de services rendus; certes, des titres semblables ne sont pas méconnus par le roi et par les grands dignitaires, mais ils n'entrent guère que comme appoint à la suite des barres d'argent que le candidat peut apporter à l'appui de sa demande. Ils servent tout au plus à expliquer une nomination nouvelle, à cacher une injustice commise aux dépens d'un autre mandarin. Si tout le monde sait que le gouvernement des provinces est acheté et payé en bonnes barres dûment vérifiées et brûlées, si on chuchotte le prix de plus en plus élevé de ces charges, on se garde bien, par respect pour les coutumes anciennes et aussi par pudeur, de crier par dessus les paillottes que les grandes charges sont à vendre et vendues tous les jours, que la coutume ancienne et respectable est méconnue, et que l'administration des provinces se trouve ainsi abandonnée aux plus offrants et derniers enchérisseurs.

Je dois cependant reconnaître ici qu'il y a, parmi les gouverneurs actuels, des gens qui sont en fonction depuis de nombreuses années et d'autres qui, nouvellement promus, n'ont pas payé leurs charges. Les premiers sont les gouverneurs des provinces pauvres qu'on ne recherche pas beaucoup parce qu'elles sont peu peuplées et improductives, ou ceux de provinces plus fortunées qui donnent à leurs chefs les moyens de porter au souverain de nombreux cadeaux et de faire à certains grands dignitaires des présents non moins fréquents. Les autres sont ceux qui, chefs de bandes rebelles pendant l'insurrection de 1885-1886, ont fait leur soumission et reçu en échange le gouvernement des provinces que les chefs, nommés par nous, n'avaient pu rallier à notre cause et maintenir dans l'obéissance. Plus effrayés par les rebelles que rassurés par nous, la plupart de ces derniers n'avaient pas su justifier la confiance que nous avions en eux et cette inaptitude nous mit, à la paix, dans la nécessité de confier à nos anciens adversaires, devenus nos amis, les provinces pour la conquête desquelles ils combattaient et dont souvent ils avaient su usurper le gouvernement et se faire obéir. Ce sont à peu près les seuls fonctionnaires qui n'ont pas acheté leurs charges ; mais je me suis laissé dire que quelques-uns, menacés dans leur gouvernement par un mandarin très en fonds, avaient dû la payer depuis par des présents en représentant largement le prix.

« Par suite d'une ancienne coutume, les Siamois, les Malais et les Chams, résidant au Cambodge, peuvent prétendre aux emplois vacants », devenir gouverneurs par conséquent, « au même titre que les Khmers » (1). Cependant, il est rare que le roi du Cambodge, si entiché qu'il soit des Siamois, leur confie l'administration d'une province ; j'ajouterai que je n'en connais pas une seule qui soit gouvernée par l'un d'eux. Il est possible qu'il y en ait eu dans le passé ; il y a bien eu à Kompot, sous le règne de Ang-Duong, le père et prédécesseur de Norodom, un gouverneur d'origine chinoise (2), mais j'ai tout lieu de croire que le fait a dû rarement se produire. Les rois du Cambodge, qui avaient à défendre leur indépendance toujours menacée par le Siam, ne devaient guère être portés à confier une partie du territoire, si petite qu'elle fut, à un Siamois toujours très enclin à trahir son nouveau maître pour se concilier l'ancien et mériter ses faveurs.

(1) Moura, *Le Royaume du Cambodge*, t. I, p. 249.

(2) Ce gouverneur nommé Thong, d'origine chinoise, avait rendu à Ang-Duong de grands services pendant la lutte que ce prince avait eu à soutenir avant de pouvoir se faire couronner. Il dut couper sa queue, c'est-à-dire, comme disent les Cambodgiens, se faire Cambodgien. — En outre, deux Européens, le Portugais Don Diego et l'Espagnol Blas Castilla, devinrent, en 1586, gouverneurs, le premier de la province de Ba-Phnom et le second de celle de Tréang.

« Le gouvernement cambodgien pourvoit aux besoins de ses agents (des gouverneurs de province), dit M. Moura, en leur conférant certains apanages qu'ils exploitent (1) et presque jamais un traitement fixe. Il y en a qui ne retirent régulièrement rien ou presque rien de leur position et qui en sont réduits à vivre d'abus, d'exactions et de cadeaux plus ou moins forcés. »

« La cérémonie d'investiture des mandarins a lieu dans la grande salle d'audience du palais; elle est présidée par le Louk-moha-montrey, s'il s'agit de créer un mandarin de la droite et par le Louk-moha-tep, s'il s'agit d'un mandarin de la gauche. » Cette cérémonie comprend la remise du *tra* (sceau, cachet) avec lequel le nouvel investi devra sceller toutes les pièces écrites qu'il délivrera. Le tra est le signe de sa puissance et la preuve toujours parlante de son investiture par le roi. « Au jour fixé pour la remise du cachet, le candidat se rend dans la salle du trône et revêt le sampot blanc de cérémonie (2); ensuite il s'assied sur un tapis en face du siège du roi; il a devant lui des fleurs appelées *phcaréacsa* (fleur du souvenir ou de la fidélité), une pyramide composée de noix d'arec et de bétel, autre image de la fidélité (3), et enfin autant de bougies qu'il y a de degrés dans le titre à conférer, symbole sans doute de la proportionnalité qui doit exister entre les lumières du candidat et l'importance de la position pour laquelle il a été choisi. Dès que le roi se présente dans la salle, le maître des cérémonies, qui est assis à côté du candidat, prenant la posture respectueuse obligée, dit : « Sire (4),

(1) Voir mon *Droit privé cambodgien*, pages 257-258 et note 1, page 258.

(2) Nous avons déjà vu la robe blanche du candidat figurer au couronnement du roi. Voy. chap. IV, p. 24.

(3) Les noix d'arec et les feuilles de bétel font aussi partie des présents indispensables au mariage. Voy. mon *Droit privé cambodgien*, pages 102, 106 et 116.

(4) L'expression cambodgienne est : « O roi.....

vous avez choisi X... pour un tel titre; le voilà qui vient vous saluer, recevoir son cachet et vos ordres. — Le roi répond : « Monsieur X... (1), je vous ai nommé à tel emploi et je vous recommande de l'occuper honorablement et fidèlement. » — L'élu reçoit son cachet; il remercie en se prosternant trois fois et s'en va, en reculant, prendre sa place parmi les mandarins présents à l'audience (2).

L'investiture étant donnée, un oenha-luong (grand dignitaire royal) est chargé d'accompagner dans sa province le nouveau gouverneur et de le faire reconnaître par tous les mandarins et par tous les habitants. Cet envoyé royal est porteur d'un *Préa-réach-ongka* et non *Préa-bontuol*, sorte de proclamation aux habitants qui sert aussi de lettre d'investiture et demeure aux mains du fonctionnaire qu'elle concerne.

Voici celle qui fut remise, en 1890, à l'oenha-luong chargé de procéder à l'installation d'un nouveau gouverneur dans la province de Sambau; je la reproduis dans son entier parce qu'elle dira mieux que je ne pourrais le faire, avec toutes les nuances que sa traduction en français a pu rendre, quelle sorte de document est le Préa-réach-ongka.

« Le Somdach-Préa-Norodom (3), roi du Cambodge, l'Oenha-Moha-Tep (4), l'Oenha-Mountiban (5) informent

(1) *Louk* X... et non *Monsieur* X...

(2) Moura, *id.*, I, pages 249 et 250.

(3) Titre abrégé du roi.

(4) Mandarin à neuf palm, le second du krom *Préas-Monti-balat-toul-Chhlang* (groupe de fonctionnaires chargés d'étudier et d'exposer au roi les affaires de l'extérieur du palais et d'exécuter les ordres qui lui sont donnés par le prince). L'Oenha-Moha-Tep est chargé des provinces de gauche.

(5) Mandarin du ministre des finances (Louk-Véang), duquel relève la province de Sambau, spécialement chargé de la haute administration de cette province.

les balat (1), les snang, les kralapéas (2), les chump-top, tous les notables, les ocnha (3), les ponhéa (4), les préa (5), les mé-sroc (6), les mé-prey (7), tous les habitants cambodgiens, chinois, chams, malais, annamites, tous les pols, comlas (8), kouylle, stieng et peunong, qui sont dans la province de Sambau, que l'Ocnha-Montrey-Nikum (9) Tit (10), gouverneur de la province de Sambau, ayant fait mauvais service, ne peut pas continuer. Maintenant Sa Majesté a choisi le Chau-Ponhéa-Chochacrey (11) nommé Ek et l'a nommé Ocnha-Montrey-Nikum avec huit pahn (12), [c'est-à-dire] gouverneur de la province de Sambau, sous les ordres de l'Ocnha-Mountiban, son chef, qu'il devra écouter. Maintenant, Sa Majesté l'envoie prendre son service, surveiller la province et les habitants, conformément à la loi. Conséquemment, dès que l'Ocnha-Montrey-Nikum, nouveau gouverneur, arrivera [dans sa province], les balat, snang, kralapéas, chum-top, tous les notables, les mé-sroc, les mé-prey, les ocnha, les ponhéa, les préa et tous les habitants qui sont dans la

(1) Titre des sous-gouverneurs, nommés par le ministre.

(2) Titres des fonctionnaires placés sous les ordres du gouverneur et sous ceux d'un des balat de la province, nommés par le premier.

(3) Titre des mandarins ayant au moins six pahn ou grades.

(4) Titre de certains fonctionnaires ayant cinq, six ou sept pahn nommés par le roi ou ses ministres, demeurant dans les provinces et chargés d'en observer l'administration et d'informer le ministre dont relève la province des fautes graves commises, et surtout de le tenir au courant de l'état d'esprit des habitants.

(5) Fonctionnaires ayant de six à sept pahn.

(6) Chefs de pays, canton; de *mé*, chef, et de *sroc*, pays, canton.

(7) Chefs de la forêt, de la brousse; de *mé*, chef, et de *prey*, forêt, brousse.

(8) Mots par lesquels on désigne les esclaves du roi et ceux des pagodes.

(9) Titre du gouverneur de la province de Sambau.

(10) Nom personnel du gouverneur révoqué.

(11) Titre que portait le nouveau gouverneur de Sambau avant sa nomination, titre d'officier de police chargé de l'arrestation des voleurs.

(12) Pahn, que nous traduisons par grade, équivaut à mille dignités. Le gouverneur d'une province a toujours le nombre de pahn que comporte cette province. Aussi, dit-on communément telle province est à huit pahn, telle autre à dix pahn, telle autre encore à six pahn.

province devront lui obéir en tout ce qui concernera le service. Ceux qui, commandés pour le service par l'Ocnha-Montrey-Nikum, — balat, snang, kralapéas, chom-top, notables, ocnha, ponhéa, préa, mé-sroc, mé-prey et autres habitants, — n'obéiront pas immédiatement seront punis conformément à la loi. Le gouverneur doit avoir le cœur juste et suivre fidèlement pour le service du roi la loi ancienne; il doit être juste, simple dans le service et veiller à ce que les balat, les snang, les kralapéas, les mé-sroc, les mé-prey, les ocnha, les ponhéa et les préa n'oppriment pas les habitants, afin que le service soit égal pour tous et qu'ils n'aient aucun motif de mécontentement à cause du service. Il ne doit dispenser personne des corvées par suite d'amitié, ni recevoir des cadeaux de ses administrés, ni se mettre en colère, ni se laisser égarer par le vin, les femmes et le jeu. Il devra juger les différentes affaires qui viendront devant lui avec grande justesse et d'après la coutume et la loi. Il ne doit ménager personne parce que ces gens sont ses amis; il ne doit pas se servir de ses fonctionnaires pour opprimer les faibles et le peuple; il ne doit pas prendre le bien pour le mal et le mal pour le bien. L'Ochna-Montrey-Nikum, gouverneur de la province, doit préférer pour le service ceux qui sont intelligents, ceux qui sont prudents, aimants (qui aiment le service) et fidèles.

« Si l'Ocnha-Montrey-Nikum, gouverneur, a parlé d'une manière fautive, les balat, snang, kralapéas, mé-sroc, mé-prey, les ocnha, ponhéa, préa, les notables et les habitants peuvent le lui faire observer, mais [si la chose se produit rarement] ils ne doivent pas la considérer comme habituelle. Si, ayant plusieurs fois reçu des conseils, le gouverneur n'en tient pas compte, agit méchamment et fait le mal parce qu'il est le gouverneur, sans craindre les peines [qu'il encoure], s'il ne suit pas les lois *Préa-réach-ban-yat,* il faut que les balat, snang, kralapéas, mé-sroc, mé-prey, les ocnha, ponhéa, préa, tous les notables et tous les habitants, écrivent des lettres et les envoient aux *Aschum-num* (1) afin que ceux-ci informent le roi.

« Si les anciens fonctionnaires, — mandarins de l'intérieur (du palais) ou mandarins de l'extérieur comme [par exemple] les [anciens] gouverneurs, continuent d'habiter ou viennent habiter la province, sans y être appelés par le service du roi (et sans autorisation du roi ou des ministres), l'Oenha-Montrey-Nikum ne doit pas les laisser dans sa province; il doit les envoyer à Phnom-Penh faire leur service.

« Si les mandarins de cinq pahn jusqu'à dix pahn, qui sont compris dans les quatre somrap (2) viennent dans la province sans y être envoyés par le roi pour le service officiel, mais y sont venus pour leurs affaires personnelles, ou qui, ayant été saluer le roi (ont par conséquent obtenu l'autorisation d'y venir) pour y venir voir leurs parents, ou qui sont venus pour chercher telle ou telle chose, ou bien qui y ont été envoyés par les mandarins... s'ils ont des lettres des Préa-Anha et Préa-Mounti, l'Oenha-Montrey-Nikum, gouverneur, doit les écouter (les recevoir), mais il doit aussi examiner s'il convient de les renvoyer [ou de les laisser vaquer à leurs affaires]; s'ils doivent être renvoyés, il ne faut pas les laisser longtemps dans la province.

« Si Sa Majesté les envoie dans les provinces pour l'exécution d'un service quelconque et s'ils sont vraiment munis du Préa-réach-ongka (3) et du Préa-bontuol (4), des lettres des Aschum-num, affirmant leur ordre de service, l'Oenha-Montrey-Nikum, gouverneur de la province, doit croire en eux, les écouter, les recevoir, s'entendre avec eux, leur faciliter l'exécution des ordres dont ils sont porteurs.

« Si des mandarins de l'un des quatre somrap viennent

(1) Les ministres.

(2) On a vu plus haut qu'il n'y en a plus que trois aujourd'hui, ou plutôt que le somrap tou a été réuni au somrap ek.

(3) Ordre royal.

(4) Autorisation royale.

dans une province pour leurs affaires personnelles, ou s'ils y sont envoyés et qu'ils y soient venus sans Préa-réach-ongka, sans Préa-bontuol, sans les lettres des As-chum-num, Préa-banha et Préa-réach-mounti, l'Oenha-Montrey-Nikum, gouverneur, doit les envoyer au palais sans rien craindre pour cela.

« Ce Préa-réach-ongka et le Préa-bontuol ont été faits le thngay-angkéar à la date du 13 ruoch du mois de Pisac de l'année de Chlou-Ekhasac (mardi, treizième jour de la lune décroissante du deuxième mois de l'année du Buffle). »

Telle est la lettre de nomination qui nomme et accrédite le nouveau gouverneur, le chauvai-sroc comme disent les Cambodgiens, et qu'un ocnha-luong ou envoyé du roi vient installer.

A son arrivée, l'ancien gouverneur doit lui remettre le cachet de la province, si ce cachet ne lui a pas déjà été remis au palais, les registres de l'impôt, des corvées, etc., et tous les papiers publics, puis la liste des rizières qui forment l'apanage du gouverneur.

Régulièrement, si la chose se passait comme autrefois, lecture de la lettre royale devrait être donnée à tout le peuple convoqué au chef-lieu; en fait, on se borne à appeler les principaux mandarins de la province et à leur donner une lecture rapide de l'ordre royal.

VII

LE SROC ET LE POUM

L'unité ethnique et administrative au Cambodge est le *sroc*. Bien que cette expression doive se traduire par le mot « pays » et qu'on dise *sroc* pour désigner un petit territoire, fraction d'une province, placée sous les ordres d'un chef, le mé-sroc, et pour désigner le royaume tout entier, le Sroc-Khmer, je crois pouvoir le traduire par le mot « canton ». Le sroc comprend en effet généralement un vaste territoire, certainement aussi étendu que le sont nos cantons français ; d'autre fois, le territoire du sroc est aussi petit que celui de nos communes ; cela dépend absolument du plus ou moins grand nombre des habitants qui s'y trouvent et surtout de l'importance que ces centres avaient autrefois.

Le sroc comprend plusieurs *poum*. Le poum ou village est un hameau ; son territoire est souvent très vaste, d'autant plus vaste que le nombre des poum est moins considérable et le territoire du canton plus grand. Le territoire du poum n'est pas délimité parce qu'au point de vue administratif sa délimitation n'a aucune importance et aussi parce que les villages se déplacent, s'éteignent ici et naissent là, sans que cela amène une modification administrative quelconque. D'ailleurs, tout groupe de deux ou trois maisons et au-dessus est nommé poum.

Cependant, je dois remarquer ici que, bien que non délimité, le poum sait quelquefois faire valoir ses droits sur certaines parties du territoire qu'il considère comme lui appartenant ; mais cela est rare et son droit est bien précaire. Je citerai un seul exemple parce que je n'en connais qu'un seul : j'eus un jour à intervenir dans un procès que les habitants d'un poum intentaient aux habitants d'un poum voisin ; il s'agissait d'une mare perdue au milieu de la brousse mais produisant des ***smaau-sebau***, longues herbes aquatiques à chaumes très appréciées et qui, dans cette région, sont assez rares. Les habitants du poum appelant prétendaient dénier aux habitants du poum défendeur le droit de récolter le smaau-sebau et ceux-ci prétendaient, s'appuyant sur toutes les coutumes, user du droit commun à tous les gens du royaume ; les premiers répondaient que la mare était située sur le territoire de leur poum, voisine de leurs maisons et ajoutaient que leurs aïeux avaient toujours seuls usé du droit de récolte. La question était intéressante à tous les points de vue et je la suivis avec soin, me gardant bien d'intervenir par une décision qui aurait pu faire dévier la justice indigène et contrarier la notion cambodgienne du droit. Les juges étaient fort embarrassés, d'abord parce que le territoire du poum n'était pas délimité, puis parce qu'une mare perdue dans la brousse, qui n'a point été creusée par la main des hommes ou qui l'a été il y a si longtemps qu'on en a perdu le souvenir, est réputée n'appartenir à personne, puis encore parce qu'on ne se croyait pas en droit de priver un village de la faculté de prendre où il en trouve l'herbe nécessaire à la couverture de ses maisons, et, d'autre part, parce qu'on sentait que le fait de récolter seuls tous les ans, et cela depuis de nombreuses années, l'herbe de cette mare donnait, à un certain point de vue, aux habitants du poum réclamant un droit incontestable de jouissance unique. Le procès dura plusieurs semaines pendant lesquelles on procéda à une enquête minutieuse. Voici quel fut le jugement : tous les habitants d'une province et même ceux d'une province voisine ont droit de récolter les herbes à chaume qui poussent dans les mares de la province, quand ces mares sont abandonnées, isolées ou très éloignées des maisons, ou bien encore quand personne ne réclame ; mais si la mare a été creusée par quelqu'un, ou par son père, ou par son grand-père, ou par le père de son grand-père, ou par le père de celui-ci ou plus loin encore, ou par les habitants d'un village ou par leurs ancêtres, elle appartient à ceux qui ont eu la peine de la creuser ou à ceux dont les ancêtres l'ont creusée, et tout ce qui est dans cette mare leur appartient, sauf l'eau qui est à tout le monde. Mais si cétte mare est abandonnée, qu'on n'y fasse pas de récolte depuis trois années, ni aucun travail d'aménagement, elle est à tout le monde. Si cette mare est sur le territoire d'un sroc elle est aux habitants du sroc ; si elle est près d'un poum, elle est aux habitants du poum s'ils usent d'elle chaque année ; s'ils n'usent pas d'elle, elle est à tout le monde. Dans le cas présent, la mare est loin du poum appelant, mais les habitants de ce poum, tantôt les uns, tantôt les autres, y récoltent du chaume tous les ans, à la saison, et avec ce chaume ils recouvrent leurs maisons ; le poum défendeur est une demi-fois plus éloigné de la mare que le poum appelant, puis autrefois ses habitants allaient à une mare plus éloignée chercher tous les ans l'herbe dont ils avaient besoin sans jamais venir à la mare pour laquelle il y a aujourd'hui procès ; ils sont cette année venus à cette mare parce que l'herbe y est meilleure ; ils ont tort parce qu'ils n'y ont aucun droit ; cette mare est aux habitants du poum appelant parce qu'elle est près du poum et que ce poum est très ancien ; la récolte leur appartient, mais comme la mare où les habitants du village défendeur est vraiment très éloignée, voilà ce qu'il conviendra de faire dans l'avenir : les habitants du poum appelant prendront dans la mare qui leur appartient le chaume dont ils ont besoin, pour couvrir leurs maisons neuves ou vieilles, mais, s'il en reste, il ne pourront pas empêcher les habitants du poum voisin de venir récolter à leur tour, parce que ce qui n'est pas récolté et se perd n'est à personne et que chacun y a droit.

J'ai tenu à raconter cette affaire avec tous ses détails parce qu'elle jette un jour singulier sur la notion de droit du peuple cambodgien. Mais ce que je voulais prouver, c'est ce fait qu'un poum sait à l'occasion réclamer une partie de territoire et réussit quelquefois, bien que les poum ne soient point délimités, à faire reconnaître que tel endroit fait partie de leur village, parce qu'il en est plus rapproché qu'il ne l'est de telle autre agglomération. C'était le point important à mettre en lumière.

Si le territoire du poum n'est pas délimité, celui du sroc a ses frontières un peu vagues qui sont cependant connues de presque tout le monde ; chaque mé-sroc sait pertinemment, non seulement quels sont les poum qui appartiennent au sroc dont il est le mé (chef), mais il connaît, par tradition et à peu près, les rizières qui en font partie. Mais ces limites sont mal établies, et les contestations entre mé-sroc voisins sont fréquentes quand un nouveau village se crée à la limite d'un territoire cantonal.

D'autre part, l'esprit de personnalité, né d'usages féodaux qui achèvent de disparaître, l'emporte encore quelquefois sur l'esprit de territorialité. Je connais deux villages, nouvellement créés sur le territoire d'un sroc par les émigrants d'un autre sroc, qui ne reconnaissent que l'autorité de leur ancien mé-sroc, et qui nient au chef du sroc qu'ils habitent le droit de les commander (1). Mais, pour que cet esprit de territorialité prévale, il faut que le village, qui s'appuie sur lui, soit tout entier composé de gens émigrés de la même province; un Cambodgien isolé qui viendrait joindre sa maison à celles d'un poum et qui refuserait de reconnaître l'autorité du chef du sroc auquel ce poum appartient serait mal reçu.

Quoi qu'il en soit, tout ce qui précède démontre suffisamment que tout est encore bien vague au Cambodge, bien changeant, très à la merci des événements et toujours contestable. Les limites du poum n'existent pas; celles du sroc sont traditionnelles et l'esprit de personnalité persiste et l'emporte encore en bien des cas sur l'esprit de territorialité. On y croit encore que celui qui émigre a le droit de choisir son patron dans la province de laquelle il est originaire et qu'il ne cesse point d'avoir pour chefs les mandarins de son pays. Cette notion se perd, mais elle était, je pense, le droit ancien. La tendance actuelle est de soumettre tous les habitants aux fonctionnaires du territoire qu'ils habitent.

Le sroc a pour chef le *mé-sroc* (2) et le mé-sroc a pour adjoints des fonctionnaires appelés *chum-top* (3) et un

(1) J'ajouterai que je connais aussi un village d'une certaine province qui prétend relever du gouverneur de la province voisine, dont ses habitants sont originaires; j'ajouterai encore que les peunong, qui habitent la province de Sambau, obéissent au gouverneur de la province de Samboc, dont ils sont originaires, et repoussent les ordres du gouverneur dont le territoire qu'ils habitent relève, cela sans que celui-ci songe même à réclamer.

(2) *Mé* paraît être le diminutif de *méchas*, maître, qui veut aussi dire prince.

(3) Le *chum-top* n'était-il point, dans un passé très éloigné, le chef militaire chargé de commander dans le sroc la compagnie de gardes proposée à la surveillance et à la sécurité du pays? Une organisation militaire semblable était celle des *grâma* ou communes indoues, à l'époque de la rédaction du *Manova-dharma-sastra*. (VII, 114.) — Dans le composé *chum-top*, le mot *top*, en langue cambodgienne, veut dire « armée, troupe ».

secrétaire nommé *smien*. Tous ces fonctionnaires, sauf le dernier, si j'en crois la tradition, étaient autrefois élus par les *phnhéa* ou notables du sroc et choisis parmi les plus honorables, mais non parmi les plus vieux; les fonctionnaires de la commune étaient pris parmi les hommes jeunes et robustes, mais les choses importantes étaient décidées par les phnhéa et c'était sous leur surveillance que ceux qu'ils avaient élus présidaient à la destinée du sroc. Dans ce cas, l'organisation du sroc se rapprochait beaucoup autrefois de l'organisation du *lang* ou commune annamite.

Le secrétaire du sroc, le smien, était alors choisi par le maire, mais un conte qui m'a été narré le représente comme ayant été élu par les notables.

Les phnhéa comprenaient alors les anciens fonctionnaires du royaume, de la province ou du sroc domiciliés dans le territoire du canton, les savants, probablement les plus riches et quelques anciens du pays. Ils étaient le conseil du mé-sroc, qu'ils nommaient, facilitaient le recouvrement des impôts par les ocnha-luong (envoyés royaux), faisaient la police du sroc, surveillaient conjointement avec le mé-sroc et les chum-top les voyageurs de passage dans le pays et veillaient à l'exécution des ordonnances royales, des ordres du gouverneur et des lois. Les parties les prenaient alors fréquemment pour arbitres et, dans ce cas, leur décision, comme celle de tous les arbitres librement choisis par les parties, était sans appel; leur décision ne pouvait être repoussée, et nul ne pouvait les poursuivre en justice à cause d'elle (1). Aujourd'hui, les phnhéa n'ont plus ce caractère municipal qui les plaçait au-dessus des autres habitants.

Cette organisation ancienne du sroc a disparu comme

(1) *Lakkhana-Tralakar*, avertissement, *Codes cambodgiens*, p. 217.

beaucoup d'autres choses. Le gouverneur de la province nomme lui-même les mé-sroc et les chum-top, et, les habitants n'étant plus électeurs, les notables ont disparu ; le smien seul est encore désigné par le mé-sroc, mais le smien n'est pas considéré comme un fonctionnaire par le pouvoir central ; il ne jouit d'aucun droit. En fait, l'ancienne organisation féodale avait disparu petit à petit, et n'avait point été légalement remplacée par un acte du pouvoir central, lorsque, en 1889, le Youmréach, « faisant fonction d'Akka-moha-séna » et parlant au nom du shéna-bot-dey (le conseil des quatre ministres), proclama une organisation nouvelle du sroc.

L'article 1er de cette proclamation porte qu'un sroc ayant de 100 à 150 hommes doit avoir pour chefs un mé-sroc et deux chum-top ; un poum de 151 à 200 hommes un mé-sroc et trois chum-top ; un poum de 201 hommes et au-dessus un mé-sroc et quatre chum-top.

L'article 2 délimite les attributions des mé-sroc et des chum-top ; ils doivent recevoir les envoyés royaux chargés de procéder au recensement de la population et à la perception des impôts ; ils doivent publier les proclamations royales suivant les lois du pays, remettre aux intéressés les citations du tribunal supérieur ; ils doivent obéir aux ordres qui leur sont donnés concernant la levée des hommes pour la guerre, mais seulement quand l'ordre qu'ils reçoivent porte le cachet du ministre ou du haut mandarin chargé de la haute surveillance de la province et celui du Préa-saurio-dey qui est le haut fonctionnaire chargé de la conservation des listes de recensement. Ils ne doivent pas obéir aux autres ordres, de quelque personne qu'ils viennent, et les envoyés royaux sont tenus de les traiter avec considération ; ils ne doivent ni les insulter, ni les menacer, ni les punir eux-mêmes, mais ils peuvent les appeler devant le gouverneur de la province.

L'article 3 leur reconnaît le droit de juger les difficultés qui surviennent entre habitants de leur sroc et d'infliger aux coupables une amende de 16 ligatures dont ils bénéficient.

L'article 4 leur concède la moitié des amendes infligées aux coupables assignés par l'ordre du mandarin chargé de la haute surveillance de la province.

Et l'article 5, le dernier, termine la proclamation par ces mots : « Le mé-sroc et les chum-top en fonctions doivent commander les habitants avec douceur, les connaitre, bien distinguer, les *domruot* (1), les *moha-telep* (2), les *kromo-véang* (3), les *alac* (4), les *smien* (5), les *chéang* (6), qui sont à tour de rôle désignés pour le service du palais, d'avec les hommes qui sont simplement inscrits au rôle et ne doivent pas de service. Quand le mé-sroc et les chum-top reçoivent l'ordre de lever les habitants [soit pour des corvées, soit pour la guerre], ils doivent les lever avec justice et sans opprimer personne.

Jusqu'alors les fonctions de mé-sroc et de chum-top étaient gratuites et rapportaient moins d'honneur à celui qui les acceptait que d'ennuis de toutes sortes. Aussi, surtout depuis quelques années, leur recrutement devenait-il de plus en plus difficile ; la petite exemption d'impôt sur les cinquante premières mesures de paddy de leurs récoltes dont profitaient les mé-sroc ne parvenait point à décider ceux qui étaient capables de remplir ces fonctions à les accepter. Il y avait à craindre qu'on ne put bientôt plus remplacer ceux qui démissionnaient,

(1) Les licteurs du roi.
(2) Les pages du roi.
(3) Les gardes du roi.
(4) Les gardes du trésor royal.
(5) Les secrétaires des mandarins du palais.
(6) Les ouvriers du roi.

ni retenir ceux qui songeaient à rentrer dans la vie privée. C'est alors que le roi se décida, sur la proposition des ministres, non à accorder un traitement aux chefs des sroc, mais à les décharger d'une dîme plus considérable que par le passé et d'exonérer de tout impôt personnel un certain nombre de personnes par fonctionnaire. Cette réforme, si barbare, d'un caractère si primitif, valait mieux que rien. Le Protectorat l'approuva et le roi rendit l'ordonnance royale du 17 novembre 1892. Cette ordonnance décréta qu'à partir de l'année 1893 : 1° un mé-sroc serait exempté de la dîme pour les trois cents premières mesures de sa récolte, qu'un chum-top en fonctions serait exempté du même impôt pour les cent premières mesures; 2° qu'une remise de 10 centièmes de piastre serait faite à chaque mé-sroc par contribuable chinois qui, dans son canton, aurait acquitté l'impôt personnel des étrangers; 3° que, sur la proposition du mé-sroc, son smien et quatre hommes valides seraient avec lui déchargés de l'impôt personnel; que, sur la proposition du chum-top, deux hommes valides seraient avec lui déchargés du même impôt. Cet amendement a produit l'effet qu'on en espérait, et les fonctionnaires des villages se trouvant indemnisés sont devenus d'un recrutement plus facile. Si faible qu'elle soit, — 22 piastres pour le mé-sroc d'un village entièrement peuplé de régnicoles et 10 piastres pour un chum-top du même village, — cette petite indemnité est considérable dans un pays où la journée d'un homme dans la brousse est évaluée à 7 centièmes de piastre. Mais, je le répète, ce procédé, si efficace qu'il soit, est barbare, car il manque de franchise; l'exemption d'impôt n'est pas réelle, elle est apparente seulement; elle figure sur les livres de l'impôt personnel, mais fautivement. En effet, quand les hommes valides que le mé-sroc ou le chum-top ont proposés pour l'exemption, ne sont ni le père, ni les fils, ni les petits-enfants de celui qui les fait exempter, ils paient l'impôt comme s'ils n'avaient point été distingués par le notable, mais au lieu de le payer à l'Etat, ils le versent soit au mé-sroc, soit au chum-top. Il aurait mieux valu, à mon avis, leur accorder une solde annuelle de 24 piastres ou bien un tant pour cent sur les impôts perçus sur la totalité des contribuables. Ce procédé, d'ailleurs bien connu au Cambodge et pratiqué au bénéfice des ocnhaluong chargés de la perception de l'impôt et à celui des gouverneurs, eût été plus rationnel, plus conforme à nos coutumes françaises, sans pour cela froisser en rien les coutumes khmères. Je sais bien qu'on veut améliorer ce qui a été fait, mais je pense qu'il est toujours regrettable de ne pas faire aussi bien que possible ce qu'on peut faire bien tout de suite et surtout de revenir sur ce qui a été fait pour le refaire; nous paraissons toujours n'aimer que l'instabilité. C'est notre grand, notre immense défaut, celui qui paralyse nos meilleures intentions. Nous agissons trop avant de réfléchir, et nous ne savons rien améliorer sans tout casser, sans tout changer.

QUATRIÈME PARTIE

LES REVENUS DU ROI

I

LE PRODUIT DES AMENDES

J'ai placé le produit des amendes le premier parce qu'il me paraît le plus ancien revenu des rois khmers. On le voit en effet figurer dans toutes les lois ; il est d'ailleurs le revenu constant, celui qui, provenant de la justice, atteste le mieux la souveraineté du monarque et sa puissance. Le chef de tribu juge les différends qui surviennent entre les gens de la tribu, mais comme la tribu est déjà la famille étendue, c'est-à-dire un groupe composé de familles parentes, où les liens de la parenté individuelle sont moins visibles que dans la famille elle-même, le chef de tribu n'est plus un chef de famille, il est déjà quelque chose comme un chef d'Etat. A ce titre, il ne peut être tenu à rendre la justice gratuitement. il prend sa part des amendes qu'il inflige. C'est son premier revenu. Le roi, qui est un chef de plusieurs tribus, ne peut plus toujours rendre la justice lui-même ;

il la fait rendre par ses agents, et ses agents jugent en son nom; il n'abandonne pas le produit des amendes qui sont infligées par eux, mais comme il est obligé de rétribuer les juges qu'il a nommés, il partage avec eux d'abord, puis il réglemente ce partage. Souvent alors, l'amende infligée comprend l'indemnité accordée à la victime ou à ses représentants, la part du roi et la part des juges.

Il semble *a priori*, en lisant attentivement les nombreuses leçons législatives que nous avons, que l'amende était la peine principale, la peine primitive, et que, pendant longtemps, sauf peut-être pour les crimes de rébellion qui compromettaient l'existence de la tribu elle-même ou de la nation, les Cambodgiens n'en ont point connu d'autre. C'est, à mon avis, beaucoup plus tard que la peine de mort vint dans la tribu, dans la nation organisée, punir le meurtrier; ce fut probablement quand l'ordre social l'exigea, quand on sentit qu'on ne pouvait tolérer, moyennant le paiement du prix de la vie, — le *wergeld* des Germains, — qu'un homme riche ou puissant pût verser impunément le sang de son semblable. Il reste dans les lois khmères des bribes nombreuses de cet état social tout paternel, tout familial où le meurtrier, où le voleur n'étaient punis que d'une amende. Quand nous trouvons une disposition législative prononçant une peine corporelle contre un condamné mais autorisant ce condamné à se racheter de cette peine, nous nous trouvons en présence d'un fait nouveau, la peine corporelle, que vient contrarier le fait ancien, l'amende; c'est la notion pénale du passé qui vient atténuer, voiler la notion pénale du présent, dans l'esprit du législateur. Trois raisons ont pu influencer celui-ci, d'abord le respect des institutions du passé, ensuite la crainte que les grands, que les puissants repoussent une loi nouvelle qui ne permettrait pas le rachat des peines corporelles, enfin le désir de ne pas diminuer les ressources du roi.

Malgré cela, je ne pense pas que les ressources royales provenant des amendes infligées par le roi ou par ses agents aient été bien considérables dans le passé, j'ai cependant tout lieu de croire qu'elles étaient plus importantes qu'aujourd'hui, et surtout que les amendes étaient plus fréquemment et plus sévèrement infligées que maintenant.

Quand, par la suite, le roi crut devoir affermer ou donner, en apanage à quelques hauts dignitaires, les revenus de certaines amendes, c'est, à mon avis, qu'il s'était créé d'autres ressources.

II

LE TRIBUT

Quand les Cambodgiens eurent conquis le territoire du Cambodge actuel et des pays qui lui ont appartenu dans le passé, ils durent rendre tributaires de leur roi toutes les tribus vaincues qui n'avaient pu fuir leurs armes ou qu'ils pouvaient encore atteindre. Cela dût constituer une source de revenus assez considérable et peut-être les seules ressources du roi, après le produit des amendes, au lendemain de la conquête.

Les peuples vaincus étaient probablement sans organisation politique sérieuse, à peine civilisés ; peut-être ne savaient-ils point frapper la monnaie sphérique, la barre, le lingot d'or ou d'argent qui subsiste encore au Siam et qu'on frappait au Cambodge il y a moins de quarante ans. Dans ce cas, le tribut était en nature, en poudre d'or ramassée dans le sable des fleuves ou dans les alluvions, en produits précieux recherchés par les commerçants étrangers, utiles au culte, la cire, le cardamome, le coton, la soie, l'ivoire, etc. Il pouvait aussi se composer de lingots de fer, de cuivre, d'étain, d'or ou d'argent et, en somme, représenter un revenu royal considérable, à une époque où les métaux précieux étaient probablement d'un prix beaucoup plus élevé qu'aujourd'hui et les produits du sol beaucoup moins chers.

Le tribut est encore payé par quelques peuplades à demi sauvages et la tradition enseigne que beaucoup d'autres peuplades qui ne le paient plus aujourd'hui le payaient autrefois au roi du Cambodge. « Cent et un rois vassaux, s'écrie Pang, le poète khmer qui a chanté Préakét-méaléa, cent et un rois vassaux rendaient hommage (à Vong-Aschar, roi du Cambodge, « prince puissant « qui répandait le bonheur sur son peuple »), apportaient perpétuellement tributs et redevances de toute espèce ».

Le tribut me semble avoir été le produit immédiat de la conquête, le revenu du prince vainqueur et, après le produit des amendes, la ressource royale la plus ancienne.

III

LE PON-SROU

La récolte du paddy au Cambodge a lieu du 15 octobre au 15 février environ. A cette dernière date, toutes les gerbes apportées sur le *canleng-ben-srôu* (place-égrener-paddy) ont été égrenées avec les pieds des hommes, des femmes et des enfants, presque tous les grains sont rentrés dans les *chang-rouk*, greniers en paillottes ménagés au milieu et quelquefois dans un angle de la maison. C'est alors que paraissent dans les provinces les *ocnha-luong-cot-pon-srôu* (envoyés royaux qui notent les impôts du paddy) chargés de percevoir la dîme des paddys récoltés dans le royaume et les *mé-kang* qui sont porteurs de l'ordre royal ordonnant la perception et qui sont chargés de seconder les ocnha-luong (1).

Il y a généralement un ocnha-luong par quatre ou cinq provinces et un mé-kang par ochna-luong. Ces deux percepteurs royaux étaient autrefois nommés par le ministre des finances, par le fonctionnaire chargé de la haute surveillance de la province et par le chef des

(1) Le satra sacré cambodgien *Trey-phoum* fixe cet impôt au dixième de la récolte. Voy. le discours du roi Préa-maha-Chac-Kra-patra-thiréach aux rois vassaux. — Le *Manova-dharma-sastra* qui donne aux rois ce conseil : « De même que la sangsue, le jeune veau et l'abeille ne prennent que petit à petit leur nourriture, de même ce n'est que par petites portions que le roi doit percevoir le tribut annuel dans son royaume » (VII, 129), leur donne le droit de prendre la douzième, la huitième et la sixième partie des grains, suivant la qualité du sol et les soins qu'il exige pour produire (VII, 130).

mandarins chargés du magasin royal des paddys provenant de l'impôt. Aujourd'hui, l'oenha-luong et son mé-kang sont désignés, le premier par le fonctionnaire chargé de la haute direction de la province et le second par l'*Oenha-Piphit-Saley*, mandarin chargé du magasin royal des paddys; ils sont porteurs du *Préa-bontoul* (ordre sacré) qui est une lettre-circulaire portant le cachet du roi, sur laquelle on a inscrit les noms de l'oenha-luong et du mé-kang dans la partie laissée en blanc à cet effet.

Ces deux percepteurs se présentent tout d'abord chez le gouverneur de la province et lui font connaître leur mission; on convient alors de l'heure à laquelle lecture de la lettre royale pourra être donnée au gouverneur « en présence de ses mandarins et de ses gens, des hommes du village qui voudraient assister à cette lecture et des gens qui se trouveront là par hasard » comme me dit un ancien balat. A l'heure dite, les assistants et le gouverneur, convenablement vêtus, agenouillés et inclinés sur leurs coudes, entendent respectueusement la lecture de l'ordre royal que fait à haute voix et très lentement l'oenha-luong, placé derrière une douzaine de baguettes odoriférantes qui brûlent en l'honneur du souverain.

Le gouverneur, ayant entendu respectueusement cette lecture, salue trois fois et désigne, généralement de suite, un notable intelligent, capable, connaissant bien la province et les gens qui l'habitent, les terrains cultivés, les maisons groupées ou isolées, les sentiers qui y conduisent et qui doit, en qualité de *bomro-chauvai-sroc* (envoyé du gouverneur de la province), accompagner partout les deux percepteurs royaux, faciliter leur mission et en surveiller l'exécution. Ce délégué du chef de la province jure « devant les dieux et les *néac-ta* (génies) qui sont vraiment puissants » de bien exécuter le service qui vient de lui être confié.

Ces trois mandarins chargés de la levée de l'impôt se trouvent donc représenter : 1° le fonctionnaire chargé de la haute direction de la province ou celui dont cette province est l'apanage; 2° le chef du magasin royal des paddys; 3° le gouverneur de la province. Tous trois choisissent chacun un *smien* ou secrétaire et deux *chœung-pôn* chargés de les aider et qui constituent leur suite *légale*.

L'impôt des paddys devant être perçu dans chaque poum ou village et, suivant l'ancienne coutume, au pied de l'escalier de chaque maison, les percepteurs royaux sont obligés de parcourir tous les villages et de se présenter à tous les mé-sroc. Chez chacun d'eux, la lecture cérémonieuse du Préa-bontoul et de la prestation du serment se reproduit; le mé-sroc, ses chum-top, son smien, les notables du sroc et les voisins entendent respectueusement et dans la tenue dite plus haut la lecture de l'ordre sacré; et, devant tout son monde, en présence des administrés, devant la paillotte du néac-ta, le mé-sroc, après avoir remis la liste des cultivateurs et des commerçants de son sroc, doit prononcer le serment de faire connaître aux percepteurs tout le paddy récolté dans le pays.

Cette cérémonie terminée, le mé-sroc ou l'un des chum-top accompagne les agents royaux, l'agent du gouverneur de la province et leur suite chez tous les habitants du pays.

Arrivés devant une maison, les percepteurs s'arrêtent, appellent le maître et, s'il n'est pas là, l'envoient chercher. Quand celui-ci est arrivé, ou sa femme, ou la personne chargée de le représenter, les percepteurs montent l'échelle qui conduit à la maison et se font indiquer le chang-rouk. On mesure à la coudée (*hat*) et à l'ampan (*cham-am*) la largeur, la profondeur du grenier, et la hauteur du paddy qui y est déposé, puis, sans se donner la peine de calculer davantage pour trouver la quantité exacte, l'ocnha-luong évalue par à peu près le nombre de mesures *thang* que contient le chang-rouk. L'évaluation est généralement supérieure à la réalité, et comme le cultivateur sait exactement combien il a de mesures de paddy dans son grenier, il proteste et fixe un chiffre plus bas que celui qu'il devrait honnêtement donner.

Alors on s'assied sur la natte autour de la boîte à bétel et, tout en chiquant, on discute ; d'un côté l'ocnha-luong avec son mé-kang, de l'autre le cultivateur avec sa femme et, pour soutenir tantôt les uns, tantôt les autres, le mé-sroc et le bomro du gouverneur. L'ocnha-luong propose enfin un chiffre plus bas, le cultivateur n'est pas satisfait et le dit ; on discute encore, puis l'ocnha-luong abaisse encore ses exigences, surtout si le bomro appuie les réclamations du paysan ; finalement celui-ci ne cède que lorsque l'évaluation proposée par l'ocnha-luong est inférieure à la quantité de paddy pour laquelle il devrait payer. Alors tout est fini, on l'inscrit sur la liste et on l'invite à payer. Cette évaluation et la discussion sont nommés le jugement *(khedey)* et lui coûtent trois *toc* de paddy, soit 1 kilogramme 800 grammes de grain, au bénéfice de l'ocnha-luong qui trouve là un maigre salaire.

Si le cultivateur paye son impôt en nature, il apporte devant l'ocnha-luong autant de mesures de paddy qu'il en faut pour représenter le dixième de l'évaluation sur laquelle on est tombé d'accord, ou bien il s'engage à porter son impôt au magasin de l'ocnha-luong, lequel est généralement élevé près de la maison du gouverneur.

Si l'ocnha-luong et le cultivateur ne parviennent pas à s'entendre sur l'évaluation, et cela est extrêmement rare, alors il fait procéder au mesurage et ce n'est pas une petite affaire.

La mesure dont on se sert alors, la mesure légale et

qui sert d'ailleurs à l'évaluation par à peu près, est le *thang* qui est un panier contenant environ 36 kilogrammes de paddy ordinaire. De dix thang en dix thang, le mesureur met un thang de côté, c'est le dixième, celui qui représente l'impôt royal, ce que nous appelons très justement la dîme des paddys. S'il y a une fraction de dizaine d'au moins cinq thang, on prend un petit panier, le *tau*, moitié moins grand que le thang, on le remplit et on ajoute ce qu'il contient au paddy de l'impôt; mais si la fraction de dizaine est inférieure à cinq thang, on ne prend rien pour cette dernière demi-dizaine incomplète.

A cette quantité de paddy qui représente la dîme, les percepteurs lèvent légalement par contribuable et en plus de l'impôt quelques petites quantités qui portent les noms suivants: trois *khsoc* ou petits paniers contenant chacun environ 3 kilogrammes 600 grammes de paddy, pour remplacer le riz que mangeront les rats du magasin, c'est le *bay-khsoc-bay-kandor* (panier du riz des rats); un demi-khsoc de paddy pour les *chœung-pôn*, c'est-à-dire pour les neuf hommes que les trois percepteurs ont attachés à leurs personnes et qui mesurent l'impôt et en dirigent le transport, c'est le *angka-chœung-pôn* (paddy-chœung-pon); un sixième de khsoc ou environ 600 grammes de paddy pour l'ouverture de la porte du magasin, c'est le *angka-bach-thvéa* ; un sixième de khsoc pour la rature du nom du contribuable sur le rôle de l'impôt, c'est le *angka-lop-banchi* (paddy effacé sur la liste); cinq paillottes, cinq bambous, cinq rotins à liens pour le magasin, une poule, quatre œufs de poule et une bouteille de vin de riz. Ces trois derniers articles, qui étaient autrefois destinés à la nourriture de MM. les percepteurs, peuvent être, dit l'ordre royal, rachetés au prix de 5 taïens, et cela est facultatif, mais les ocnhaluong ont pris l'habitude, depuis quelques années, d'en percevoir le montant en argent. Le Préa-bontoul leur ordonne de verser la somme ainsi obtenue au Luc-Véang, ministre des finances.

En fait, ces petites quantités additionnelles ont une toute autre destination que le dit la loi : si le riz des rats est régulièrement versé au magasin... le paddy des chœung-pôn qui probablement leur était autrefois versé, le paddy de la porte, qui appartenait jadis aux gardes du magasin, le paddy de la rature qui constituait le salaire des secrétaires, la poule, les œufs et la bouteille d'alcool de riz qui devraient servir à la nourriture des agents du fisc, ou la valeur de tous ces objets... sont portés à la capitale et constituent la part des trois chefs des magasins royaux du paddy, l'*Ocnha-Piphit-Saley*, l'*Ocnha-Péahooul-tep*, l'*Ocnha-Satra-Phochéanéa* et celle du ministre des finances, de *Louk-Véang*.

Voilà pour l'impôt levé en nature. Voici maintenant pour l'impôt levé en argent :

Le Préa-bontoul laisse aux cultivateurs la latitude de payer l'impôt du paddy soit en nature, soit en argent, mais les ocnha-luong, afin de diminuer leur responsabilité et d'éviter les transports d'un produit aussi encombrant que le riz, font tous leurs efforts pour amener les producteurs à payer en argent en les menaçant de les obliger à porter leur paddy à la capitale; ils ont si bien fait que, en beaucoup de provinces, la plus grande partie de la dime est payée en argent monnayé ou en barres d'argent. Dans ce cas, voici comment, d'après l'ordre royal, ils doivent estimer la valeur du paddy qui ne leur est pas versé en nature; le thang de paddy dû est considéré comme valant quatre ligatures, le tau comme en valant deux, les accessoires du magasin comme valant une demi-ligature et les trois autres droits additionnels comme valant une autre demi-ligature; soit 4 ligatures d'impôt par 10 thangs récoltés ou par 360 kilogrammes de paddy produit; or, comme ces 360 kilogrammes valent en moyenne, au moment de la récolte, 48 ligatures ou 32 francs, il s'en suit que le droit perçu est de 8,54 pour 100, notablement moins élevé que lorsqu'il est payé en nature (1).

L'impôt payé, le mé-kang délivre un reçu et inscrit sur un registre le nom du contribuable, la quantité de paddy reçue comme principal, la quantité reçue pour les rats, celle reçue pour l'ouverture de la porte du magasin, celle reçue pour les chœung-pôn et celle reçue pour la rature du nom du contribuable, puis la somme perçue pour le poulet, les œufs et l'alcool de riz. Si l'impôt a été payé en argent, on délivre un reçu de la somme perçue, puis on inscrit la recette en trois colonnes : le principal, l'adjonction pour le magasin et l'adjonction pour les poules, œufs et alcool. Ceci fait, on passe à une autre maison et on y recommence l'opération.

Quand toutes les maisons d'un sroc ont été ainsi visitées, quand l'impôt du paddy a été partout payé, les percepteurs se rendent chez le mé-sroc et y arrêtent le rôle des impôts perçus; on rédige trois rôles, un pour le mé-sroc, un autre pour le gouverneur de la province et le troisième pour l'oenha-luong. Le maire reçoit l'ordre de faire transporter à tel endroit, généralement chez le gouverneur de la province, quelquefois dans un magasin élevé sur le bord d'un cours d'eau, le paddy provenant de l'impôt. Les percepteurs peuvent alors, avec toute leur suite, passer à un autre sroc et s'en aller porter le Préa-bontoul à un autre mé-sroc.

Quand tous les villages d'une province ont été visités,

(1) Dans ce 8,54 pour 100 n'est pas comprise la ligature de sapèques (environ 60 centimes) que chaque contribuable est obligé de payer, mais cette ligature divisée en autant de parties qu'il y a de fois 10 thang dans le paddy imposé ne déplace guère la proportion, car le moindre cultivateur produit au moins cinquante mesures de paddy et il y en a, mais ils sont rares, qui en récoltent jusqu'à mille.

les trois percepteurs se réunissent chez le gouverneur de la province et, rassemblant les rôles des sroc de la province, rédigent un rôle définitif détaillé ainsi que je l'ai dit plus haut et en font trois exemplaires; l'un d'eux demeure entre les mains du gouverneur de la province, l'autre sera remis au mandarin chargé du magasin royal des paddys, et le troisième au fonctionnaire chargé de la haute surveillance de la province.

Cette dernière opération terminée, — laissant là le paddy et l'argent que le gouverneur est chargé de faire transporter au magasin royal et au trésor, leurs smien, leurs chœung-pôn, le bomro du gouverneur et ses trois suivants, — les deux délégués du pouvoir central passent dans une autre province pour y continuer leur mission avec un autre bomro, d'autres smien et d'autres chœung-pôn.

En principe, tous les habitants du royaume sans exception doivent payer l'impôt du paddy, en fait, il y a quelques exceptions; ainsi, les *Préa-Borohets* qui sont les chefs des bakous, quand ils sont dignitaires à dix, neuf et même huit pahn, sont exemptés, eux, leurs pères, mères, frères, sœurs, fils et petits frères (c'est-à-dire frères nés d'un lit différent); les Préa-Vongsa, s'ils sont employés au service du roi et dignitaires de huit, neuf et dix pahn, sont aussi exemptés ainsi que leurs fils; quelques privilégiés qui ont obtenu une lettre d'exemption du pouvoir central sont aussi dispensés de payer cet impôt. De plus, sont exemptés : les mé-sroc pour les cinquante premières mesures de paddy (1), les deux smien des percepteurs, le bomro du gouverneur et son smien pour les quarante premières mesures; leurs chœung-pôn pour les trente premières mesures.

(1) Pour les trois cents premières mesures depuis 1892 ; les *chum-top* pour les cent premières mesures depuis la même époque.

En outre, les pols-préa ou esclaves des pagodes ne payent pas l'impôt du paddy récolté sur les *dey-préa* ou terres sacrées appartenant aux pagodes, mais s'ils cultivent des terres qui n'appartiennent pas aux pagodes et que leur caractère n'exempte pas de l'impôt, ils doivent le payer comme les hommes libres; si ces terres sacrées sont cultivées par des hommes libres ou par des esclaves qui ne sont pas des pols de pagodes, le paddy produit par elles doit payer l'impôt. En d'autres termes, pour qu'une terre de pagode ne paye pas l'impôt, il faut qu'elle soit cultivée par des esclaves de pagodes; la franchise n'est attachée exclusivement ni à la terre sacrée ni aux esclaves de pagodes, elle est attachée aux deux à la fois. Cette disposition est nouvelle et date de trois années seulement; autrefois, les terres sacrées, quels que fussent ceux qui les cultivaient, ne payaient aucun impôt; aussi des réclamations se sont-elles produites plusieurs fois, mais en vain; les habitants, qui cultivaient des terres louées aux bonzes à charge de fournir des paillotes ou du bois de construction pour l'entretien des pagodes, durent payer l'impôt comme si les terres avaient été libres. En somme, sur ce point particulier, les usages anciens, la coutume et la nouvelle procédure sont en contradiction flagrante.

Le nombre des exemptés de cet impôt était autrefois, il y a quelques années à peine, beaucoup plus considérable ; les gouverneurs des provinces ne payaient l'impôt ni pour les rizières qui composaient leur apanage, ni pour les terres qu'ils faisaient directement travailler ; les ministres, les Vongsa, les bakous et les mandarins inférieurs des provinces et de la capitale y échappaient; de nombreuses personnes étaient munies de lettres d'exemption délivrées par l'Obbaréach, par la reine-mère, par les princes, les ministres, par quelques autres mandarins qui n'avaient pas le droit de les leur remettre, et échappaient à la dîme. Il n'en est plus de même aujourd'hui. D'après le ***Préa-bontul-pôn-srôu*** de 1891, l'impôt doit être réclamé aux parents plus ou moins éloignés du roi, à ses alliés, aux parents des grands mandarins, à leurs femmes si elles cultivent, aux gouverneurs des provinces, aux balat, snang et kralapéas, à tous les mandarins en fonction ou démissionnaires, aux habitants des forêts, aux cornacs royaux, aux chasseurs du roi, aux ***jumeaux*** qui étaient considérés comme appartenant au roi, enfin à tous les habitants du royaume, — cambodgiens, chinois, annamites, chams, malais, siamois, laotiens, — aux esclaves du roi, à tous les esclaves des grands et petits mandarins de l'intérieur et de l'extérieur (du palais) qui sont établis dans les provinces du royaume et y cultivent des rizières.

La part du gouverneur dans l'impôt du paddy de sa province est du dixième du produit de l'impôt; sur cent mesures de paddy d'impôt, il a droit à dix mesures, et sur vingt barres d'argent il a droit à deux barres; mais, de ce dixième, il doit remettre une bonne partie, la moitié environ, à ses mandarins. Le produit de l'impôt est dirigé par ses soins, par ceux du bomro, du smien-bomro et des chœung-pôn sur la capitale.

J'ai quelques raisons d'admettre que l'institution des ocnha-luong-col-pôn-srôu n'est pas très ancienne et je suis très porté à croire qu'autrefois les gouverneurs étaient chargés de percevoir l'impôt du paddy et d'en verser le montant au trésor royal, le tout sous leur responsabilité; dans ce cas, le dixième qu'ils conservent maintenant servirait à les indemniser des bénéfices qu'ils ne peuvent plus faire. Peut-être, autrefois, quand le royaume était féodalement organisé, les princes tributaires ou grands gouverneurs ne payaient-ils qu'un tribut invariable relativement faible et percevaient-ils l'impôt du paddy et les autres impôts pour leur compte personnel?

Si cette hypothèse est fondée, nous aurions là trois formes : la forme féodale, une forme transitoire où les gouverneurs prélevaient pour le compte du pouvoir central, et la forme actuelle où les percepteurs sont des envoyés royaux. C'est la marche naturelle des Etats qui vont de la féodalité, qui est une sorte d'indépendance pour les grands, à un régime de centralisation toujours plus excessif, qui, au despotisme local des grands d'origine, puis des grands fonctionnaires, substitue le despotisme plus éloigné d'un seul, du roi.

La perception terminée, un second ocnha-luong, dit *ocnha-luong-trout*, est chargé de parcourir les provinces visitées par le premier, afin de vérifier l'opération de la perception de l'impôt et de recueillir les plaintes des habitants, si ceux-ci ont été molestés ou trop imposés; ce fonctionnaire fait son rapport au ministre des finances et au mandarin du magasin.

Des peines sévères peuvent alors être prononcées contre l'ocnha-luong, le mé-kang et le bomro du gouverneur, coupables d'exactions; s'ils ont dispensé de l'impôt des personnes qui devaient le payer, ils sont condamnés à payer le quintuple des impôts qu'ils n'ont pas recueillis. Ce contrôle curieux a généralement lieu quelques semaines après la clôture de l'opération de la perception de l'impôt sur les paddys et les riz. De régulier qu'il était autrefois, ce contrôle est devenu très irrégulier, rare même.

Mais je n'ai parlé que du paddy trouvé chez le cultivateur. Or, entre les premiers jours de la récolte et celui où l'ocnha-luong et ses compagnons arrivent dans un village, il a pu s'écouler un, deux et même trois mois pendant lesquels du paddy a été vendu par le producteur. C'est pour retrouver ce paddy et l'imposer que les percepteurs entrent chez tous les commerçants, chez tous ceux qui leur sont désignés comme possédant du paddy de la dernière récolte. Seulement on a pensé que ce paddy, hâtivement vendu, était souvent du paddy vendu à la suite d'un prêt fait pendant les mois de misère, le prix de marchandises achetées à crédit, et alors, ce paddy n'est imposé que d'un vingtième (1); on prend un tau pour dix thang ou un thang pour vingt mesures.

Une autre raison encore a porté l'administration cambodgienne à diminuer cet impôt, c'est ce fait que le paddy acheté par les commerçants et celui qui sort de la province, depuis le commencement de la récolte jusqu'à l'ouverture de la campagne de perception, est tenu de payer un droit d'exportation dit du *mé-kompong*, c'est-à-dire du « chef de rivage »; ce droit est également fixé au dixième du paddy exporté. L'impôt du mé-kompong était généralement affermé à un fermier général qui le sous-louait par province à des sous-fermiers; il produisait 7,000 piastres au roi et était, par les habitants, considéré comme l'impôt le plus vexatoire, le plus difficile à percevoir, et celui qui se prêtait le plus à de nombreux abus.

Pour échapper à l'impôt sur les paddys, pour dissimuler une partie de leur récolte et pour payer aux percepteurs une somme beaucoup moins élevée que celle qu'ils doivent, les cultivateurs ont recours à différents moyens qu'il est bon de consigner ici : ils confient le paddy pour lequel ils ne veulent pas payer soit aux mandarins qui, par suite d'une faveur royale, toujours plus rare aujourd'hui, sont exempts de l'impôt sur les paddys, soit aux pols de pagode qui ont cultivé des terres sacrées et qui font passer ce paddy de contrebande pour celui récolté par eux sur les terres dispensées; d'autres fois, ils renferment une partie de leur récolte dans des sacs et vont,

(1) D'un vingt-cinquième depuis 1892.

dans des endroits connus d'eux seuls, les cacher dans la brousse loin du passage des gens, là où ils seront sûrs de les retrouver quand le danger d'être imposé sera passé ; d'autres fois encore ils font mieux et creusent, dans un lieu bien sec et élevé, un silo du diamètre d'un mètre environ, profond de trois, quatre et cinq mètres, et y entassent le paddy soustrait ; ceci fait, ils recouvrent l'ouverture de terre et de gazon, puis abandonnent leur cachette. J'ai trouvé, une fois par hasard, deux de ces silos établis l'un auprès de l'autre et dont l'un était déjà vidé, mais mal dissimulé sous les branches et les broussailles qu'on y avait jetées. J'appris qu'ils étaient très anciens déjà et servaient depuis plus de dix ans chaque année.

La peine qu'encourent les cultivateurs pris en flagrant délit de fraude est assez sévère : ils sont tenus de payer cinq fois plus d'impôts que celui qu'ils ont voulu éviter et condamnés par les oknha-luong à recevoir trente coups de rotin. Malgré cela, j'ai quelques raisons de croire que la quantité de paddy ainsi soustraite à l'impôt est, dans certains endroits, très considérable. Certains villages, qui passent pour n'avoir que des rizières très pauvres, ont pris l'habitude de dissimuler chaque année une bonne partie de leur récolte et n'ont jamais payé la somme qu'ils devaient légalement ; d'autres font de même mais avec moins de hardiesse et accusent la sécheresse, les pluies trop abondantes, pleurent misère et possèdent, en secret, des quantités de paddy notables. Quelquefois, et c'est un fait que j'ai constaté un jour, tout le pays est complice, et avec lui les mandarins qui, faisant de même, tolèrent cette contrebande. A les entendre alors, quand on les interroge, ils savent toujours pertinemment que la chose se fait communément dans les provinces voisines, mais ils affirment que cela ne se fait point dans la leur où, ajoutent-ils, les habitants sont très timides et n'oseraient pas faire une chose pareille. Un d'eux, que je questionnais un jour à ce sujet, que je connaissais comme un cultivateur habile à dissimuler une partie de sa récolte, me disait avec un grand calme : « Il vaut mieux payer l'impôt qu'on doit; on n'a pas alors à craindre les voleurs de paddy caché et d'être surpris par les ochna-luong. »

L'impôt du paddy semble avoir été supprimé jadis par le roi Préa-Chey-Ches-Sda ou l'un des rois que l'auteur du satra, publié par M. Doudart de Lagrée (1), a confondu sous le nom de ce roi qu'il fait vivre cent vingt et une années. Le roi ayant démissionné en faveur de son fils et étant devenu Obbajouréach aurait dit à son successeur : « Abolissez l'impôt sur le paddy, et si nos descendants en font autant, ils jouiront d'une vie de paix de trois cents ans. » Quoi qu'il en soit de cette légende, il est certain que la dîme du paddy est un impôt très ancien remontant, comme me disait un ancien bonze (très grand raconteur de fables et d'histoires sacrées) à la plus haute antiquité (2).

Sous notre influence, l'impôt des mé-kompong fut supprimé en 1887 et racheté au roi par le Protectorat au prix de 7.000 piastres. Mais on se lassa bientôt de payer cette somme au souverain et, maladroitement, on revint sur ce qui avait été fait; l'impôt fut rétabli. On le supprima de nouveau en septembre 1890, d'accord avec le roi, mais cette fois la somme payée à ce monarque fut portée à 8.500 piastres (3). Mais, pour un motif difficile à définir, les mé-sroc des villages furent chargés de

(1) *Explorations et missions*. p. 333.

(2) Le *Manova-dharma-sastra* parle de l'impôt sur les paddys et sur tous les produits de la terre, de l'impôt sur le bétail, sur les produits du bétail, sur le produit des abeilles, sur le produit des mines d'or et d'argent. Voy. VII, 130-132.

(3) Convention du 8 août 1890 entre le roi et le Protectorat, ratifiée le 3 septembre 1890 par le gouverneur général de l'Indo-Chine.

délivrer des reçus *(dey-ca)*, pour les paddys exportés.

« Le mé-sroc ou le mé-kompong ne devra percevoir aucun impôt sur les paddys, il pourra percevoir un droit de délivrance du dey-ca, droit qui sera de 5 taïens (une demi-ligature ou 36 centimes) toutes les fois que la quantité transportée sera supérieure à vingt thang, et quelle qu'en soit la quantité, un droit de deux tiers (200 sapèques), si elle varie entre dix et vingt mesures. Enfin, si la quantité transportée est inférieure à dix mesures, il devra délivrer le dey-ca gratuitement (1). »

En 1885, l'impôt sur les paddys fut supprimé pour trois ans à cause de la guerre et afin, après la pacification, de permettre aux cultivateurs de reconstituer leurs rizières et de les encourager; en 1889, une quatrième année, sur la demande du Protectorat, fut accordée au peuple cambodgien; mais, en 1890, les cultivateurs durent le payer comme par le passé. Des réclamations s'élevèrent alors. On prétendait, dans certaines provinces au moins, qu'on n'imposait jamais autrefois la partie de paddy prise sur la récolte et mise de côté pour la semence de la récolte future, mais les ocnha-luong furent plus durs que par le passé et, s'appuyant sur ce fait que l'ordre royal ne parlait pas de cette exemption, exigèrent que la dîme portât sur toute la récolte, semence comprise, et perçurent partout ainsi, au grand mécontentement des habitants des provinces autrefois plus heureuses.

En 1891, une ordonnance royale datée du 17 octobre, à grande peine obtenue par le Protectorat de S. M. Norodom, et approuvée par un arrêté du gouverneur général de l'Indo-Chine portant la date du 21 du même mois, a réduit l'impôt sur les paddys et les paddys décortiqués (riz) du dizième ou quinzième de la récolte; mais elle

(1) Lettre circulaire des trésoriers du royaume aux gouverneurs, balat, snang, kralapéas et mé-sroc des provinces, 14 octobre 1890, art. 1er.

statua que les droits de douane payés à la frontière ou sur les côtes du golfe de Siam pour les riz qui sortent du royaume seraient élevés de douze centièmes par *picul* (60 kilogram.) à quinze centièmes de piastre, soit de 45 centimes à 56 centimes par picul ; en outre ces documents arrêtaient que, du premier jour de la première quinzaine du mois *Kadec* (octobre-novembre), au troisième jour de la première quinzaine du mois *Méac-thom*, c'est-à-dire pendant tout le trimestre qui s'écoule entre le commencement de la récolte et le moment où les oenha-luong perçoivent l'impôt sur les paddys, les postes de douanes percevraient à la sortie du royaume, en outre du droit de 15 cents un autre droit de 5 cents par picul, destiné à remplacer l'ancien impôt des mé-kompong et à faire payer, aux paddys qui sortent du pays, l'impôt direct du quinzième que doivent acquitter les paddys et les riz qui restent dans le pays. L'impôt des mé-kompong demeurait supprimé et les mé-sroc et les mé-kompong, chargés de délivrer les dey-ca dont il a été parlé plus haut, disparaissaient sans qu'on ait su quelle avait été au juste leur mission et le but de leurs nouvelles attributions.

En avril 1892, une autre ordonnance royale a réduit encore l'impôt du paddy ; il n'est plus aujourd'hui que du vingtième.

Ces deux réductions de l'impôt sur la récolte, tout à l'avantage du cultivateur, produisirent une certaine émotion dans le pays et, comme on savait qu'elles nous étaient dues et qu'elles avaient été arrachées au roi qui n'en voulait tout d'abord pas entendre parler, notre influence y gagna.

IV

LE PON-SKAA

Le *pôn-skaa* est l'impôt prélevé sur les personnes qui se livrent à la récolte du sucre du palmier *borassus saccharifera*, récolte qui se fait du mois d'octobre au mois de février, environ trois mois par année. Il est payé à l'ocnha-luong et au mé-kang chargés de percevoir l'impôt sur les riz et les paddys.

Cet impôt n'est pas un impôt proportionnel ; il est levé à raison de deux *phen* (petite marmite) ou de une *kahom* (marmite moitié plus grande que la précédente) par producteur de sucre. Le produit de cet impôt est peu considérable et pourrait être abandonné sans aucun inconvénient pour le budget. L'ancien roi, Ang-Duong, sous prétexte que les gens qui se livraient à la récolte du sucre couraient de grands dangers en montant au sommet des palmiers, avait décidé que cet impôt ne serait pas levé, mais cette exemption a disparu avec lui. Le roi Norodom, son fils, plus dépensier, plus exigeant, a rétabli l'impôt sur le sucre des palmiers et maintenant il est perçu dans toutes les provinces où l'exploitation du *borassus-saccharifera* est régulière.

La lettre royale, qui fixe les attributions de l'ocnha-luong et du mé-kang chargés de la perception de l'impôt du paddy, définit également les attributions des mêmes percepteurs en ce qui concerne la perception du pon-skaa.

V

LES TERRES SANS MAITRE

En outre des rives du fleuve (et de certains autres terrains) qui étaient louées pour le compte du roi ou du fermier qui les avait louées en totalité au roi, puis qui les sous-louait ensuite à ses risques et périls, terres qui sont maintenant directement louées par les agents cambodgiens du Protectorat, il y avait et il y a encore des terres qui faisaient partie du domaine royal et qui étaient louées par des agents du Véang pour le compte du trésor royal. C'étaient les terres tombées en déshérence, abandonnées ou provisoirement saisies par le tribunal, et qui sont répandues sur toute la surface du territoire.

Je distingue dans ces terres cinq catégories :

1° Les ***sré-trâp-kdompy*** ou terres qui autrefois étaient cultivées par les esclaves d'Etat et qui sont actuellement abandonnées, soit que ces esclaves soient morts, soit que leur village ait été déplacé.

2° Les ***sré-trâp-phot*** ou terres provenant des successions des gens décédés sans successibles.

3° Le ***sré-trâp-a*** ou terres tombées en déshérence, puis laissées soit au conjoint survivant, soit à d'autres personnes et qui sont déjà propriété du roi (1).

4° Les ***sré-trâp-kom-na*** ou terres qui font l'objet d'un

(1) Voyez mon article *Droit cambodgien*, dans *Nouvelle Revue historique du Droit français et étranger*, numéros de janvier-février 1894, ou le tirage à part.

procès et que les juges ont cru devoir préalablement mettre sous séquestre.

5° Les *sré-trâp-dach-alay* ou terres qui font l'objet d'un procès, mais que les parties ont abandonnées, soit en fuyant, soit en mourant et que personne n'a revendiquées (1).

Toutes ces terres ne sont pas très nombreuses mais on les trouve partout et, si peu productives qu'elles soient, elles sont louées pour le compte du trésor royal. Le gouverneur de chaque province est tenu d'avoir constamment à jour la liste de ces biens et, quand l'envoyé de l'Ocnha-Phinik-Vinichay envoie un Préa-omvitshéna (2) pour louer ces terres ou pour recevoir le montant de leur location, il doit la lui remettre exacte; si cette liste ne comprend pas toutes les terres qui appartiennent au roi, le gouverneur n'est pas puni, mais il est tenu de payer lui-même le prix de location pour toutes les terres qu'il a voulu cacher ou qu'il a oubliées sur sa liste.

L'envoyé de l'Ocnha-Phinik-Vinichay est chargé de louer toutes ces terres soit de gré à gré, soit par adjudication publique. Le prix de base fixé par le ministre du palais et des finances dont relève l'Ocnha-Phinik-Vinichay est, pour les rizières, la valeur de la semence que doit régulièrement recevoir le terrain (3), mais on doit adjuger au plus offrant et dernier enchérisseur. Cependant, l'usage a prévalu presque partout de laisser à celui qui la détient, qui la cultive déjà, la terre de laquelle il

(1) Ces cinq catégories comprennent les *sré-préang*, rizières qu'on cultive pendant la saison sèche, et les *sré-prasa* qui sont les rizières qui se cultivent pendant la saison des pluies.

(2) Cet envoyé est toujours chargé de quatre, cinq et même de six provinces. Celui qui a procédé dans la province de Kompot, en 1892, était aussi chargé des provinces de Thbaung-Khmoum, Sitho-Kandal et Péam.

(3) La mesure de *60 néal* (livre de 600 grammes) ou 36 kilogr. est calculée valoir 4 ligatures de sapèques en zinc soit environ 2 francs 40.

a été offert un prix de location plus élevé, s'il demande à la conserver au prix le plus fort. C'est un droit de retrait au bénéfice du détenteur, très juste, et qui prouve avec quel bon sens étaient autrefois gouvernées les populations du Sroc-Khmer.

Ces terres autrefois, c'est-à-dire avant 1882, demeuraient entre les mains des gouverneurs qui les faisaient cultiver ou qui les louaient pour leur compte, mais le roi a cru devoir s'en emparer pour accroître les revenus d'un grand dignitaire. Elles constituaient alors une sorte d'apanage au bénéfice des fonctionnaires d'une province et portaient le nom de ***sré-mouk-nghéa*** c'est-à-dire terres des notables, des nobles.

La plupart de ces terres sont mal cultivées par ceux qui les détiennent à titre gracieux ou par ceux qui les ont louées, parce qu'ils ne sont pas certains de les garder. Un caprice du roi, des ministres, qui peut changer le gouverneur, un caprice de celui-ci ou de l'envoyé royal spécialement chargé de les louer et de percevoir les loyers, peut en effet les leur enlever. Elles produiraient certainement davantage à leurs détenteurs et leur produit, comme impôt, serait plus considérable si, au lieu d'être un domaine de l'Etat d'un genre particulier, elles étaient mises en vente ou concédées par le ***mé-prey*** ou par le gouverneur dans les formes ordinaires.

Beaucoup de ces terres, quand elles sont situées loin des centres habités, quand elles ne trouvent personne pour les louer, demeurent en friche, retournent à la brousse, s'y perdent et finissent par ne plus même figurer sur les listes que le gouverneur est tenu de remettre à l'envoyé de l'Ocnha-Phinik-Vinichay; elles sortent ainsi du domaine royal pour rentrer dans le domaine public où chacun a le droit de puiser.

Beaucoup de ces terrains oubliés sont plus tard demandés, obtenus ou pris au domaine public, puis cultivés par les ***néac-theu-sré*** (1) et personne ne se rappelle plus alors qu'ils ont autrefois figuré sur les listes du domaine royal, qu'ils ont jadis appartenu à la couronne et qu'ils pouvaient alors être loués. Le nombre de ces terrains perdus, oubliés, puis repris à la brousse par les cultivateurs est considérable, mais le nombre des terres d'excellente qualité qu'on a abandonnées et que la brousse n'a pas rendues encore est beaucoup plus grand.

Quoi qu'il en soit, en 1892, toutes ces terres ne produisaient pas en loyers une somme supérieure à 50 barres d'argent (2) par an. Une partie de cette somme servait à payer les dix agents de l'Ocnha-Phinik-Vinichay et ce dernier conservait le reste qui l'indemnisait de ses peines. Le roi ne touchait rien.

(1) Cultivateurs de riz.
(2) Environ 750 piastres ou 2.250 francs.

VI

LES CHOM-KAR

Certains terrains, ou plutôt certaines berges du fleuve, d'une inclinaison moyenne, dont le fond déjà très bon est chaque année fécondé par la vase qu'y déposent les eaux d'inondation, sont, depuis une cinquantaine d'années, louées par le pouvoir central et pour le compte du trésor, à ceux qui les cultivent. Malheureusement, cette location est faite pour une seule année, ce qui n'encourage pas les détenteurs du sol à entreprendre, soit des travaux d'amélioration, soit des travaux de préservation ou d'entretien.

Les parcelles de ces berges qui sont louées d'ordinaire sont généralement concédées au même prix que l'année précédente, mais si une offre supérieure est faite au *mékar*, le percepteur de ces parcelles (fermier ou fonctionnaire), il en informe le détenteur et les lui offre au prix nouveau; si celui-ci refuse, l'offre du surenchérisseur est acceptée et la parcelle a augmenté de valeur de location.

S'il est facile de faire augmenter ainsi le prix de location d'une parcelle, il est extrêmement difficile d'en amener la diminution, bien que la valeur intrinsèque de cette parcelle change lentement. En effet, certaines îles, certaines berges du grand fleuve, réputées de première catégorie il y a dix, quinze, vingt ans et plus, ont, lentement, mais régulièrement chaque année, été colmatées par les eaux du fleuve et, insensiblement, leurs rives fécondes se sont élevées, perdant ainsi chaque année un peu de leur qualité. D'autres, au contraire, de formation récente, trop basses tout d'abord pour être très recherchées et rangées au nombre des bonnes terres, se sont lentement élevées et sont devenues excellentes. Cependant, comme les demandes ne sont pas nombreuses et que les anciennes estimations, pour la plupart, sont restées au prix primitif de location, il s'ensuit que des terres autrefois très bonnes et devenues moins bonnes et même mauvaises, sont louées comme terres de première qualité, tandis que d'autres terres autrefois mauvaises ou bonnes seulement sont à la longue devenues excellentes et paient comme des terres de qualité inférieure.

Toutes ces parcelles, très nombreuses, ont été mesurées par brasses *(phiéam)* au moment de l'estimation, sinon en profondeur toujours du moins en longueur, sur le bord du fleuve et, pour l'estimation première, la profondeur de ces parcelles entrait en ligne d'appréciation; mais, depuis lors, des modifications, non seulement dans la nature du sol et dans sa hauteur au-dessus des basses eaux se sont produites, mais encore sa forme, son étendue ont varié; là des parties considérables de la berge louée se sont écroulées dans le fleuve, et ici les courants ont amassé des alluvions énormes et la surface louée s'est accrue de parties excellentes et très fécondes. Cependant, l'évaluation première, ou l'évaluation première modifiée selon les hasards de la demande, est là qui pèse de tout son poids sur le prix demandé par les mé-kar.

Quand la terre s'est accrue et que le bénéfice est pour le détenteur, le mal n'est pas grand, mais si cette rive louée a diminué en étendue ou perdu une partie de ses qualités, le mal est considérable parce qu'il décourage les planteurs. Le mé-kar refuse la diminution demandée et le détenteur, ne pouvant plus trouver dans son travail le bénéfice auquel il a droit, craignant une année mauvaise et de ne pouvoir payer le prix de location et le salaire des travailleurs qu'il emploie, rend la terre au percepteur ou l'abandonne. Les demandes ne venant pas ou le mé-kar voulant maintenir l'ancien prix, la terre retourne à la brousse et redevient improductive. C'est ainsi que de nombreuses parcelles autrefois cultivées sont aujourd'hui, au milieu des terres louées, absolument improductives d'impôt, par suite de l'incurie du gouvernement cambodgien et des maladresses nombreuses de mé-kar avides ou qui craignent toujours d'être soupçonnés de faiblesse ou de malversation.

Ces parcelles sont peu importantes. Il est rare d'en trouver qui mesurent plus de 600 mètres de longueur et 50 mètres de largeur; on en trouve quelques-unes de 500 mètres de longueur, de 400, quelques autres de 300 et de 200 mètres, mais la plupart sont au-dessous de ce chiffre avec des largeurs variant de 15 à 35 mètres. Ces terres louées, on le voit, sont toutes situées en bordure du fleuve. Leur valeur de location est très variable et nullement basée, pour les motifs que j'ai dits plus haut, sur leur valeur intrinsèque; ramenées à l'hectare, ce qui n'est peut-être pas une bonne manière d'évaluation puisqu'il faut presque toujours plusieurs parcelles pour faire un hectare, leur valeur est de 1 à 15 piastres. Ce chiffre ne dit rien, si ce n'est que les parcelles qu'il concerne sont extrêmement différentes et qu'il faudrait, pour les louer ce qu'elles valent et juste ce qu'elles valent, les apprécier de nouveau et les mettre en adjudication. En somme, on peut estimer le produit des rives du fleuve à 65.000 piastres.

Les provinces les plus importantes à ce point de vue sont les provinces suivantes : Croch-Chhmar, la province insulaire de Ka-Sutin qui compte tout un groupe d'iles, la province de Kompong-Cham, celle de Kang-Méas, la province de Thbaung-Khmoum, celle de Kratié, etc.

Les produits que ces berges royales donnent sont, par rang d'importance : le coton, le tabac, le mûrier et l'indigo.

Ces terrains sont, depuis 1890, loués par des mandarins cambodgiens pour le compte du Protectorat ; cette administration nouvelle n'a guère fait que suivre les anciens errements et n'a point revisé l'assiette de la location des chom-kar qui, comme par le passé, continuent d'être loués souvent beaucoup plus qu'il ne faudrait. D'autre part, on ne paraît pas avoir senti de quelle importance serait pour la production de ces terres, et peut-être aussi pour les finances du Protectorat, la substitution de baux de plusieurs années à un prix définitivement fixé, aux locations annuelles qui inquiètent les cultivateurs et ne les encouragent pas à aménager, pour les conserver dans leur valeur ou les améliorer, des terres qu'ils ne sont pas certains de garder et dont le prix de location augmente s'ils parviennent à force de travail à accroître leur fécondité.

VII

LA CAPITATION DES CHINOIS

Les étrangers au royaume, qui sont considérés par les Cambodgiens comme appartenant à une race différente de la leur et qui ne sont pas leurs voisins, sont tenus de payer un impôt de capitation, dit ***dam-riét***, plus élevé que le ***pôn-khluon*** des régnicoles, des Chams, des Malais, des Siamois, des Laotiens et des Annamites. Ces étrangers sont principalement les Chinois et les Indiens. Les seuls Européens et Américains de race européenne en sont dispensés.

L'impôt que les étrangers sont tenus d'acquitter est actuellement perçu par des ocnha-luong qui sont en même temps chargés de percevoir l'impôt personnel des Annamites, mais autrefois, et il y a quelques années encore, le dam-riét était affermé à un Chinois qui le faisait percevoir par ses agents. Il produisait environ 70.000 piastres ou 250.000 francs en 1890 et 1891, mais le roi était loin de toucher cette somme.

Il est probable qu'à cette époque la capitation des étrangers était très faible, puisque, sous Ang-Duong et au commencement du règne de Norodom, jusqu'en 1870, nous la trouvons fixée à 6 ligatures, un peu moins d'une piastre. Norodom la porta à 20 ligatures pour les ouvriers chinois et à 30 ligatures pour les commerçants.

Après le coup d'Etat du 24 juin 1884 qui mit, pour deux ans, le pouvoir entre nos mains, cette capitation fut portée à 5 piastres 50. Quand nous rendîmes au roi, en janvier 1887, l'administration de son royaume, il la trouva à ce taux et se garda bien de la ramener au taux qu'il avait autrefois fixé ; la seule modification apportée quand, en 1891, le dam-riét fut perçu par des oenha-luong et pour le compte du roi, fut qu'on distingua entre la part du trésor et celle des percepteurs et des hauts dignitaires de la province ; la capitation se trouvait être de 5 piastres plus une « coutume » de 50 cents.

La « coutume » était notablement plus élevée que le dey-ca payé par les régnicoles, et les étrangers privilégiés, mais, en retour, ni les Chinois, ni les Indiens soumis à la capitation n'étaient tenus de recevoir chez eux les délégués royaux ou le fermier, ni de fournir gratuitement les hommes chargés de porter l'impôt au trésor royal et l'escorte jugée indispensable. « C'est pour cette raison, me dit un oenha-luong, que leur dey-ca était plus élevé. »

Une autre disposition les atteignait encore : tandis que les autres contribuables ne devaient l'impôt personnel entier que de vingt et un à cinquante ans, et l'impôt personnel réduit de cinquante et un à soixante ans, les Chinois, comme les Annamites d'ailleurs, le devaient acquitter de dix-huit à cinquante ans, mais à partir de ce dernier âge les vieillards ne devaient plus le payer. Donc, pour les Chinois et les Indiens une seule catégorie, mais en somme une aggravation de l'assiette de l'impôt. J'ajouterai que cette aggravation était justifiée par ce fait que les Chinois et les Indiens sont des industriels, des commerçants, des planteurs habiles, qui gagnent des salaires ou font des fortunes autrement considérables que les autres contribuables.

D'autre part, il faut ajouter que les fermiers et les

ocnha-luong-dam-riét étaient loin de percevoir tout ce qui leur était dû ; pour les ouvriers pauvres, pour les hommes de peine, pour les sans-travail, ils diminuaient l'impôt souvent de moitié et j'ai plusieurs fois vu des Chinois ne payer qu'une seule piastre et recevoir quittance.

Depuis 1892, les Chinois du Cambodge sont organisés en congrégations et les listes sont dressées par les chefs des congrégations de chaque groupe de provinces placées sous la haute surveillance des résidents français. Il y a six congrégations : Canton, Phoc-Kien, Trieu-Chau, Haïnam, Akas et Minh-Huong. Les autres étrangers, Indiens pour la plupart, sont également réunis en congrégations, une congrégation bouddhiste et une congrégation musulmane.

Leur capitation est de 5 piastres 50 quand ils sont âgés de dix-huit à soixante ans, et de 2 piastres 75 quand ils sont âgés de quinze à dix-huit ans. Les infirmes, les malades sont naturellement exemptés. Cette capitation est perçue par un ocnha-luong, accompagné d'un délégué du gouverneur de la province et du chef ou du sous-chef de la congrégation. Bien qu'aucune loi, qu'aucun arrêté n'ait autorisé ces derniers à prélever un droit de 50 cents par contribuable (1), il est convenu que cette petite somme leur est due et qu'elle doit servir à les indemniser de leurs peines. Cependant, quand on refuse de la leur payer, ce qui est très rare, les chefs ou sous-chefs de congrégations n'ont aucun moyen de l'exiger. Ceci nous donne l'idée d'une organisation encore bien défectueuse.

Le procédé de perception est le même que celui employé pour les régnicoles ; le décrire encore ici serait

(1) Depuis que ceci est écrit, une ordonnance royale autorisant la perception de cet impôt pour 1893 a légalisé ce surcroit de la perception ; 40 cents appartiennent au chef de la congrégation et 10 cents au mé-sroc du village habité par le contribuable.

fastidieux. Aussi ne parlerai-je que de la « coutume » et pour dire comment elle était partagée sous le régime ancien. La somme en provenant, me dit un gouverneur, était, à la fin de l'opération, divisée en dix parties égales : quatre parties revenaient à l'ocnha-luong, deux parties à l'envoyé du gouverneur de la province, une partie à l'agent du fermier, une partie à l'agent de l'*Ocnha-komnan-khet*, une partie au *Préa-ocnha-préa-réach-munti*, fonctionnaire à neuf mille dignités chargé d'introduire les mandarins près du roi, et une partie au *Préa-alac*, un des secrétaires et trésoriers du roi. On m'assure que ce partage est conforme à un usage très ancien.

A quelle époque faut-il faire remonter cet « usage très ancien » et la création d'une capitation sur les Chinois établis au Cambodge? Rien ne le dit, aucun document n'a enregistré cette innovation et nous pourrions mettre en doute l'existence de la capitation des Chinois au siècle dernier.

Cependant, voici une tradition qu'un Chinois du Siam m'a rapportée et qui pourrait bien, alors même qu'elle concerne ce pays, se rapporter aussi au Cambodge. On peut mettre en doute les faits qu'elle rapporte, mais comme elle concerne la capitation des Chinois, je pense qu'elle doit trouver sa place ici. « Depuis plusieurs siècles, les Chinois établis au Siam et leurs descendants qui continuent de porter la tresse de cheveux, les *Louk-Chin* (1) comme les appellent les Siamois, sont exemptés de l'impôt ordinaire. Ils n'acquittent qu'un impôt de bonne volonté, triennal, de trois ticaux et trois quarts. Les Chinois font remonter ce traitement de faveur à une époque très éloignée de la nôtre: Alors, disent-ils, que

(1) *Con-Tien* en cambodgien, c'est-à-dire pour les deux langues, *enfant de Chinois*.

le Siam était tributaire de la Chine, le roi de Siam proposa aux Chinois qui habitaient son royaume de concourir au paiement du tribut qu'il devait tous les trois ans envoyer à l'empereur de Chine. Les Chinois et les Louk-Chin, sous la condition qu'on ne leur réclamerait jamais un autre impôt, acceptèrent cette proposition et se seraient engagés, pour eux et leurs descendants, à verser au roi de Siam tous les trois ans une somme fixe qui reviendrait à trois ticaux et trois quarts de notre époque. C'est, encore aujourd'hui, le seul impôt que les Chinois et leurs descendants paient au roi de Siam. »

Cette tradition ressemble beaucoup à une imposture inventée de toutes pièces pour le besoin de la cause des Chinois et de leurs descendants, alors surtout que les Siamois songent depuis quelques années à les naturaliser et, par conséquent, à les imposer au même taux que les régnicoles.

Avant 1892, tout descendant de Chinois qui portait les cheveux à la cambodgienne, parlait la langue du pays, s'il était fils d'un métis, pouvait demander son inscription sur les listes des régnicoles. Dans ce cas, il n'était tenu d'acquitter que l'impôt personnel dû par ceux-ci.

Il n'en est plus ainsi depuis la circulaire du 20 juillet 1892 que le Protectorat a malheureusement inspirée aux ministres cambodgiens. On a cru devoir sauvegarder les finances du pays en maintenant, parmi les étrangers astreints au paiement de la capitation, les métis chinois qui étaient tentés de choisir la nationalité cambodgienne, et on a oublié que, au Siam, les Louk-Chin sont devenus un danger de tous les instants, et qu'on cherche aujourd'hui à les dénationaliser. C'est une faute sur laquelle on reviendra très certainement avant peu. En attendant, les métis chinois, — même ceux qui ont coupé leurs cheveux, qui parlent la langue du pays, qui sont inscrits sur les registres comme Cambodgiens et qui ont déjà payé l'impôt des régnicoles, — s'ils sont les fils d'un Chinois de Chine sont repoussés parmi les étrangers et tenus d'acquitter la capitation des étrangers. S'ils sont dans les conditions ci-dessus, sauf en ce point qu'ils sont fils de métis chinois-cambodgiens nés au Cambodge, ils peuvent choisir leur nationalité et sont tenus de payer l'impôt que paient leurs compatriotes.

VIII

L'IMPOT PERSONNEL DES ANNAMITES

Les Annamites sont des étrangers, comme les Chinois et les Indiens, mais des étrangers voisins de la frontière, des étrangers d'une race différente, mais avec lesquels les relations politiques et commerciales sont constantes. Dans le passé, ils ont été les alliés, les ennemis, les vainqueurs ou les protecteurs du Cambodge; aujourd'hui, ils sont des sujets français, c'est-à-dire les sujets du peuple protecteur. A ces titres divers, ils ont joui et ils jouissent encore, quoique étrangers, d'avantages qui ne sont communs ni aux Chinois ni aux Indiens.

Sous Ang-Duong, alors que les Cambodgiens, les Siamois, les Laotiens, les Chams et les Malais ne payaient aucun impôt personnel, et alors que les Chinois étaient tenus d'acquitter une capitation de 6 ligatures de sapèques en zinc tous les ans, les Annamites étaient traités comme les régnicoles et n'acquittaient aucun impôt personnel.

En 1870, quand Norodom créa le *pôn-khluon*, les Annamites, qui étaient déjà nos sujets, furent traités comme tels par les Cambodgiens, nos protégés, et furent tenus d'acquitter l'impôt personnel des régnicoles et des étrangers assimilés, soit 20 ligatures par an.

Tout d'abord, le Protectorat ne parut pas se préoccuper d'eux; il sembla longtemps, tout au contraire, repousser ceux qui s'adressaient à lui et qui invoquaient son intervention contre les agents de l'autorité cambodgienne qui les opprimaient. Ils relevaient des tribunaux khmers alors qu'ils auraient dû ressortir de notre juridiction.

M. Le Myre de Vilers, gouverneur de la Cochinchine en 1879-1882, duquel relevait le Protectorat du Cambodge, comprit ce qu'une pareille manière de procéder avait d'irrégulier, de déplorable à tous les points de vue et, par un arrêté daté du 2 janvier 1882, il décida qu'il importait « de protéger nos sujets annamites et de leur assurer une équitable distribution de la justice » tant qu'ils n'auraient pas renoncé à leur nationalité et qu'ils auraient, au contraire, réclamé leur inscription au Protectorat. Alors, un registre des résidants annamites fut ouvert au siège du Protectorat, à Phnom-Penh, et des cartes d'inscription furent mises à la disposition de tous les Annamites du Cambodge (ou temporairement au Cambodge) qui viendraient les réclamer et auraient établi leur identité. Cette carte devait être délivrée moyennant un droit de 20 cents et renouvelée chaque année. Ceux qui en étaient porteurs relevaient du tribunal de France pour les affaires civiles, criminelles ou correctionnelles. Sujets français, ils étaient protégés par notre représentant et n'allaient pas se perdre dans le peuple cambodgien.

Mais cet arrêté ne convenait ni au roi, qui prétendait traiter nos sujets comme siens, ni au représentant du Protectorat qui ne voyait que des gredins peu dignes d'intérêt dans tous les Annamites qui venaient au Cambodge. Aussi, M. Le Myre de Vilers n'était pas rentré en France que son arrêté était *mis en sommeil* et le registre des Annamites résidants qu'on avait dû ouvrir fut fermé. Il n'a pas été ouvert depuis et tous les Annamites établis au Cambodge qui ont demandé notre protection ont été renvoyés aux autorités cambodgiennes dès qu'ils n'avaient pas une carte constatant qu'ils avaient payé l'impôt personnel en Cochinchine et pour l'année présente. On alla plus loin : nous laissâmes juger et condamner par les tribunaux cambodgiens des Annamites de Cochinchine qui étaient venus pêcher ou travailler au Cambodge et qui n'y étaient que depuis quelques mois.

On les fit plus tard relever du tribunal de France, mais seulement quand ils étaient au Cambodge depuis moins d'une année.

En 1891, leur condition parut devoir s'améliorer, mais, de nouveau, le Protectorat, en ouvrant des registres d'inscription pour les résidants annamites, le fit de si mauvaise grâce et pour les domestiques d'Européens seulement que ceux-ci ne se présentèrent pas. Par une ordonnance royale datée du 31 décembre 1891, ordonnance royale due à notre instance, le roi Norodom s'engagea *à ne soumettre les Annamites qu'à l'impôt perçu sur les régnicoles* et fixa cet impôt annuel à 3 piastres 10. Malheureusement, cet engagement ne devait pas être plus tenu que beaucoup d'autres et le Protectorat, ayant abaissé l'impôt personnel des régnicoles, des Siamois, des Laotiens, des Chams et des Malais à 2 piastres 50, donna des ordres pour que l'impôt personnel des Annamites fut, contrairement à la promesse du roi, perçu à 3 piastres 10. Il en résulta que les Annamites sujets français furent soumis à un impôt personnel supérieur à l'impôt personnel acquitté par les sujets siamois, nos ennemis en Indo-Chine.

Ce *pôn-khluon-juon*, ou impôt personnel des Annamites, est perçu par l'ocnha-luong et les agents chargés de percevoir la capitation des Chinois. Autrefois, il était affermé au même fermier et perçu en même temps. Il produisait alors de 5 à 6.000 piastres.

La cause de cette réunion est multiple. Tout d'abord les Annamites étaient et sont encore peu nombreux, l'affermage de l'impôt personnel qu'ils sont tenus de payer était impossible par suite des frais qu'aurait entraîné la perception d'une somme aussi peu considérable sur tout le territoire du Cambodge; ensuite, de même que les Chinois, les Annamites ne sont pas, tous les trois ou quatre ans, mis en demeure de choisir leur patron et, pour cette raison, ils ne figurent pas sur les listes du saurio-dey. C'est pour cela qu'on les a mis avec les Chinois et les Indiens et qu'on a affermé le dam-riét des Chinois et des Indiens, le pon-khluon des Annamites, au même fermier, ou bien qu'on a confié la perception de ces deux impôts au même ocnha-luong.

Quoi qu'il en soit, en vertu de l'ordonnance royale du 31 janvier 1891, les Annamites domiciliés au Cambodge depuis plus d'une année restent soumis aux lois du royaume; ils paient 3 piastres 10 et les domestiques d'origine annamite, 2 piastres 10. L'ordre royal, qui a suivi et ordonné la perception de cet impôt, a complété cette ordonnance en statuant que les Annamites valides de dix-huit à cinquante-cinq ans (1) seraient tenus de payer la contribution entière.

Cette ordonnance royale du 31 décembre 1891 devait certainement être complétée, mais j'avoue qu'on aurait pu la compléter tout autrement et tout au moins assimiler les Annamites nos sujets aux Siamois nos ennemis.

(1) Au lieu de vingt et un à cinquante ans, comme les régnicoles, les Siamois, etc.

IX

L'IMPOT PERSONNEL

L'impôt personnel (*pôn-khluon*) est un impôt de création relativement nouvelle; il est, par conséquent, considéré par les Cambodgiens comme une innovation oppressive. Il n'était perçu ni sous le roi Ang-Duong, qui est mort en 1859, ni au commencement du règne actuel. Le roi Norodom, qui venait de transporter sa capitale à Phnom-Penh et qui avait dépensé toutes les économies que son père avait faites à la construction du palais qu'il habite actuellement, avait des goûts dispendieux et des besoins d'argent considérables; il institua le pôn-khluon en 1870, sans consulter le représentant du Protectorat et malgré l'avis du Somdach-Préa-Ang-Keu, qui aurait voulu maintenir à la cour, sous le nouveau roi, les habitudes d'économie qu'on avait prises sous Ang-Duong. Cet impôt nouveau fut mal accueilli des populations et, un peu partout, on accusa les Français d'avoir engagé le roi à l'instituer; mais comme tous les mandarins, tout leur personnel et une masse considérable de gens en étaient dispensés, il fut partout levé sans trop de difficultés.

Il est actuellement perçu sur les Cambodgiens, sur les Siamois et les Laotiens qui sont venus s'établir au Cambodge, sur les Chams et sur les Malais qui sont tous considérés comme des régnicoles ou traités comme tels.

L'impôt personnel produit près de un million de francs chaque année maintenant; mais, avant 1892, il ne donnait pas au roi plus de 400.000 francs. Il est perçu après la récolte des paddys, généralement après l'impôt sur les cultures, par un ocnha-luong accompagné de quatre autres délégués qui sont :

Le *bomro-komnan-khêt*, qui représente le grand fonctionnaire chargé de la haute surveillance de la province;

Les deux *bomro-saurio-dey*, qui sont les agents du haut fonctionnaire chargé de la tenue du registre des impôts;

Le *bomro-chauvai-sroc*, qui est le délégué du gouverneur de la province.

L'ocnha-luong est considéré comme le chef des percepteurs; les délégués du komnan-khêt et du saurio-dey sont les porteurs de l'ordre royal et remplissent près de l'ocnha-luong les fonctions de secrétaire et de trésorier; le gouverneur de la province doit tout à la fois faciliter aux délégués du pouvoir central la perception de l'impôt et contrôler l'opération.

La perception de l'impôt personnel a lieu par village et au domicile de tous les habitants, par les cinq délégués ci-dessus nommés, en présence du mé-sroc ou de l'un des chum-top du sroc. C'est du moins ce qui devrait avoir lieu; en fait, il est rare que les cinq délégués soient présents à la même opération, le plus souvent, ils se partagent la besogne; quelquefois le mé-sroc apporte les impôts de son canton à l'ocnha-luong et reçoit les cartes-acquit, mais cela est assez peu fréquent.

Quand vient l'époque à laquelle cet impôt doit être perçu, aux approches du mois d'avril, le mé-sroc aidé de son chum-top et de son smien, dresse : 1° la liste de tous les *ban-ca* (hommes valides) âgés de vingt et un à cinquante ans; 2° la liste de tous les *pi-ca* (hommes infirmes) du même âge pour lesquels il demande la remise d'une partie de l'impôt; 3° celle de tous les vieillards valides de cinquante et un à soixante ans qui ne doivent qu'un impôt personnel réduit; 4° la liste de tous les vieillards du même âge qui sont invalides et pour lesquels il demande l'exemption d'impôt; 5° celle des esclaves assujettis à l'impôt réduit que le maître doit payer pour eux et pour son compte; 6° la liste des étrangers à son village qui rentrent dans l'une des catégories ci-dessus dites; 7° celle de toutes les personnes habitant son sroc qui, pour un motif ou un autre, sont exemptées du paiement de l'impôt personnel; 8° enfin, la liste de tous les jeunes gens âgés de dix-huit à vingt et un ans qui n'ont pas d'impôt à payer, mais qui seront appelés à l'acquitter dans une, deux ou trois années.

Depuis son établissement, en 1870, jusqu'en 1892, époque à laquelle nous avons pris en mains les finances du Cambodge, cet impôt personnel était : pour les hommes valides, de 20 ligatures quand il était payé en sapèques, ou de 3 piastres quand il était payé en argent monnayé; pour les infirmes et les vieillards valides, il était de 7 ligatures ou de 1 piastre; pour les esclaves, il était de 10 ligatures ou de 1 piastre 50.

Depuis 1892, cet impôt doit être perçu en argent : il est de 2 piastres 50 par homme valide, de 80 centièmes de piastre par vieillard contribuable, de 1 piastre 20 par esclave valide employé dans la maison du maitre, et de 50 cents pour les esclaves âgés de cinquante et un à soixante ans.

Tous les Cambodgiens, les Malais, les Chams, les Siamois et les Laotiens qui sont établis au Cambodge, sauf ceux qui en sont exemptés administrativement ou par faveur légale ou spéciale, sont obligés de payer l'un de ces impôts.

Les jeunes gens qui n'ont pas vingt et un ans et les vieillards qui ont plus de soixante ans, les esclaves d'origine sauvage (peunong, stieng, etc.), les femmes, certains fonctionnaires, les religieux du Bouddha et certains prêtres musulmans, en sont exemptés.

Quand l'ocnha-luong, escorté de ses cinq acolytes, arrive dans un village, il doit se présenter chez le mé-sroc, ou, en l'absence justifiée de celui-ci, chez le chum-top le plus ancien en grade ou le plus âgé des deux s'ils ont été nommés ensemble, ou chez celui que le mé-sroc a chargé de le remplacer. Je suppose, ce qui est le cas ordinaire, que le mé-sroc est chez lui. Il reçoit les envoyés, et, régulièrement, doit convoquer les gens du sroc, afin qu'ils entendent la lecture de l'ordre royal, ordonnant la perception de l'impôt. Mais cette lecture, qui est faite à haute voix par le smien du sroc, n'a généralement lieu que devant les notables ou les voisins, tout au plus devant les hommes du poum ou hameau.

La lecture de l'ordre royal entendue, le mé-sroc déclare à l'ocnha-luong qu'il est prêt à prêter le serment d'usage pour attester qu'il a consciencieusement dressé le rôle des contribuables. Une date est arrêtée pour la prestation du serment et, le jour convenu, le mé-sroc, accompagné de ses chum-top, de son smien et des cinq délégués, porteur de son rôle d'impôt, se rend à la petite paillotte consacrée au génie (*pi-arac*) le plus vénéré du pays, le plus redouté des habitants. Là, il atteste publiquement, pendant que brûlent les bougies et les bâtons odoriférants, qu'il a rédigé ses listes conformément aux ordres royaux, sans omettre sciemment un seul contribuable, sans inscrire malicieusement au nombre des imposables un de ceux qui ne doivent pas l'impôt. Ce serment est accompagné d'imprécations et d'évocations terribles à tous les génies pris comme témoins. Cette cérémonie redoutable achevée, le mé-sroc remet publiquement à l'ocnha-luong les rôles de l'impôt et celui-ci annonce qu'il commencera la perception tel jour, en présence, soit du mé-sroc, soit d'un chum-top, qui le guidera et l'accompagnera.

Alors commence la perception du pôn-khluon; les cinq délégués accompagnés du mé-sroc se présentent dans chaque poum, dans chaque maison et reçoivent l'impôt. Autrefois, ils délivraient un reçu qui portait le cachet de l'ocnha-luong et celui d'un délégué du komnan-khét; aujourd'hui, ils délivrent un reçu imprimé qui porte cinq cachets : celui du Protectorat, le cachet de l'ocnha-piphéac-tippéréach chef du saurio-dey, celui de l'ocnha-luong, le cachet de l'envoyé du saurio-dey et celui de l'envoyé du gouverneur de la province. On pourra trouver que c'est excessif et qu'on aurait pu mieux faire.

Ils percevaient autrefois, en plus de l'impôt légal et par reçu délivré, une somme également légale de 5 taïens par contribuable, c'est-à-dire 300 sapèques ou une demi-ligature, soit environ 7 cents et demi ou 30 centimes. Cette petite somme nommée *dey-ca* était destinée à rétribuer par parties égales les cinq percepteurs. Le Protectorat a supprimé le dey-ca en 1892 et, je l'ai déjà dit, réduit l'impôt d'un sixième.

Tous les hommes d'origine khmère, malaise, chame, siamoise et laotienne, étrangers au sroc et trouvés dans un village, s'ils ne sont munis d'aucun reçu certifiant qu'ils ont déjà payé l'impôt dans un autre sroc, ou d'une lettre les en exemptant, bien en règle, sont conduits à l'ocnha-luong par le mé-sroc et mis en demeure d'acquitter leur contribution.

Les exemptés de l'impôt personnel ne sont jamais exemptés pour plus d'une année fiscale et généralement, sauf ceux dont je parlerai plus loin, parce qu'ils ont accompli pour le compte du gouvernement un travail rétribué ou non rétribué. Ils sont alors munis d'un certificat portant les quatre cachets du saurio-dey.

Quand la perception est terminée dans un sroc, le rôle des impôts du sroc est dressé au net en double expédition ; l'ocnha-luong et le mé-sroc le signent et y apposent leurs cachets. Un exemplaire de ce rôle est laissé au mé-sroc et l'autre est conservé par les percepteurs.

Quand tous les sroc ont été visités par l'ocnha-luong et ses gens, alors que tous les retardataires ont payé leur impôt, un rôle définitif de la province est établi en quatre exemplaires signés par l'ocnha-luong, par l'un des délégués du saurio-dey, par le délégué du komnan-khêt et par le gouverneur de la province, puis les quatre cachets de ces personnages sont apposés.

Avant 1892, l'un des exemplaires du rôle de l'impôt personnel payé restait entre les mains du gouverneur de la province et les trois autres étaient remis : un au Louk-akha-moha-shéna, le premier ministre, un à l'Ocnha-komnan-khêt, le haut fonctionnaire chargé de la surveillance de la province, et un au Préa-saurio-dey, chargé de la garde des registres de l'impôt et des corvées. Depuis 1892, les quatre exemplaires du rôle ont la même destination, mais le Préa-saurio-dey fait parvenir le sien au bureau du Protectorat chargé de la vérification des rôles de l'impôt.

Ce rôle définitif du pôn-khluon par province doit être aussi détaillé que possible, convenablement établi, très lisible et présenté aux divers personnages qui doivent le recevoir, au plus tard trois mois après sa remise par l'ocnha-luong, c'est-à-dire que l'opération doit être terminée en quatre-vingts jours au plus. J'ajouterai que les quatre exemplaires doivent être absolument semblables.

Les percepteurs ne doivent pas conserver des sommes importantes par devers eux ; dès que la somme perçue est relativement considérable, ils sont tenus de désigner chacun un petit fonctionnaire et d'inviter les mé-sroc des cantons qui ont déjà acquitté l'impôt, à fournir une escorte chargée de veiller à la sécurité des cinq agents et de les accompagner jusqu'au trésor où ils doivent remettre et les sommes perçues et les rôles provisoires des villages qui ont payé l'impôt.

Quand l'Oenha-luong-pôn-khluon est rentré au palais et quand il a remis aux grands dignitaires les rôles de l'impôt, le conseil des ministres désigne, s'il le juge à propos, un autre oenha-luong et l'envoie dans la province où son collègue a procédé, visiter les sroc, les poum, les maisons isolées pour y contrôler la perception. Ce fonctionnaire peut percevoir les impôts qui n'ont pas été perçus, quand il rencontre des gens qui ne l'ont pas acquitté ou des étrangers à la province qui ne sont pas munis de reçus. Alors, il perçoit le double des sommes qui auraient dû être payées. Il est tenu de dénoncer l'oenha-luong qui l'a précédé, le gouverneur, les bomro, les mé-sroc qui ont négligemment rempli leur mission, leurs devoirs, ou ceux d'entre eux qui ont abusé de leur autorité pour rédiger fautivement le rôle de l'impôt, faire payer des gens qui étaient exemptés ou exempter des contribuables que le saurio-dey n'avait pas munis de lettres d'immunité.

Les exemptés ordinaires de l'impôt sont: les bakous qui, à tour de rôle, sont chargés de la garde des armes sacrées, les chefs des Préa-Vongsa, le chef des cornacs du roi, les licteurs du roi, les gardes du palais, les cavaliers de la garde royale, les secrétaires du roi, les ouvriers royaux, les esclaves du roi qui vont trois mois par an travailler au palais (1) ou qui gardent les pagodes, ou qui rament sur les bateaux du roi; ceux du second roi (2), ceux de la reine-mère (3). A tous ces dispensés légaux il faut ajouter toutes les personnes qui,

(1) Ils sont cinq mille.
(2) Ils sont sept cents.
(3) Ils sont mille sept cent quarante-trois.

par faveur spéciale, sont accidentellement dispensées d'acquitter l'impôt personnel et qui doivent l'attester par un certificat du Préa-saurio-dey. Si tous ces gens ne peuvent pas présenter à l'ocnha-luong ce certificat, ils sont tenus de payer le pôn-khluon ; s'ils le présentent, l'ocnha-luong le leur retire afin qu'ils ne puissent pas s'en servir encore l'année suivante et leur remet un papier imprimé constatant qu'ils ont justifié de leur exemption ; autrefois, quand le dey-ca existait, pour s'indemniser de la peine qu'ils prenaient en délivrant ce papier, les percepteurs percevaient les 5 taïens dont il a été parlé plus haut.

En outre, la reine-mère a, en 1892, obtenu du Protectorat, qui avait omis de lui faire une dotation, un millier de cartes qu'elle délivre pour son compte aux gens de son entourage.

A tous ces exemptés, il faut encore ajouter tout une grande catégorie de gens : avant 1891, un ban-ca au service du gouverneur ou deux infirmes à son choix ; un ban-ca au service de chaque mé-sroc ou deux infirmes à son choix; depuis 1892, de cinquante à cent cinquante personnes qui doivent certaines corvées dans chaque province, les mé-sroc et cinq hommes valides à leur choix, les chum-top et deux hommes valides désignés par chacun d'eux ; soit pour tout le Cambodge environ *quinze mille* hommes qui échappent à l'impôt personnel, si on y comprend tous les bonzes et un certain nombre de prêtres malais qui ne le paient pas. Il va sans dire que les gouverneurs, les mé-sroc et les chum-top, les grands mandarins qui sont entourés d'exemptés, perçoivent l'impôt pour leur compte sur tous ceux qui ne sont pas appelés à faire les corvées qu'ils doivent et qu'ils se gardent bien de convoquer. C'est ce que les Siamois appellent « faire ses rizières sur le dos du peuple (*tham na bon lang phraï*) ».

X

LES MÉ-PREY

Les *mé-prey* ou chefs des forêts sont, à proprement parler, les gardes des terres inoccupées et des forêts; mais par extension on appelle aussi *mé-prey* ou *dey-mé-prey* le district qui relève d'un garde.

Une province est toujours ou presque toujours divisée en plusieurs dey-mé-prey délimités soit par une loi déjà ancienne, soit par une ordonnance royale nouvelle. Ainsi la province de Kompot qui, avec les provinces de Tréang, Péam, Phnom-Srouck, Kompong-Som et Bounteay-Méas, parait régie par un *chbap-prac-rech-kret-prey* (loi concernant les forêts), remontant à plus de deux siècles et demi, au règne de Préa-Chey-Ches-Sda (1), la province de Kompot était divisée en sept dey-mé-prey (2) ayant chacun un garde.

Les dey-mé-prey d'une province étaient souvent donnés, moyennant redevance au roi, en *mouk-ngéa*, c'est-à-dire en revenus provenant des redevances d'Etat, à des princes, à des princesses ou à de hauts dignitaires, aux sdach-tranh, mais il arrivait aussi très fréquemment que les dey-mé-prey d'une province appartenaient à plusieurs personnages. La province de Kompot, que j'ai prise pour

(1) Cela est très contestable, car je crois qu'on a pris, au Cambodge, l'habitude de mettre au compte de ce roi législateur toutes ou presque toutes les lois faites ou modifiées après lui.

(2) Stung-Khéo, Kompong-Nong, Konsat, Kabal-Roméas, Trapéang-Rang, Véal-Rine et Kompot.

exemple et qui, je l'ai dit plus haut, était divisée en sept districts forestiers, faisait partie de trois mouk-ngéa ; le revenu de cinq districts forestiers, en 1865, appartenait au Chauvéa qui était le Somdach-Préa-Ang-Keu, le revenu d'un autre appartenait à la reine-mère, et le Pibol (1) qui était le Sous-Kralahom de l'époque, touchait les revenus du septième.

Ces bénéficiaires nommaient le mé-prey chargé d'administrer leurs bénéfices, mais ils ne pouvaient pas fixer le montant des redevances dues ou des droits que les mé-prey devaient percevoir. Ils étaient tenus d'obéir à la loi ou à l'ordonnance royale qui les avait fixés et de se conformer, dans une grande mesure, aux coutumes locales. En d'autres termes, ils n'avaient pas le droit d'exploiter les habitants à merci, mais de percevoir les redevances d'usage et les droits légaux. En échange, ils dévaient chaque année remettre au roi le *tang-voai* ou présent, c'est-à-dire la redevance royale.

Le territoire du dey-mé-prey était généralement délimité par des rivières ou par des chaînes de cllines et le garde était tenu de bien connaitre le district dont il avait la surveillance et de le parcourir très fréquemment. C'est même pour rendre effective cette surveillance que les districts forestiers et terriers étaient de si petite étendue.

La fonction principale d'un mé-prey était, non de veiller à la conservation des forêts, à ce que les arbres trop jeunes ne fussent pas abattus, — un législateur khmer ne pouvait songer à ces choses-là, — mais à délimiter les terrains demandés et à prélever les droits d'usage.

« Si quelqu'un demande un terrain pour le défricher, dit la loi de Préa-Chey-Ches-Sda, et pour créer des rizières, des plantations, ou pour y habiter, on devra d'abord

(1) Titre supprimé depuis une vingtaine d'années.

lui remettre un *prahap* (mesure en bois) de riz cuit, une bouteille d'alcool de riz, deux poulets cuits, un bat d'argent et dix coudées d'étoffe blanche. » C'est la part du mé-prey, le salaire qu'il prend pour aller visiter le terrain, faire l'enquête afin de s'assurer que ce terrain n'appartient à personne. « Le défrichement terminé, le mé-prey devra encore réclamer deux bat pour un sen de terre (un carré d'environ 40 mètres de côté) ou pour une surface inférieure, quatre bat pour deux sen et ainsi de suite, conformément à la grandeur des terrains aménagés. Si quelqu'un défriche pour faire un *chom-kar* (plantation) de tabac, ou d'autres plantes, soit de bétel, de poivriers, d'aréquiers, de mûriers, de bananiers, de jacquiers, d'ananas, d'aulx, de spey (navets indigènes), d'aubergines, il devra payer: 2 domlongs par tuteur de poivriers, 5 domlong par tuteur de bétel, 3 bat par sen de tabac, 1 bat par pied de mûrier et le dixième d'une récolte ordinaire pour les autres cultures. Celui qui défrichera pour une plantation de cotonniers devra payer 5 bat par sen de longueur. » Cette somme est le droit de concession (1); elle se partage entre le gouverneur de la province qui reçoit un dixième, le mé-prey qui reçoit deux dixièmes et le bénéficiaire qui reçoit les sept autres dixièmes. Ces sept dixièmes constituent ce qu'on appelle la part du roi; en fait, ils constituaient celle du bénéficiaire, qui ne devait chaque année au roi que le tang-voai.

Voilà quelle était la principale fonction du mé-prey, sa fonction d'origine; mais parce qu'on ne défriche pas tous les jours, les recettes qu'il faisait de ce fait ne constituaient pas le revenu principal; les droits qu'il prélevait

(1) Les plantations de coton, au Cambodge, sont établies sur les berges annuellement inondées, et on ne mesure pour l'évaluation que la longueur en bordure. Depuis quelques années, on ne paie plus pour défricher une plantation de coton.

sur l'abattage des bois (1), les dixièmes qu'il prélevait sur les produits des forêts étaient bien autrement importants. Les droits d'ancrage qu'il levait sur les jonques qui mouillaient dans les rivières de son dey-mé-prey, sur les étrangers qui venaient par terre ou par eau faire du commerce sur son territoire (2) étaient aussi assez fructueux; celui du dixième que lui payaient les chasseurs de rhinocéros, d'éléphants, de tigres, d'ours à miel produisait une certaine somme dans quelques dey-mé-prey, mais dans la plupart il ne produisait rien ou presque rien.

Le mé-prey jouissait encore il y a quelques années d'un privilège curieux : tous les pols, tous les serviteurs de l'Etat à quelque titre que ce fut, tous les membres de la famille royale, toutes les femmes des mandarins (*chumtéo-khom-néang*), tous les nemœun (mandarins), toutes les femmes, tous les enfants, tous les hommes libres ou esclaves, ou domestiques libres qui, ayant commis une faute grave, s'enfuyaient chez un mé-prey lui donnaient droit à indemnité : 10 sleng pour une hospitalité de un à neuf jours; 8 domlong pour un, deux, trois mois; 10 domlong pour quatre, cinq ou six mois; 15 domlong pour un an; 16 domlong pour plus d'un an; 1 anchin pour deux ans. Au bout de trois ans, quand il s'agissait d'un esclave ou fuyard non poursuivi par la justice, personne ne pouvait plus le réclamer au mé-prey, car il était devenu pol-comlas-mé-prey, c'est-à-

(1) 10 bat pour une pirogue d'une seule pièce de bois de dix coudées; 6 sleng pour une pirogue de trois brasses; 8 sleng pour une pirogue de quatre brasses; 10 sleng pour une pirogue de cinq brasses, etc.; 6 domlong pour une pirogue de dix brasses; 5 domlong pour un mât de sampan; 1 domlong pour un mât de jonque; 4 bat pour une planche; 5 bat pour les ancres en bois de toutes espèces de jonques.

(2) 1 bat par éléphant de charge; 6 sleng par charrette; 5 domlong par mât et 5 domlong par ancre d'une grande jonque; 2 domlong et 5 bat par petite jonque.

dire esclave d'Etat sous les ordres du mé-prey. Ce dernier devait le tenir à la disposition du bénéficiaire, mais, tant que le bénéficiaire le lui laissait entre les mains, il était justiciable du garde des terres et forêts chez lequel il s'était refugié; les ocnha-luong, ni les envoyés du gouverneur de la province, ni les kromokar, ni les juges, ni les mé-sroc, ne pouvaient, sans prévenir le mé-prey, faire arrêter un pol-comlas-prey sans s'exposer à des poursuites et même, quand il s'agissait d'agents inférieurs, à être arrêtés par le mé-prey et conduits au bénéficiaire, afin que celui-ci put prévenir le roi et lui demander la punition du coupable.

Mais cette organisation ancienne, qui était encore celle d'il y a dix ans, a subi bien des modifications locales et me parait aujourd'hui à peu près ruinée. L'usage a prévalu presque partout de laisser les habitants défricher les terres libres et les cultiver sans appeler le mé-prey et par conséquent sans lui payer les droits prévus au *chbap* que je viens de citer. Dans certaines provinces cependant, on continue de les réclamer aux gens qui défrichent un terrain afin d'y cultiver le poivre, le bétel ou quelque autre produit estimé de premier ordre ; dans d'autres provinces, le Protectorat, on ne sait pourquoi, a maintenu « jusqu'à nouvel avis » les droits vexatoires dont les habitants voulaient se décharger et que d'autres provinces ne paient plus depuis six ou sept ans.

Dans la province de Kompong-Soai, qui ne formait, malgré son étendue qu'un seul dey-mé-prey et qui, depuis nombre d'années, constituait un bénéfice pour le sdach-tranh, il était affermé en 1893 à un mé-prey pour un picul (60 kilogrammes) de cire d'abeille. Le mé-prey ne pouvait percevoir que le dixième sur les habitants qui, dans les forêts, se livraient à la recherche du miel et de la cire des abeilles. Il payait annuellement au sdach-tranh un picul de cire qui valait 50 piastres et il trouvait encore le moyen de vivre avec ce qu'il recueillait en plus. Les chercheurs de nids d'abeilles qui ne voulaient pas payer la redevance en cire d'abeille et préféraient s'acquitter en argent étaient tenus de lui verser une demi-piastre par livre (600 grammes) de cire dûe. Ce petit revenu a été versé au trésor du royaume, pour la première fois en 1893, par l'Oenha-Déchou, sdach-tranh de Kompong-Soai qui a pensé que ce bénéfice ne pouvait plus lui appartenir puisqu'il recevait une solde mensuelle du Protectorat.

S'il y a eu des bénéficiaires nombreux qui, par suite des événements, ont laissé le revenu des mé-prey décroitre entre leurs mains, il en est d'autres qui, plus d'une fois, ont tenté et même réussi à faire appliquer l'ancienne loi dans toute sa rigueur, malgré les habitants et souvent malgré la mauvaise volonté des gouverneurs.

J'ai sous les yeux, en écrivant ces lignes, la lettre d'un ministre, bénéficiaire d'un dey-mé-prey, qui, en 1890, se plaignait : que les habitants de son bénéfice se sont emparés, sans acquitter « les droits d'usage », de certains terrains incultes, « sous prétexte que ces terrains étaient autrefois l'emplacement de leurs maisons ou de leurs villages ; que d'autres habitants se sont emparés de *dey-prey-chheu* (terres de brousse et de forêts) « sans demander un papier au mé-prey » et prétendent maintenant que ces biens leur appartiennent (*ké-robas-khluon*) depuis longtemps ; que d'autres habitants encore qui n'avaient pas payé le droit de prise de possession au mé-prey ont vendu à d'autres personnes des terrains appartenant à son mouk-ngéa.

Ce bénéficiaire réussit en partie à rétablir les droits de brousse (*khnang-prey*) sur toutes les terres que sa lettre visait, et son mé-prey put ainsi encaisser une certaine somme, moindre cependant que celle sur laquelle il avait compté, car beaucoup d'habitants auxquels il réclama des droits avaient d'anciens papiers qu'il dut reconnaître et remplacer par de nouveaux. Mais la conséquence de cette opération fut de rétablir, dans une province un droit de défrichement qu'on ne prélevait plus depuis cinq ans.

XI

LES CORVÉES (1)

Il est généralement admis que tous les hommes valides au Cambodge et tous les esclaves d'Etat doivent trois mois de corvées au roi, soit quatre-vingt-cinq jours par an. En fait, il est très rare qu'on exige des hommes libres un mois de travail, et j'ajouterai que je ne connais point de provinces où les corvéables acceptent de faire une pareille corvée sans réclamer. Cela tient à deux raisons : d'abord l'établissement, en 1870, de l'impôt personnel qui parut tout d'abord devoir remplacer la corvée, ensuite à la dégénérescence de la clientèle.

Autrefois, lorsque le roi, par ses ministres (ou le sdach-tranh d'un dey) avait besoin de lever les corvéables de tel district, on consultait les listes des comlang et on donnait l'ordre à tous les mé-comlang du district de lever, de rassembler leurs « forces » pour l'exécution de tel travail, puis de les conduire à tel endroit. Le mé-comlang rassemblait les clients au jour dit et les conduisait lui-même ou les faisait conduire au rendez-vous par un de ses mandarins ou par un de ses parents. Là, il pouvait être requis de diriger telle partie du travail et de surveiller sa « force », mais, le plus souvent, ses clients étaient réunis à d'autres clientèles et placés sous les ordres d'un chef des travaux. Le mé-comlang était responsable de ses menus-comlang ; quand ils

(1) *Réach-chéa-car.*

fuyaient il devait les rechercher, les arrêter, les ramener au chantier, mais, patron librement choisi par ses clients, les connaissant tous et généralement étant estimé d'eux, sa responsabilité était rarement compromise.

Aujourd'hui, le mé-comlang n'est presque plus rien, ses clients sont levés pour des corvées à son insu par les mé-sroc sur des ordres qui viennent de la capitale aux gouverneurs des provinces. Le mé-sroc est responsable d'eux comme l'était le mé-comlang autrefois, mais entre le mé-sroc et eux les liens de solidarité qui les liaient au patron qu'ils avaient librement choisi n'existe pas et leur résistance à ses ordres est moins dangereuse pour eux, elle leur paraît moins grave; ils sont, plus que par le passé, portés à résister aux ordres qu'ils reçoivent.

Je vois bien qu'on a voulu rendre l'opération des levées plus facile, plus régulière, en substituant le mé-sroc qui lève tous les valides de son sroc au mé-comlang qui peut avoir sa « force » éparpillée dans un certain nombre de villages qui ne sont pas tous appelés et même dans plusieurs provinces. Mais je ne puis m'empêcher d'observer que cette simplification est la condamnation de la réforme qui a remplacé la clientèle qui avait pour base la territorialité par la clientèle basée elle-même sur le choix.

C'est assurément à l'aide des corvées imposées aux hommes valides de toutes provinces, levés par « forces » et successivement appelés sur les chantiers, leurs mé-comlang en tête, qu'ont pu être construits les monuments dont les ruines imposantes gisent au milieu des forêts, les ponts que les anciens Cambodgiens ont jetés sur les rivières, les canaux qu'ils ont creusés, les chaussées dont, sous l'herbe, on retrouve les dalles énormes, les *sras* sacrés qui sont aujourd'hui à demi comblés et qu'on avait creusés et souvent enfermés dans des perrés de pierres taillées. Ces corvées ont dû être écrasantes pour les populations ; elles ont dû appauvrir les campagnes à mesure qu'elles embellissaient les villes royales et peut-être jeter la désaffection au sein d'un peuple entier fréquemment déplacé et qui devait couvrir les environs des chantiers de cendres funéraires et d'ossements. Peut-être alors exigeait-on la corvée légale de trois mois par an, c'est-à-dire un effort considérable et constant supérieur à celui que peut donner un peuple sans compromettre son avenir.

La corvée a-t-elle été au Cambodge, où certainement elle fut écrasante, aussi avilissante qu'au Siam et donna-t-elle naissance à la marque? C'est peu probable, puisque les habitants du Sroc-Khmer n'ont pas conservé le souvenir de cet usage, mais, enfin, c'est possible, bien que l'idée d'être marqués soulève leur indignation (1).

Autrefois, certains villages au Cambodge étaient dispensés de la corvée, mais alors ils devaient verser au trésor ou à un mandarin désigné par une ordonnance royale, tel produit du pays, à raison de telle quantité par habitant. D'autres villages, voisins des grandes routes, ne pouvaient être levés, mais en retour ils étaient tenus d'entretenir le *sala-plau* (maison de la route, caravansérail), de le réparer, de nettoyer la mare près de laquelle il était construit et de fournir un certain nombre d'hommes de garde chaque nuit.

On m'assure que quelques villages paient encore leurs corvées en nature, mais il y a longtemps que le roi Norodom, qui ne quitte guère son palais, s'est occupé des routes et des sala-plau, que les villages qui étaient tenus d'entretenir ces derniers ne font plus leur service

(1) Au Siam, tous les hommes valides qui sont contribuables et corvéables sont tatoués sur le bras par les soins de deux fonctionnaires, le *luang-vang* et le *luang-sumatra*, qui sont chargés de la perception de l'impôt de capitation dans les provinces.

et sont levés comme les autres habitants ou notés comme étant susceptibles d'être appelés.

Aujourd'hui, probablement comme autrefois, les levées d'hommes pour la corvée sont des sources d'abus et de concussion sans nombre. On peut se racheter de la corvée, mais on peut aussi se faire oublier ou se faire exempter; on peut aussi, quand on a la direction des corvéables, leur réclamer deux fois et même trois fois les bois dont l'abattage leur a été commandé comme corvée; on peut aussi faire travailler les corvéables pour soi. J'ai connu un gouverneur qui faisait ainsi couper du bois qu'il vendait ensuite pour son compte. Les corvéables l'apprirent, réclamèrent; le gouverneur fut appelé à Phnom-Penh; il offrit quelques barres d'argent aux ministres, et l'affaire s'arrangea tout à fait à l'amiable.

En résumé, le chef devait autrefois mettre sa « force » pour un certain nombre de jours au service du roi; aujourd'hui, c'est l'individu qui doit lui apporter son travail.

XII

LE PON-TÉAS

Le *pôn-téas* ou « impôt des jardins » est un impôt sur le produit des jardins. On a prétendu dans l'administration que cet impôt était le seul impôt foncier existant au Cambodge, puis on s'est avisé de considérer et d'inscrire au budget comme « impôt foncier » l'impôt qui pèse sur le poivre, et enfin il s'est trouvé des personnes pour enseigner que la location des *dey-chom-kar* ou « terres à plantations », était une forme de l'impôt foncier. Or, le caractère d'un impôt foncier, c'est de porter invariablement sur le fond, quel que soit le genre de culture qu'il plait au propriétaire d'imposer au sol, quel que soit le soin qu'il prend de bien employer la terre pour laquelle il paie impôt. Dès qu'on demande au propriétaire quelle sorte de culture il a entreprise, combien de pieds de poivre ou de bétel sont en puissance de produire, si sa terre est en friche ou s'il compte la cultiver, quel que soit le procédé d'appréciation, — qu'on compte les pieds qui sont sur le sol ou bien qu'on prenne pour base de l'impôt la surface du terrain en évaluant ce qu'il peut raisonnablement porter, — l'impôt ne peut être considéré comme foncier ; c'est un impôt sur la récolte.

Le prix de location des chom-kar auxquels j'ai consacré un chapitre n'est pas un impôt, mais un revenu du domaine royal, lequel domaine royal est déchargé de l'impôt.

L'impôt de six taëls par tuteur de poivriers en plein rapport n'est pas un impôt foncier, puisqu'il se calcule sur le nombre des pieds que porte le terrain et non sur la surface de ce terrain.

Le pôn-téas n'est pas davantage un impôt foncier, puisqu'il varie d'une année à l'autre avec les cultures que subit la terre et qu'on ne le lève pas quand la terre est laissée en friche. Le pôn-téas est, comme tous les autres impôts de ce genre, un impôt sur les produits, quelque chose comme une dîme. C'est ce qu'il sera facile de distinguer tout à l'heure.

Quoi qu'il en soit, cet impôt est nouveau; comme beaucoup d'autres, il fut créé, vers 1870, par le roi actuel et affermé depuis, avec le pôn-srôu ou impôt sur le paddy, à des Chinois ou à des Cambodgiens, qui réalisaient de très gros bénéfices et encaissaient souvent une somme beaucoup plus importante que celle qui parvenait au trésor royal.

Cet impôt, qui pourrait, sans aucun inconvénient et à la grande satisfaction des habitants, être supprimé, ne produit actuellement au trésor unifié du Cambodge qu'une somme d'environ 6,000 piastres. C'est peu pour un impôt qui pèse sur les potagers, sur la vie même du peuple et qui le porte à réduire le petit jardin qui donne la patate et les haricots, la citrouille ou le concombre, nourrit la famille, alors surtout qu'il est levé sur plus de quinze mille familles. C'est un impôt inutile, quasi improductif et vexatoire. Il est des plus impopulaire.

Tous les jardins et toutes les plantations d'une surface inférieure à dix brasses carrées, les plantations de bétel qui ne comptent pas plus de dix tuteurs, dit le tratang du 2 février 1893, sont exemptés d'impôt parce que, me dit un mandarin, « ces plantations sont trop petites pour que l'impôt qu'elles auraient à payer, si on les imposait, fut supérieur aux frais de perception ».

L'impôt des téas comprend trois parties : Le ***chœung-pôn*** (pied de l'impôt) qui est le principal de l'impôt; — le ***kabal-pôn*** (tête de l'impôt) qui en est le dey-ca, c'est-à-dire le droit d'inscription; — et le ***thlay-chumnum*** qui est le prix du jugement, le prix du mesurage.

Le principal de l'impôt, le chœung-pôn, le thlay-chumnum et le kabal-pôn, peuvent être payés à la volonté du contribuable, soit en nature, soit en argent, mais l'usage a prévalu depuis quelques années de le payer en argent.

Le pòn-téas et les deux droits accessoires qu'on y a joints ne sont pas invariables; ils varient au contraire avec la nature des plantations. Voici quelle est l'assiette de cet impôt et quels sont les droits que doivent acquitter les imposés :

Ils paient par sen (1) carré, selon la nature des produits : dix livres de tabac, de chanvre, ou 2 piastres, — dix livres de coton, de sésame, de haricots, de ***thpau***, ou 50 cents, — dix livres de ***traau***, de ***domlong*** (patates) ou 30 cents, — dix pastèques ou 30 cents, — quatre-vingts concombres ou 12 cents, un pot d'indigo ou 20 cents, — quarante cannes à sucre ou 20 cents; — ils paient 1 cent par pied de mûrier, — deux cents feuilles de bétel par quatre tuteurs, — le dixième de la production des champs de ***sappan*** (teinture), c'est-à-dire un morceau sur dix, ou 4 cents par morceau de sappan dû.

Toutes ces plantations, sauf les plantations de bétel qui payent 4 cents, acquittent le droit du kabal-pôn à raison de 6 cents par sen carré.

Elles acquittent un thlay-chumnum invariable quel que soit l'importance de la plantation, mais variable avec la nature du produit : trois livres ou 60 cents par plantation de tabac ou de chanvre, — 6 cents par plan-

(1) Vingt brasses.

tation de coton, haricots, traau, thpau, sésame, pastèques et bétel.

Le dixième du produit du *chæung-pôn-téas* ou *khuat-sroc* (part du sroc) appartient au gouverneur de la province, à charge pour lui de payer le fonctionnaire (*bomro-chaucai-sroc*) qui a accompagné l'*ochna-luong-pôn-téas*. Celui-ci, qui, autrefois, avait droit au produit du thlay-chummum, est maintenant tenu de le verser au trésor qui se réserve le soin de le rétribuer de ses services. Les mé-sroc ou leurs chum-top, quand ils ont accompagné le percepteur chez les contribuables, sont exemptés du pôn-téas pour les deux premiers sen, quelle que soit la nature de leur plantation.

Sont aussi exemptés de cet impôt, non pour services rendus, mais en vertu d'un privilège ancien, quand toutefois ils peuvent montrer au percepteur un papier d'exemption délivré autrefois par le conservateur des registres de l'impôt, actuellement par le résident supérieur : les bakous, les préa-vongsa qui sont dignitaires à dix sac, ainsi que leurs pères et mères, oncles, tantes (1), frères, sœurs (2), fils, filles (3), neveux, nièces (4), aïeux, aïeules; — les bakous et les préa-vongsa qui sont dignitaires à huit ou neuf sac, le sdach-méac (5), leurs pères et mères, frères, sœurs, neveux, nièces; — les bakous, qui portent le chignon, conformément aux préceptes de leur caste, et le costume blanc, mais non leur famille; — les pols-préa, quand ils cultivent les *téas-préa*, c'est-à-dire des jardins appartenant aux bonzeries et non quand

(1) Non remariées, si elles sont veuves.

(2) Non mariées.

(3) Non mariées.

(4) Non mariées.

(5) Le bakou qui, dans le courant du mois de Méac-thom, est revêtu d'un costume royal et qui porte les attributs royaux en clinquant. Voyez plus haut, p. 14.

ces téas sont des propriétés particulières louées par eux ou qu'ils ont reçues en dépôt.

Toute exemption de pôn-téas, accordée par le bomro du gouverneur ou l'ocnha-luong, entraîne pour celui qui l'a faite une amende cinq fois plus élevée que le montant du dommage causé à l'Etat et, me dit un gouverneur, le contribuable est tenu de payer l'impôt et les droits accessoires qu'il n'a pas payés.

Toutes les précautions dont il a été question plus haut à propos de l'impôt des riz et paddy sont prises et les listes de l'impôt sont tenues de la même manière.

Le plus ordinairement, l'ochna-luong-pôn-srôu est chargé de la perception des pôn-téas.

XIII

L'IMPOT DU POIVRE

Le poivre est cultivé depuis plusieurs siècles au Cambodge mais il est impossible de dire depuis quelle époque. Ce qui est certain, c'est que cette culture, — aujourd'hui confinée dans les provinces cambodgiennes du Sud-Ouest (Kompot et Péam qui sont sur le littoral du golfe de Siam, Bounteay-Méas et Tréang qui sont au nord de la province de Péam) et dans l'arrondissement cochinchinois d'Hatien qui appartenait autrefois au Cambodge et faisait partie de la province de Péam (1), — c'est que cette culture s'étendait à d'autres parties du territoire.

C'est donc à tort que les Chinois et les métis-chinois qui cultivent cette épice et que beaucoup de Français avec eux prétendent que le poivre ne saurait être cultivé avec succès ailleurs que dans les provinces qui le produisent actuellement. Le Hollandais Gérard Van Wusthof, — sous-marchand de la Compagnie des Indes hollandaises, qui, en 1641, traversa le Cambodge et remonta le Mékong jusqu'à Vien-Chan, alors capitale du Laos, — signale la province de Thbaung-Khmoum, qui est située sur la rive gauche du grand fleuve, à plus de 100 kilomètres au nord-est de Phnom-Penh, comme produisant une grande quantité de poivre. Il ajoute même que c'est

(1) Hatien, Péam en cambodgien, chef-lieu de l'arrondissement d'Hatien, était autrefois le chef-lieu de la province cambodgienne de Péam.

à cause de cette production que le roi allait tous les ans visiter cette province (1). En outre, MM. Outrey, administrateur de la Cochinchine, et Fourestier, chancelier de résidence au Cambodge, l'ont trouvé, au cours du voyage topographique qu'ils firent en mars 1893 de Kratié à Thudaumot, dans les villages des sauvages Stieng (les Moïs des Annamites) soumis à notre domination cochinchinoise et qui habitent un territoire voisin de celui de la terre de Thbaung-Khmoum. Dans ces villages, le poivrier est à peine cultivé et produit de lui-même un grand bol de grains chaque année. Je l'ai moi-même rencontré, poussant vigoureusement ses lianes autour des troncs de manguiers, au pied de la montagne de Chaudoc où il produit sans culture et sans soins.

Il y a donc quelques bonnes raisons de croire que cette épice, tant recherchée des Européens au cours des siècles précédents, était cultivée au Cambodge sur un plus vaste territoire qu'aujourd'hui et qu'elle était une grosse source de revenus pour le trésor du roi.

Pourquoi le roi du Cambodge, parce que la province de Thbaung-Khmoum produisait du poivre, s'y rendait-il chaque année? Etait-ce pour y percevoir l'impôt en nature? Je ne sais, et je ne pense pas qu'il reste un seul document qui permette de le savoir un jour. La tradition locale elle-même est muette et les annales sont silencieuses.

Quoi qu'il en soit, il est certain que le poivre payait au siècle dernier un gros impôt et que cet impôt a été élevé au cours du siècle actuel. Quand nous avons mis la main sur l'administration du Cambodge, en 1884, avec une brutalité que nous avons regrettée depuis, nous

(1) *Voyage lointain aux royaumes de Cambodge et de Laouwen*, etc., dans le *Bulletin de la Société de Géographie*, septembre-octobre 1871, page 253.

avons trouvé ce produit imposé à raison de 4 taëls par tuteur, c'est-à-dire par double pied de poivriers, et obligé de payer un droit de sortie de 10 pour 100 *ad valorem*. Le taël équivalant à 37 grammes 50, c'était donc 150 grammes de poivre par double pied que payait le poivre, où, à raison de deux mille cinq cents tuteurs par hectare, 375 kilogrammes par hectare que devait verser au fermier de l'impôt le malheureux planteur de poivre. C'était le treizième environ d'une excellente récolte, le dixième d'une récolte moyenne et le septième d'une mauvaise récolte; cela représentait un impôt en argent de 375 francs par hectare quand le poivre était cher et de 200 francs quand il était très bon marché. De plus, le poivre devait payer à la sortie 10 pour 100 de sa valeur, soit en moyenne une somme égale à celle qu'il avait déjà acquittée sur le champ de production.

Le cultivateur était libre de payer son impôt soit en nature soit en argent au prix fixé par le fermier, et non par le gouvernement. Le tratang royal laissait trop de latitude au fermier et il en résultait une série d'exactions et de résistances qui indisposaient vivement la population et qui, souvent, se traduisaient par des réclamations très vives. Finalement, sauf de rares exceptions, le fermier l'emportait devant le gouverneur ou les ministres, et les contribuables étaient obligés de payer ce qu'il leur réclamait.

Quand on le payait en nature, il exigeait du poivre parfaitement nettoyé, vanné, contrairement à l'usage ancien, aux coutumes établies par les percepteurs royaux au temps ou l'impôt était levé par des ochna-luong; de même que les percepteurs royaux, le fermier voulait obliger les contribuables à porter le produit de l'impôt en nature qu'ils lui payaient à tel endroit, quelquefois très éloigné de chez eux, qu'il leur désignait.

Quand on le payait en argent, le fermier fixait le prix du poivre au taux qu'il atteignait sur le marché de Saigon où il le vendait, et non au prix du poivre sur place, ce qui pouvait augmenter l'impôt qu'on lui payait d'un septième et quelquefois d'un sixième.

De là, de nombreuses réclamations qui se reproduisaient chaque année.

Voici comment on procédait pour la perception de cet impôt, qu'il fut affermé ou qu'il fut perçu par des ochna-luong :

Le percepteur ou son agent visitait toutes les plantations et comptait tous les pieds qu'il y trouvait. Il écartait les pieds morts ou malades, inscrivait pour être imposés au cours des années suivantes les pieds âgés de moins de trois ans et qui étaient considérés comme ne produisant pas, bien qu'ils donnassent une petite récolte dès la troisième année. Enfin, il inscrivait le nombre des pieds en état de produire et qui devaient payer l'impôt. Quelques jours après, il commençait la perception.

Nous laissâmes les choses en l'état pendant les années 1885 et 1886, alors que l'administration du Cambodge était tout entière entre nos mains ; nous eûmes tort, car en Cochinchine, dans l'arrondissement d'Hatien, voisin de notre frontière, les planteurs ne payaient que 10 francs par hectare de poivriers, et leurs produits n'avaient pas, comme ceux du Cambodge, à acquitter des droits de sortie lorsqu'ils prenaient la route de Saigon ou celle de Singapoore.

Quand le roi reprit l'administration du royaume en janvier 1887, il se garda bien de toucher à l'assiette d'un impôt qu'il affermait alors 7.000 piastres par an à un Chinois.

En 1890, le Protectorat racheta cet impôt au roi moyennant une somme de 9.500 piastres qu'il n'avait jamais produite et supprima les droits que ce condiment payait à la sortie, soit qu'ils se dirigeât sur Singapoore, soit qu'il prît la route de Saigon. C'était une bonne mesure; malheureusement on crut devoir, en même temps, porter l'impôt acquitté par les planteurs de 150 grammes par double pied à 225 grammes. Les cultivateurs ne comprirent pas bien tout d'abord que la suppression des droits de sortie allait avoir pour conséquence l'augmentation du prix de leur produit sur le lieu de production et ne virent qu'une chose, c'est qu'ils avaient à payer 6 taëls par double pied au lieu de 4. La réforme fut mal accueillie, et, de fait, elle ne leur était guère favorable, parce qu'éloignés de la Cochinchine ils se trouvaient à la merci des acheteurs chinois que Saigon leur envoyait et qui s'entendaient pour avilir les prix de vente. On le vit bien, en 1892, quand j'eus à lutter contre cette manœuvre coupable qui maintenait au Cambodge le picul de poivre à 11 piastres alors qu'il valait 18 piastres à Hatien. Mes efforts furent couronnés de succès, mais il fallut lutter pendant quinze jours et, pendant ces quinze jours, bien des cultivateurs, trompés ou qui avaient besoin d'argent, avaient vendu une partie de leur poivre à des prix ridicules. C'est ainsi qu'il se trouva que la réforme entreprise par le Protectorat ne donna pas les résultats sur lesquels on comptait. La suppression des droits de sortie était une bonne chose, mais il ne fallait pas remplacer ces droits par une augmentation d'impôt qui n'avait d'autre résultat que de transporter, au moins momentanément, une charge des épaules de l'intermédiaire aux épaules du producteur. Les incidents commerciaux et les modifications fiscales produisent au Cambodge et dans l'Extrême-Orient des effets moins absolus et surtout moins rapides que sur nos marchés d'Europe où la concurrence est plus active et les relations entre centres commerciaux et producteurs plus nombreuses; il serait bon de ne jamais l'oublier.

Quoi qu'il en soit, maintenant qu'il est directement levé par les ocnha-luong, sous le contrôle du Protectorat, pour le compte du budget unifié du Cambodge (budget du royaume et budget du Protectorat réunis), l'impôt sur les pieds de poivre produit environ 12,000 piastres chaque année. C'est à 280 piastres près (1) ce que produisaient, en 1887, les droits de sortie et l'impôt sur le poivre, par suite de la contrebande effrénée qui se faisait sur sur la frontière khméro-cochinchinoise (2). Le Protectorat n'a donc rien perdu à la réforme ; il aurait dû consentir à perdre un peu à dégrever un produit qui est encore au moins trois fois trop chargé, et rapprocher autant que possible la condition des planteurs du Cambodge de celle des planteurs de la Cochinchine (3) qui est bien meilleure.

Quoi qu'il en soit, les promesses que nous avons faites de dégrever prochainement ce produit, l'ordre que nous avons apporté dans la perception de cet impôt, la surveillance que nous exerçons de très près sur les ocnha-luong, la loi de finance qui a dégrevé de 50 pour 100 tous les poivres qui pénètrent en France et qui proviennent de nos colonies (4), ont inspiré confiance aux planteurs. Ils se sont retournés vers la terre et, penchés sur elle, ils nous préparent des récoltes considérables pour l'avenir.

J'ai calculé qu'à la fin de 1892 il y avait au Cambodge : 49 villages où le poivre était cultivé, au lieu

(1) 7,000 piastres étaient payées au roi par le fermier et la recette des douanes s'élevait à 5,279 piastres 93.

(2) Il était absolument impossible de l'empêcher sans engager des dépenses plus considérables que les excédents de recette sur lesquels on pouvait compter.

(3) Voyez sur *La Culture du poivre au Cambodge* mon article dans *Revue scientifique* (Revue rose) du 31 août 1890, et, sur la condition des planteurs au Cambodge, mes articles dans l'*Indo-Chine française*, nos des 20 et 27 avril et 4 mai 1891.

(4) 1 fr. 04 par kilog. au lieu de 2 fr. 08.

de 42 en 1892; 655 anciens planteurs au lieu de 666 l'année précédente, mais en retour 877 nouveaux planteurs au lieu de 783 (94 en plus); 234,025 pieds en rapport et 255,291 pieds âgés de un, deux ou trois ans et non encore imposés (1).

Cette situation est excellente et pleine de promesses. Mais ce qui est bien meilleur encore, c'est de voir les Cambodgiens qui avaient abandonné entièrement cette culture aux Chinois et aux métis chinois, s'y adonner et, malgré leur inexpérience, y réussir souvent. Le recensement de 1892 a prouvé que, dans la province de Tréang, sur 626 planteurs, il y en avait 317 de race cambodgienne et que sur ces 317, tous petits planteurs, il y en avait 201 qui paraissaient avoir réussi dans des terres nouvelles et malgré l'apprentissage de cette culture qu'ils avaient dû faire.

C'est, à mon sens, un signe excellent; mais il faudrait encourager ces essais. Encore quelques années et notre Indo-Chine approvisionnera la métropole et nos colonies non productrices de poivre.

(1) La province de Kompot qui, en 1889, comptait 7 villages poivriers, 173 planteurs et 71,119 pieds en rapport, en 1892, — comptait 14 villages, 367 planteurs, 71,657 pieds en rapport et 92,262 jeunes pieds.

XIV

LES DROITS DE DOUANE

Il est difficile de dire à quelle époque il faut faire remonter l'établissement des *koy* ou postes de douane au Cambodge, mais la tradition enseigne qu'autrefois toutes les marchandises pouvaient entrer dans le pays ou en sortir sans rien payer au roi. Un vieux mandarin que j'ai consulté sur ce sujet pense que cette institution est d'origine chinoise et qu'elle a été apportée au Cambodge, il y a bien longtemps, par des émigrants qui ont su persuader au roi d'alors qu'il y avait là une grosse source de revenus à exploiter.

Quoi qu'il en soit, sous Ang-Duong, il n'y avait, m'assure-t-on, que trois postes de douane royale et deux de ces postes étaient à l'intérieur. L'un était établi à l'entrée de la rivière de Kompot, au bord de la mer, à l'endroit même où se trouve la douane française actuelle ; le second était à poum Pram-Bey-Chhom, entre poum Kompong-Tralach et poum Kompong-Luong et à deux kilomètres environ de ce dernier village, sur le bras d'Oudong ; le troisième était à Chrouy-Changva, en face de Phnom-Penh, là même où se trouvait encore, il y a quelque dix-huit mois, le poste de douane français supprimé en avril 1893, à la suite de la convention douanière signée avec la Cochinchine.

Kompot était alors le seul port du Cambodge, celui par lequel pénétraient dans le royaume les marchandises qui venaient de l'extérieur, celui par lequel s'exportaient les produits du pays, y compris les marchandises provenant de l'impôt en nature que le roi ne consommait pas ou qu'il ne faisait pas vendre dans le royaume. C'était par Kompot que le Cambodge avait des relations avec la Chine, le Siam, Singapoore et l'Europe, parce que les Annamites qui tenaient les embouchures du Mé-Kong molestaient les Cambodgiens qui le descendaient et prétendaient être leurs intermédiaires avec les nations étrangères. Pour leur échapper et pour avoir une porte sur l'étranger, le roi Ang-Duong avait fait de Kompot un port royal et l'avait relié à Oudong, sa capitale, par une belle route facile à parcourir, bien entretenue par les villages riverains qu'il avait dispensés de l'impôt et agrémentée de sala de repos établis près de mares profondes qui n'asséchaient jamais. Ce roi avait armé à Kompot une grosse jonque de commerce commandée par un Malais habile et connaissant bien la mer (1). Le roi avait à Kompot une maison royale où il venait de temps à autre passer quelques jours avec une bonne partie de sa cour et une vingtaine de ses femmes; il avait aussi un jardin situé au milieu des poivriers, sur le prec-thom Kompot, à poum Kompong-Kreng. Ce centre commercial et producteur de poivre était devenu si important grâce aux efforts du roi, qu'on y trouvait une maison de commerce européenne, reliée à Singapoore par un petit vapeur, une chrétienté annamite dirigée par un prêtre français, un théâtre permanent de danseuses cambodgiennes et malaises et, de temps à autre, un théâtre chinois, toutes choses qui donnaient à Kompot une apparence de grande ville que Mouhot a notée, mais qu'il n'a plus aujourd'hui que nous avons conquis la Cochinchine, mis le Cambodge

(1) Il était placé sous la surveillance du gouverneur de la province, un chinois qui avait coupé ses cheveux et qui fabriquait du sucre de canne à l'européenne, mais avec des produits très primitifs.

sous notre Protectorat et réouvert au Sroc-Khmer le Mé-Kong qui est sa grande voie naturelle de commerce.

La douane de Kompot était donc, sous Ang-Duong, un poste important et les revenus qu'elle donnait au roi étaient considérables. Les droits que le *mé-koy* (chef de poste) prélevait étaient fixés au dixième de la valeur de tous les objets exportés.

Le poste de poum Pram-Bey-Chhom percevait un droit semblable sur toutes les marchandises qui descendaient du Grand-Lac, y compris le poisson qu'on y avait péché, mais il ne percevait rien sur les marchandises qui remontaient la rivière, alors même que ces marchandises étaient destinées aux provinces cambodgiennes déjà soumises aux Siamois.

Le poste de Chrouy-Changva prélevait un droit *ad valorem* du dixième sur toutes les marchandises qui descendaient le grand fleuve et qui paraissaient venir du Laos, mais il ne prélevait rien sur les marchandises qui le remontaient à destination de ce même Laos.

Il y avait un poste à Péam-Méan-Chey, à l'embouchure du prec de Banam, sur le fleuve Antérieur, au sud-est de Phnom-Penh, mais le mé de ce koy, principalement chargé de retirer les quittances que les postes ci-dessus avaient délivrées, des mains des gens qui les avaient reçues et qui descendaient en Cochinchine, était plutôt un contrôleur qu'un percepteur. Il prélevait cependant sur toutes les marchandises qui n'avaient pas acquitté les droits de sortie à l'un des postes ci-dessus.

Bien que les chefs de ces postes eussent pris l'habitude de prélever à leur bénéfice quelques petites coutumes, comme ils disaient, les droits de sortie étaient loin d'être écrasants pour le pays, d'abord parce que peu de produits étaient exportés, ensuite parce que les mé-koy se montraient très coulants moyennant quelques piastres et se gardaient bien de percevoir avec rigueur.

Les douanes locales établies par certains gouverneurs de provinces sur les grandes voies de communication qui traversaient le pays soumis à leur autorité étaient souvent plus vexatoires et certainement plus nuisibles au commerce. Les mé-koy de ces douanes locales ne devaient percevoir que le vingtième, mais souvent ils percevaient davantage et, dans quelques cas, ils prenaient le dixième de tous les produits étrangers, sauf ceux provenant de la Cochinchine qui pénétraient au Cambodge. Mais ils ne percevaient rien sur les marchandises qui sortaient du pays. C'est ainsi que l'Oknha-Déchou, sdach-tranh de Kompong-Soai, prenait sur le bétail provenant du Laos un buffle sur vingt, un bœuf sur vingt, un cheval sur vingt, le vingtième de la valeur des éléphants importés, etc., etc., et que le gouverneur de Samboc-Sambau prenait, sur les marchandises qui descendaient le grand fleuve, une pirogue sur dix pirogues à vendre, une tête de bétail sur vingt, etc.

C'est sous le roi Norodom, après son installation à Phnom-Penh, que les douanes cambodgiennes reçurent leur organisation définitive, c'est-à-dire l'organisation qui dura jusqu'au jour où nous nous substituâmes au roi comme percepteurs des droits d'entrée et de sortie. Des koy furent établis partout où il était possible d'en installer, à l'embouchure de toutes les rivières importantes qui se jettent dans le golfe de Siam et sur les rivières qui conduisent en Cochinchine ou au Laos. De nombreux mé-koy furent nommés et chargés de la perception à raison de dix pour cent *ad valorem*, calculés sur la valeur des marchandises au marché le plus proche du poste de douane. Les actes de concussion devinrent si fréquents que tous ces postes, si nombreux qu'ils fussent, produisaient peu au roi; la plus grande partie de leur produit restait entre les mains des mé-koy et aussi des gouverneurs qui les avaient fait nommer.

Quelques postes, sous prétexte qu'ils ne rendaient pas même la somme nécessaire au paiement des gens qui les tenaient, ne versaient jamais rien au trésor.

Nous primes les douanes en 1884 et nous plaçâmes des agents français dans tous les postes de douane créés par les Cambodgiens. Elles ne produisirent pas grand chose tout d'abord, puis elles donnèrent 189,000 piastres en chiffres ronds en 1886, — 256,000 piastres en 1887, dont 6,000 de douanes dites métropolitaines et qui étaient de création récente, — 262,000 piastres en 1888, — 240,000 en 1889, — 217,000 piastres en 1890, — 232,000 piastres en 1891, — 247,000 en 1892.

Toutes les douanes du Cambodge ont été supprimées en 1893, sauf les douanes métropolitaines qui sont des douanes de protection établies à l'avantage des produits français. La Cochinchine perçoit pour son compte sur toutes les marchandises qui sont débarquées dans ses ports à destination du Cambodge, ou qui la traversent en remontant le grand fleuve, et sur tous les produits du Cambodge qui la traversent à destination de l'étranger. En retour elle paie au Cambodge une indemnité annuelle de 400,000 piastres (Arrêté du 21 mars 1893). C'est ce qu'on a appelé l'Union douanière khmèro-cochinchinoise.

Cette réforme est un grand progrès, car elle a permis de supprimer des postes de douane qui procédaient comme des douanes intérieures et prélevaient un droit de sortie ou d'entrée sur les marchandises qui transitaient à travers le Cambodge et qui n'auraient rien dû payer, vingt abus plus criants les uns que les autres et qui paraissaient devoir s'éterniser, et surtout un certain nombre d'employés que la Cochinchine a repris et placés dans ses postes.

Un fait qui paraît devoir donner raison au vieux mandarin dont j'ai parlé tout à l'heure, lequel prétendait que les douanes au Cambodge sont de création relativement nouvelle, est celui qui ressort de l'examen des documents que nous ont laissés nos prédécesseurs européens au Cambodge.

Les traités de commerce passés entre le roi du Cambodge et le gouvernement des Indes hollandaises en 1656 et en 1665, le 1er février, ne parlent point de droits de douane à acquitter et rien ne fait supposer qu'ils existaient alors pour les autres commerçants. On y trouve, par exemple pour les Hollandais : Le monopole de tout le commerce avec le Japon, la liberté du commerce à l'intérieur du Cambodge, le droit de faire du commerce avec le Laos et le privilège de l'achat des peaux de cerfs. Le roi refusa d'accorder aux Hollandais plusieurs autres monopoles qu'ils lui demandaient, par exemple le monopole du commerce du riz, des cornes de buffles, du bois de sappan et de l'ivoire; — il refusa également de chasser les autres *nations* européennes qui avaient créé des comptoirs au Cambodge, — d'obliger ses sujets à prendre des Hollandais des passeports quand ils allaient faire du commerce aux Moluques, — de les empêcher de naviguer au nord de la mer de Chine, sous prétexte que les Hollandais étaient en guerre avec les Chinois, etc.

Le roi obtint, en retour des concessions qu'il faisait aux Hollandais, qu'un navire lui serait offert chaque année et qu'on lui « céderait la moitié des peaux et des autres produits achetés dans son royaume » (1).

Il est hors de doute pour moi que ces deux conventions commerciales eussent parlé des douanes (des droits de douane ou de sortie à acquitter par les commerçants hollandais) si elles eussent existé, et qu'il faut admettre hardiment qu'elles n'existaient pas encore au XVIIe siècle.

(1) *Les relations de la Hollande avec le Cambodge et la Cochinchine au dix-septième siècle*, dans *Excursions et reconnaissances*, 1882, n° 12.

XV

LA FERME DES PÊCHERIES

Dans ce pays où la population tout entière s'adonne plus ou moins à la pêche et trouve, dans les cours d'eau et dans les mares, le mets journalier, le plat national qui figure sur tous les plateaux à côté du riz qui est, — comme pour nous le pain, — la base de la nourriture, on avait tout d'abord pensé que la pêche et les engins de pêche ne pouvaient être soumis à l'impôt. La pêche était libre et les rivières, les mares, les lacs n'étaient point en partie affermés comme aujourd'hui.

Il en était encore ainsi sous le roi Ang-Duong, le père et le prédécesseur de Norodom. Grand observateur des coutumes anciennes, dévot, scrupuleux, aimant son peuple, roi soucieux de le bien gouverner et de mériter les récompenses promises aux justes dans la vie future, il repoussa toujours les propositions que lui firent les Chinois et ses ministres d'augmenter ses revenus en affermant le droit de pêche ou en imposant les engins employés par les pêcheurs. Le Kralahom Kéo qui, à son insu, avait loué des pêcheries et autorisé le complet barrage d'une rivière qu'il avait affermée fut, en 1858, décapité sur l'ordre du roi devant le palais d'Oudong, au lieu ordinaire des exécutions, et sa tête fut exposée trois jours sur un pieu.

La seule restriction apportée au droit de pêche était l'interdiction de barrer plus de la moitié des rivières, afin que les bateaux pussent toujours passer. En retour, le poisson pêché par des industriels qui organisaient des campagnes de pêche et qui passait devant l'un des deux postes de douane intérieure établis au Cambodge (1), devait acquitter le droit ordinaire du dixième qui atteignait toutes les marchandises.

Les gouverneurs des provinces étaient aussi en possession d'un droit coutumier de prise : ils avaient droit de prendre, dans les pêcheries ou parmi les poissons déjà pêchés ***par les industriels***, le poisson frais dont ils avaient besoin pour leur maison. On dit qu'ils en abusaient et prélevaient souvent une grande quantité de poisson frais qu'ils faisaient saler et qu'ils conservaient. Mais cela était certainement contraire aux coutumes anciennes.

Les pêcheries appartenaient à ceux qui les avaient établies ; un point occupé ne pouvait être pris par un nouveau venu si le premier occupant n'avait point laissé s'écouler la saison précédente sans pêcher en ce lieu. Les difficultés qui naissaient de la pêche et des pêcheries étaient jugées par les gouverneurs des provinces où elles naissaient quand elles n'étaient pas graves et d'après la coutume du pays, car il n'y avait point de loi écrite. Les procès concernant les pêcheries dans le Grand-Lac, dans le bras d'Oudong, dans les rivières, étaient jugés par le Chau-Krom-Sala, le tribunal royal, composé de juges royaux et de juges désignés par le Kralahom, ministre des transports par eau ou de la marine.

Quand le roi Norodom vint s'établir à Phnom-Penh et rompit avec les habitudes de sage économie que son père avait établies à la cour, les ministres qui voyaient dans la location des pêcheries une nouvelle source de

(1) Le premier à poum Pram-Bey-Chhom, entre Kompong-Luong et poum Kompong-Tralak ; le second à Chrouy-Changva, en face de Phnom-Penh.

bénéfices à ouvrir, poussés par les Chinois riches et industrieux qui rêvaient d'être fermiers, proposèrent au prince de restreindre le droit de pêche à certaines parties des rivières et des fleuves, à certaines mares, et d'affermer tout le reste.

Le roi, qui avait de grands besoins d'argent, accepta, et un travail important destiné à préparer l'application des droits nouveaux fut entrepris au palais.

Voici brièvement quelles furent, à ma connaissance, les dispositions de la première ordonnance royale sur l'affermage des pêcheries et des droits de pêche au Cambodge.

Tout d'abord, il fut statué qu'aucune pêcherie ne pourrait être affermée soit devant, soit en amont, soit en aval des villages jusqu'à une distance à déterminer pour chacun d'eux et qu'aucun droit ne serait perçu sur les engins employés par les gens qui viendraient pêcher dans ces réserves du peuple. C'est par suite de cette disposition que la pêche est libre devant Phnom-Penh, sur le Mé-Kong et sur le Tonlé-Sap, en amont et en aval de cette grande ville, et devant et aux environs des villages qui bordent les cours d'eau. Ce furent les *comlong-somrap-réas-roc-sie* (endroits réservés aux habitants qui cherchent leurs vivres), ou les *comlong-somrap-touc-oi-réas-roc-sie* (endroits réservés donnés aux habitants qui cherchent leurs vivres).

En outre, des mares, des étangs très poissonneux exploités par certains villages depuis de longs siècles, devenus pour ainsi dire leur propriété collective, des mares, des étangs situés à peu de distance de certains villages habités par des pols-pôn-souille ou par des pol-chol-ven, qui en tiraient leur poisson depuis longtemps, furent rangés parmi les réserves, et défense fut faite soit de les affermer pour le compte du trésor, soit de prélever un droit sur les engins employés par les ayants-droit pour y pêcher.

Ces réserves spéciales furent si bien, sur certains points, considérées comme des propriétés de village qu'on vit, maintes fois, le mé-sroc et les notables refuser aux étrangers le droit d'y venir jeter leurs filets, et que, sur certains autres points, le village loua lui-même le droit de pêche à des Annamites, à des Chinois étrangers au pays. Tout cela n'était peut-être pas bien légal, mais, ce qui paraît certain, c'est que le pouvoir central ne fit rien pour empêcher ce qu'il pouvait considérer comme un abus.

Des réserves d'un autre genre furent encore créées, mais au profit des apanagistes, des ministres, de certains gouverneurs de provinces, de certains sdach-tranh qui pouvaient, à leur volonté, les louer pour leur compte ou laisser les habitants y venir pêcher librement.

Tous les cours d'eau, tous les lacs, toutes les mares non inscrits à l'ordonnance royale, non désignés dans les ordres royaux qui la suivirent, comme étant réservés soit au peuple, soit aux pols, soit aux apanagistes, soit aux ministres, soit à certains autres mandarins, purent en principe être affermés pour le compte du roi. En fait, on n'afferma jamais que les parties des fleuves, les mares, les rivières et les lacs qui figuraient sur l'ordonnance royale comme devant être adjugés ; partout ailleurs, les habitants conservèrent le droit de pêche libre.

Tout ce qui parut susceptible de location fut divisé en un certain nombre de lots et ces lots, conformément aux usages du pays, furent adjugés à ceux qui offraient la plus grosse somme d'argent et le plus de garanties pour l'avenir. Les premières adjudications ne produisirent pas une très grosse somme au trésor, parce que le produit des pêcheries et des droits nouveaux était difficile à apprécier ; mais, quand on sut mieux quelles ressources on avait créées, quand la concurrence que se faisaient les Chinois entre eux le jour de l'adjudication devint plus ardente, les prix de location s'élevèrent au delà de toute prévision. Ils auraient donné davantage si l'adjudicataire, quel qu'il fut, n'avait été obligé de faire aux ministres des cadeaux considérables, destinés à s'assurer leur protection et quelquefois leur complicité pour l'avenir. Quoi qu'il en soit, la ferme des pêcheries produisait 45.000 piastres environ au trésor royal en 1885; elle donne aujourd'hui 110.000 piastres au budget du Cambodge.

Est-ce à dire que le nombre des pêcheurs, que celui des pêcheries soient plus grands, que les pêches soient devenues plus fructueuses? Non, mais les adjudicataires n'ont plus à compter qu'avec le trésor; il y a moins de gens exemptés par les puissants; moins d'abus, nulle complicité à acheter et plus de concurrence. Je dois ajouter aussi qu'on se montre plus sévère que par le passé dans la perception et que, s'il y a peu de gens qui, devant payer les droits, ne les paient pas, il y en a quelques-uns qui ne devraient pas les acquitter et auxquels on les réclame. Mais ce dernier abus, qui est la contre-partie de l'autre qui a disparu, est aujourd'hui connu et sur le point de disparaître à son tour. Il est actuellement question d'exempter de l'impôt la plupart des engins de pêche qui ne sont pas nommés sur le tratang royal et qui ne peuvent pas être sincèrement considérés comme des engins de pêche industrielle, bien que, sans aucun droit, les fermiers aient pris partout l'habitude de les imposer.

Les engins de pêche ne sont pas les seuls objets que les droits créés par le roi Norodom atteignent. Il faut y ajouter encore les fourneaux qui, creusés dans la terre des berges, servent à la fabrication de l'huile de poisson et les séchoirs en clayonnages de bambous sur lesquels on expose au soleil les poissons salés qu'on veut conserver. Ces deux objets paient 1 ligature et 50 sapèques par fourneau ou par brasse de séchoir.

Quelquefois le droit de prélever l'impôt sur les fourneaux était affermé à part moyennant une certaine somme et une certaine quantité de pots d'huile. C'est ainsi que la reine-mère percevait encore en 1885 la somme de 4 barres d'argent (environ 60 piastres ou 240 francs) et cinquante pots d'huile, de chacun 20 livres (environ 600 kilogrammes) sur les fourneaux établis dans les prec Péam-Misor, Dom-Rom, Mouk-Kampoul, Ro-Kakor, Péam-Chican, et sur les deux rives du grand fleuve depuis le prec Gi-Uon jusqu'au prec Dom-Rom.

Les engins de pêche actuellement imposés sont au nombre de vingt-deux, mais sur ce nombre il y en a bien une dizaine qui ne devraient être frappés d'aucun droit, parce qu'ils ne sont pas désignés dans le cahier des charges et ne peuvent être considérés comme des engins industriels.

La mise en adjudication des pêcheries et la perception des droits sur les engins de pêche autorisées par le roi Norodom, bien que ce fussent des nouveautés, ne produisirent pas une très grande émotion dans le pays, parce qu'on prit soin, ainsi que je l'ai dit plus haut, de créer des réserves pour le peuple, mais la réforme eut certains résultats sur lesquels on ne comptait point. Les Cambodgiens qui, rarement, ont plus de deux ou trois barres d'argent devant eux et qui pourtant se livraient à l'industrie de la pêche, ne pouvant payer d'avance les nouveaux droits ou louer les pêcheries qu'ils avaient cependant créées pour la plupart, les abandonnèrent et l'industrie de la pêche, presque tout entière, devint une industrie chinoise, annamite et chame. Les Cambodgiens ne pêchèrent plus que dans les réserves du peuple et dans les rivières peu larges et qu'ils pouvaient entièrement barrer moyennant un prix de location peu élevé.

XVI

LA FERME DE L'ABATTAGE DES PORCS

Cette ferme n'est pas très ancienne; elle fut proposée au roi Norodom, il y a vingt-cinq ans environ, par des Chinois de Phnom-Penh, et fut presque toujours, sinon toujours, adjugée en même temps que la ferme des jeux et au même fermier. Le roi Ang-Duong auquel on s'était, un jour, avisé de la proposer, l'avait repoussée avec tant d'énergie qu'on n'avait plus jamais osé lui en reparler. Il était réservé à son fils de la créer.

D'après le tratang, ou ordonnance royale qui règle cette ferme, le *néai-pôn-kabal-chrouck* (textuellement le « chef de l'impôt sur les têtes de porc »), en d'autres termes le fermier a le droit de percevoir un impôt de 10 pour 100 sur tous les porcs abattus au Cambodge; l'animal est apporté vivant chez le fermier, pesé, tué et marqué de son cachet. Le propriétaire peut, à sa volonté, payer soit le dixième de la valeur du porc tué, soit remettre en chair abattue le dixième du poids de l'animal vivant. Il paie le plus souvent en argent au prix du marché local.

Aucun droit ne peut être perçu par le fermier sur les porcs abattus par les particuliers à l'occasion des fêtes religieuses, des trois premiers jours de l'année cambodgienne, des fiançailles, des mariages, des fêtes des ancêtres, ni sur ceux qui sont abattus et offerts en cadeau aux mandarins, ni sur les petits cochons qui sont abattus pour le besoin de la famille et dont la chair n'est pas mise en vente. Cependant, dans ces derniers cas, ceux qui se proposent de tuer un porc sont tenus d'avertir le fermier, mais non d'obtenir son autorisation.

Ceux qui abattent un porc, sans prévenir le fermier ou son agent le plus proche, sont justiciables des tribunaux provinciaux et passibles de la peine de l'amende. Cette amende doit être cinq fois plus élevée que la somme que le délinquant aurait dû payer au fermier; de plus, le condamné doit payer le droit au fermier et lui remettre la chair provenant de l'animal abattu frauduleusement. Le montant de l'amende est partagé entre le trésor et le fermier : deux parts pour le trésor, une part pour le fermier.

Si, au lieu de porter sa plainte au gouverneur de la province, le fermier ou son agent cherche à arranger l'affaire à l'amiable avec le délinquant, comme cet arrangement a pour but de priver le trésor de la part de l'amende qui lui revient, ou bien s'il arrête ou fait arrêter sans ordres le délinquant, il est passible d'une amende cinq fois plus élevée que la somme que le délinquant aurait dû lui payer. Le montant de l'amende est partagé en trois parties égales : deux parties au trésor, une partie au délinquant à titre de dommages-intérêts, mais ce dernier doit payer au fermier la somme qu'il lui doit.

Primitivement, le droit du fermier sur les porcs ne se prélevait que sur les porcs abattus; il a, depuis quelques années, étendu ce droit aux animaux exportés, et maintenant, il prélève un droit d'abattage des porcs sur tous les porcs qui sont exportés vivants. C'est un abus que n'autorise pas le tratang et un abus qui fut d'autant plus grave que, pendant longtemps, les porcs qui sortaient vivants du Cambodge étaient frappés d'un droit de sortie *ad valorem* de 10 pour 100. Il en résultait que les porcs exportés du Cambodge, avant la suppression des douanes, en 1893, acquittaient un droit de 10 pour 100 au fermier et un droit de 10 pour 100 au Protectorat, soit un droit total de 20 pour 100. Ce qui était excessif.

XVII

LA FERME DES JEUX

Tous les jeux d'argent qui sont tenus au Cambodge sont d'origine chinoise ; tous y ont été apportés par des Célestes et c'est par eux et pour eux qu'avait été créée la ferme des jeux. Tous les termes spéciaux, employés dans le *Crâm-Bihr* ou loi sur les jeux sont des mots chinois ; tels sont par exemple ceux-ci : *huoi-chi*, autorisation de faire jouer ; *lotéa*, fermier ; *thau-ké*, celui qui tient la maison de jeu ; *chhaỵ-hou*, le comptable de la maison de jeu ; *thau-ké-laỵ*, associé, employé au service des jeux ; *khuor-thau*, les enjeux, etc., etc.

Les noms des jeux eux-mêmes ne sont pas d'origine cambodgienne, ils sont chinois ; par exemple les jeux suivants :

Le *Bihr-sic-sec* qui est le jeu de carte chinois ; il compte 116 cartes réparties entre quatre couleurs.

Le *Por* qui est une sorte de tourniquet horizontal à quatre numéros ; on peut gagner le triple de sa mise, elle comprise, si on n'a pris qu'un numéro, le double de la mise placée à cheval sur deux numéros ; on retire la mise gagnante si on a pris trois numéros ; on n'en peut pas prendre quatre.

Le *Thuo*, le *baquan* des Annamites, se joue avec un petit tas de sapèques en cuivre sur un tapis indiquant quatre numéros : 1, 2, 3 et 4.

Le banquier prend avec une petite tasse renversée un certain nombre de sapèques et les traîne sur la natte. —

Les joueurs prennent alors chacun un, deux, trois ou quatre numéros et mettent une mise sur chacun de ceux qu'ils couvrent. Alors le banquier soulève légèrement la tasse, laisse échapper les sapèques et les range par groupes de quatre. S'il y a reliquat de une, deux ou trois sapèques, les gagnants sont ceux qui ont pris les numéros un, ou deux, ou trois. S'il n'y a pas de reliquat, le gagnant est celui qui a pris le numéro quatre. Les gagnants, comme pour le jeu précédent, touchent le triple de leur mise, la mise comprise, quand ils ont pris un seul numéro ; le double quand ils ont misé à cheval sur deux numéros.

Le *Comtat* est le même jeu que le précédent avec cette différence toutefois qu'il n'y a pas de banquier, que le gagnant ramasse toutes les mises des perdants et que les joueurs remuent la tasse à tour de rôle.

Ce sont les quatre jeux autorisés par le *Crâm-Bihr* et par le tratang royal. — Il est parlé des trois jeux suivants dans la loi, mais ils ne sont pas autorisés actuellement.

Le *Huy* est le jeu des trente-six bêtes dont il a tant été question il y a quelques années au Cambodge et même en France, et qui fut, avec juste raison, supprimé à la suite d'une interpellation à la Chambre des députés, en 1889. — Voici en quoi consiste ce jeu :

Sur trente-six feuilles de carton, ou de papier fort, un dessinateur quelconque a grossièrement dessiné trente-six bêtes, une par carton. Le fermier renferme une de ces figures dans une boite fermée et l'expose hors de la maison dans un endroit bien apparent dès le matin. C'est l'animal gagnant que le fermier connait, mais que les joueurs ne connaissent pas et ne peuvent pas connaitre. Alors commence la réception des mises par le fermier ou par son comptable : on les reçoit derrière un treillage solide, on les encaisse puis on remet en échange un reçu constatant le montant de la mise du joueur et nommant la bête sur laquelle il a placé cette mise. De trois à quatre heures du soir, après avoir appelé les joueurs à grands coups de gong, un employé du fermier ou le fermier lui-même tire un des côtés de la boite qui renferme la bête et la bête gagnante apparait derrière une vitre. Les joueurs heureux se précipitent alors au guichet du fermier et reçoivent trente fois leur mise, la mise comprise. — On le voit c'est « une sorte de roulette dans laquelle il y aurait six zéros exclusivement réservés au banquier (1) » et où le numéro sortant serait connu d'avance par lui ainsi que tous les gagnants. — Ce jeu, cette loterie, cette roulette, si on veut, est le jeu le plus attractif sur les indigènes que je connaisse et le plus dangereux de tous les jeux pour la prospérité du pays ; il paralyse l'agriculture, l'industrie et le commerce en arrêtant tout ; il démoralise les masses du peuple, les mandarins petits et grands et même les femmes qui, ne pouvant jouer ostensiblement, font porter au fermier par leurs domestiques le prix de leurs bijoux. On a bien fait de le supprimer et de repousser l'argument du fermier qui prétendait que « ce jeu favorisait le travail, parce que les indigènes travaillaient pour pouvoir jouer avec le produit de leur travail » (2).

Le *Hot* est le même jeu que le comtat dont il a été question ci-dessus, avec cette différence que les sapèques sont en zinc et sont prises et comptées avec la main au lieu d'être prises avec une tasse et comptées avec une baguette.

Le *Apong*, est un jeu de dé avec un seul dé à six faces portant six numéros en caractères chinois. On joue sur un tableau portant six numéros correspondant aux six numéros inscrits sur le dé, un, deux, trois, quatre, cinq

(1) Arrêté du Conseil d'Etat, du 18 décembre 1891, conclusions, dans *Journal judiciaire de l'Indo-Chine française*, mars 1893, page 138.

(2) *Ibid.*, page 138.

et six. Le dé est agité par le banquier avec et sous une petite tasse. Les joueurs couvrent avec leurs mises les numéros qu'ils ont choisis et le banquier découvre le dé dont la partie supérieure indique les gagnants. Le joueur heureux touche quatre fois sa mise quand il n'a pris qu'un numéro; deux fois la mise du numéro gagnant quand il a *misé* à cheval sur deux numéros.

Le *Bihr-pluk* dont il n'est question ni dans le tratang royal, ni dans le *Crâm-Bihr*, est un jeu de dominos à trente-deux dés.

Il est difficile de dire à quelle époque ces divers jeux ont été apportés au Cambodge par les Chinois et à quelle époque il faut faire remonter leur affermage. Ce qui est certain, c'est que le fameux Mac-Cuu qui, au commencement du XVIIIe siècle, s'empara d'Hatien et y fonda un repaire de pirates hardis, était un ancien fermier des jeux au Cambodge (1). Le règlement le plus ancien qui nous reste, est le *Crâm-Bihr* qui fut revisé en 1853, sous le règne d'Ang-Duong.

A cette époque le *Phnéac-ngéar-préa-tham-manuonh* était spécialement chargé de la surveillance des jeux avec le *Préa-nokor-bal* et surtout de connaître de toutes les difficultés qui pouvaient s'élever entre le gouvernement et le lotéa-bihr ou fermier des jeux.

Le *Chau-krasuon* de la province était chargé de délivrer les *ho-chi* ou autorisations de faire jouer. Dans les provinces, il y avait des phnéac-ngéar-bihr nommés par le chau-krasuon et qui avaient pour mission de rechercher et de punir les délinquants en matière de jeu. Le chef des phnéac-ngéar-bihr d'une province était le chau-krasuon.

Le fermier avait droit au dixième de toutes les sommes gagnées; il était autorisé à prêter aux joueurs, à

(1) Truong-Vinh-Ky. *Cours d'histoire Annamite*, II, page 166.

s'engager pour eux; il pouvait laisser jouer soit de l'argent, soit des bijoux, soit tout autre objet, sous la condition de faire arrêter par les intéressés la valeur des objets exposés et d'en prendre note. Il pouvait laisser jouer à crédit, sur parole, mais, dans ce cas, il ne pouvait laisser perdre sur parole à un pauvre plus de 500 ligatures, à un homme qui avait de la face et des affaires (*néac-mouk-néac-kar*), à un dignitaire (*néac-méan-banda-sac*), à un homme riche (*néac-méan-trâp-chron-krân-bo*), plus de 1.000 ligatures (1). Au comptant, la perte ne pouvait dépasser 1.500 ligatures en une seule journée (2). Il lui était défendu de laisser jouer à crédit les gens qui se présentaient tout d'abord les mains vides et sans une caution pour répondre pour eux (3). Il était interdit aux esclaves d'Etat, aux esclaves de pagodes et aux esclaves des particuliers de fréquenter les maisons de jeu (4); ceux qui jouaient avec un esclave étaient exposés à payer tout ce qu'ils perdaient et à perdre tout ce qu'ils gagnaient, car l'esclave, ne possédant rien, ne pouvait pas acquitter ses pertes.

Après chaque séance, le fermier était tenu de régler les différences des gens qui avaient joué à crédit, et de faire faire des billets à ceux qui ne pouvaient pas payer immédiatement et d'indiquer, en présence de témoins, tous les versements partiels faits ou tous les objets donnés, avec leur valeur convenue au dos de ces billets.

Tout, en somme, était combiné par les auteurs de ce crâm, de manière à donner naissance à une classe de joueurs professionnels, bons à achalander les maisons de jeu et à attirer les naïfs.

Cette législation était en bonne partie tombée en

(1) *Crâm-Bihr*, article 7.
(2) *Ibid.*, article 8.
(3) *Ibid.*, article 12.
(4) *Ibid.*, article 13 et 43.

désuétude quand, en janvier 1894, le Protectorat, tout en déclarant que la ferme des jeux était supprimée au Cambodge, l'abandonna au roi. Cette réforme, qui augmentait les ressources personnelles du roi et diminuait celles du royaume, ne supprimait les jeux que sur le papier. Elle est regrettable à tous les points de vue, d'abord parce qu'elle nous enlève une ressource importante, ensuite parce que bien que le nombre des joueurs de profession fût considérable et qu'on n'empêchât personne de jouer même des sommes énormes, il est certain que le jeu était moins immoral sous notre administration que sous l'administration cambodgienne.

Actuellement, les quatre jeux Birh, Por, Thuo, Comtat, sont affermés à un fermier général qui sous-loue le droit de faire jouer à des sous-fermiers provinciaux.

On ne peut légalement jouer à crédit que sous la responsabilité du fermier; celui-ci ne doit recevoir légalement chez lui ni les esclaves, ni les femmes, ni les enfants; il a droit au dixième de toutes les sommes gagnées. Aucune natte de jeu ne peut être tenue sans son autorisation, sauf les trois premiers jours de l'année cambodgienne et les trois premiers jours de l'année chino-annamite.

Cette ferme qui, sous Ang-Duong, ne produisait que quelques milliers de piastres au trésor royal, a donné près de 70.000 piastres au trésor unifié du Cambodge, en 1893.

Le fermier général des jeux est généralement en même temps fermier du droit sur l'abattage des porcs.

XVIII

LA FERME DE L'OPIUM

Avant 1850, l'opium pénétrait librement au Cambodge ; il était importé par les Chinois sous forme de boules et ceux qui fumaient le faisaient bouillir eux-mêmes et le préparaient pour leur consommation personnelle. On ne rencontrait que quelques commerçants établis qui en cédaient de tout préparé aux Chinois passagers, mais tous ceux qui avaient une demeure fixe, une barque de commerce, le bouillaient pour eux-mêmes.

Phnom-Penh, en 1858, était alors un centre commercial de deux cents familles chinoises environ, que visitaient constamment des jonques de commerce ; par suite de cette circonstance, la vente de l'opium bouilli y avait acquis une certaine importance. C'est alors qu'un Chinois obtint du roi Ang-Duong, au prix de 80 barres d'argent par an, la ferme de l'opium bouilli (*lotéa-chaudao*) pour toute la province de Phnom-Penh. Oudong, qui était alors la capitale du Cambodge, n'avait pas de fermier et la vente de l'opium y était libre, mais ne s'y pratiquait guère, d'abord parce que les Chinois fumeurs d'opium y étaient peu nombreux et aussi parce que le roi ne manquait jamais d'exprimer son mépris pour les fumeurs et les marchands d'opium. On dit qu'il était très affecté quand il apprenait qu'un mandarin qu'il estimait s'adonnait à ce stupéfiant.

Presque tout l'opium en boule qui pénétrait au Cambodge était débarqué à Kompot par des jonques chinoises qui l'apportaient de Singapoore et de Bangkok où, déjà à cette époque, le nombre des Chinois fumeurs d'opium était très considérable. L'opium n'acquittait qu'un faible droit d'entrée à Kompot, mais à Phnom-Penh, où il y avait un fermier de l'opium bouilli, on devait payer pour chaque boule importée dans la province de Phnom-Penh un autre droit, le droit du lotéa-chaudao.

La ferme de l'opium bouilli de Phnom-Penh devait nécessairement amener la création de la ferme de l'opium en boule qui tendait à devenir l'objet d'un commerce important. Cette ferme fut créée en 1868 et concédée au Chinois Wat-Seng qui l'avait proposée au roi et demandée pour lui. Le droit de vendre de l'opium bouilli fut alors concédé par le fermier principal à des sous-fermiers, qui ouvrirent des débits dans les centres chinois les plus importants, et nul ne put plus faire bouillir de l'opium, soit pour le vendre, soit même pour le fumer personnellement. Les fumeurs qui n'avaient point acheté le droit de cuire devaient s'approvisionner chez le fermier ou chez les sous-fermiers.

Le revenu que le roi Norodom tirait de cette ferme s'accroissait à chaque renouvellement du contrat. Elle lui produisait plus de 150.000 piastres en 1883 et la Société française, qui fut dépossédée en 1884, réalisait un bénéfice des plus considérables. Ayant su recruter des agents habiles et actifs, elle avait si bien organisé la vente sur tous les points du territoire cambodgien que ses recettes ne pouvaient que s'accroître lorsque la convention de 1884, qui mettait toute l'administration du Cambodge entre nos mains, vint supprimer les conventions passées par le roi et substituer la Régie au fermage. Les recettes atteignirent alors, au cours des années suivantes, les sommes que voici : 300.000 piastres en 1884 ; —

320.000 piastres en 1885; — 277.000 piastres en 1886; — 300.000 piastres en 1887; — 325.000 piastres en 1888; — 280.000 piastres en 1889; — 285.000 piastres en 1890; — 347.000 piastres en 1891; — 209.000 piastres en 1892; — et 252.000 piastres en 1893 (1).

Une tentative d'affermage de l'opium pour trois ans fut de nouveau tentée en 1890, mais elle échoua, par suite de l'abaissement du prix de vente de l'opium que l'administration crut pouvoir imposer à la ferme. Le fermier cambodgien fut obligé de résilier son contrat fin décembre 1891 et subit de ce fait une perte assez considérable. C'est à cette diminution, maladroite au point de vue financier et coupable au point de vue moral, mais qui a mis ou à peu près un terme à la contrebande de l'opium en Cochinchine et au Cambodge, qu'il faut attribuer la diminution des recettes de 1892 et 1893.

L'opium, qui en 1890 valait 50 piastres le kilogramme, ne vaut plus aujourd'hui que 30 piastres.

On ne pourra, de ce fait, atteindre avant longtemps les recettes de 1884, 1885, 1887 et 1891, qui ont varié entre 300.000 et 347.000 piastres. L'abaissement du prix de l'opium n'a pas été une opération fructueuse; elle n'est pas une opération morale. Il valait mieux réaliser de grosses recettes en vendant très cher l'opium à fumer, qui est un stupéfiant et un poison, puisqu'on ne peut pas en interdire absolument l'introduction et la consommation, que faire des recettes plus faibles en vendant davantage et meilleur marché. La loi commerciale sur laquelle on s'est appuyé pour accomplir cette « réforme », comme on disait alors avec emphase, n'était pas applicable à l'opium, qui est un poison, dont la consomma-

(1) Ces quatre derniers chiffres sont donnés d'après les prévisions de recettes qui ont été justifiées.

tion est forcément plus limitée que la consommation des autres objets de commerce, à l'opium que nous vendions un *prix forcé* avec un bénéfice bien supérieur au prix d'achat. On a donc commis tout à la fois une faute politique et une faute financière.

XIX

LA FERME DE L'ALCOOL DE RIZ

Il y a quarante ans, on ne savait pas, au Cambodge, ce que c'était qu'affermer le droit de fabriquer de l'alcool de riz. Les Chinois n'avaient pas encore importé cette ferme au Sroc-Khmer. Chacun fabriquait, avec des procédés très primitifs, à peu de chose près ceux qui sont encore en usage chez les Peunongs, l'alcool de riz, le *sra-bet*, dont on avait besoin pour les fêtes de la famille : la coupe des cheveux sauvages, la tonte du toupet, les demandes en mariage, les fiançailles, la fête des dents, les mariages, la fête des morts, etc., etc. En fait, on faisait peu d'alcool et, alors que la fabrication était libre, on n'en consommait pas autant qu'aujourd'hui.

La première ferme paraît avoir été établie vers 1850, sous le règne du roi Ang-Duong, et la conséquence de cette innovation fut de faire passer toute la fabrication aux mains des Chinois qui, naturellement, furent les premiers fermiers.

La fabrication de l'alcool de riz, du *sra-chen* (alcool chinois), ne fut pas tout d'abord affermée pour tout le royaume, ni pour chacun des apanages. Oudong, qui était alors la capitale du Cambodge, reçut la première ferme, Phnom-Penh eut la seconde. Plus tard, sous le roi Norodom, les provinces, ou plutôt certaines provinces, furent affermées à des fermiers locaux. Plus tard encore, en 1869, un fermier général, un *lotéa-sra-chen*, le nommé Sam-Vay, se présenta pour tout le Cambodge.

On lui conféra le droit de sous-louer, on fixa le prix de l'alcool et on le laissa faire.

C'est encore ainsi qu'on procède aujourd'hui, mais le fermier est un Français qui a obtenu la ferme pour trois ans au prix de 127.000 piastres par an. Il fait des lots de trois, quatre, cinq provinces et au-dessus, puis il les loue à des Chinois qui les exploitent pour leur compte et qui, après le fermier général, réalisent quelquefois de gros bénéfices.

En somme, tout l'alcool de riz, le sra-chen, est fabriqué au Cambodge par les Chinois avec les procédés primitifs et peu ragoûtants qu'ils ont apportés de la Chine. Aucune amélioration de fabrication n'a été introduite au Cambodge par eux, bien qu'il soit reconnu que les distillateurs ne savent pas faire rendre au riz tout l'alcool qu'il contient et que les sous-fermiers éprouvent de ce fait une perte considérable.

Si l'administration intervenait pour que des procédés plus parfaits fussent employés, elle pourrait exiger un prix de fermage plus élevé, parce que les bénéfices que réaliseraient les distillateurs seraient plus considérables et par conséquent le nombre des soumissionnaires plus grand.

L'alcool de riz doit être extrait en deux qualités : de 30 à 35 et de 40 à 45 degrés; le picul de 60 kilogrammes ne peut être vendu à des prix supérieurs à ceux-ci : la seconde qualité, 10 piastres le picul; la première qualité, 10 piastres 50.

FIN

TABLE DES MATIÈRES

Alençon. — Imprimerie A. HERPIN, 9, rue du Cygne.

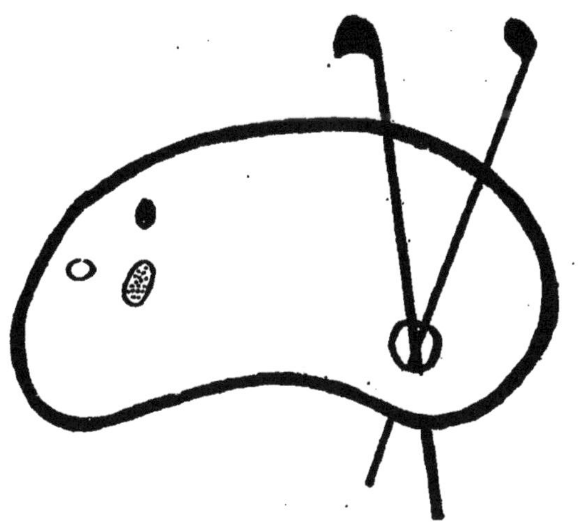

www.ingramcontent.com/pod-product-compliance
Ingram Content Group UK Ltd.
Pitfield, Milton Keynes, MK11 3LW, UK
UKHW012007240726
13965UKWH00001B/210